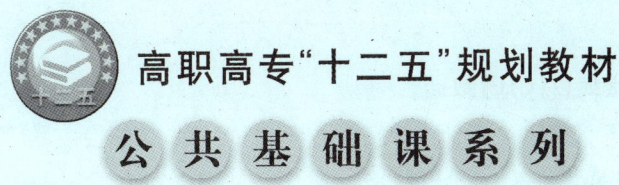

高职高专"十二五"规划教材
公共基础课系列

上海市高职高专语文学科协作组统编教材

现代应用文写作

乔　刚　谢海泉／主　编
盛明华　管琰琰／副主编

立信会计出版社
LIXIN ACCOUNTING PUBLISHING HOUSE

图书在版编目(CIP)数据

现代应用文写作 / 乔刚,谢海泉主编. —上海：立信会计出版社,2005.9(2022.7重印)
ISBN 978-7-5429-1512-2

Ⅰ.现… Ⅱ.①乔… ②谢… Ⅲ.汉语—应用文—写作 Ⅳ.H152.3

中国版本图书馆 CIP 数据核字(2005)第 102546 号

现代应用文写作
Xiandai Yingyongwen Xiezuo

出版发行	立信会计出版社
地　　址	上海市中山西路 2230 号　　邮政编码　200235
电　　话	(021)64411389　　传　真　(021)64411325
网　　址	www.lixinaph.com　　电子邮箱　lixinaph2019@126.com
网上书店	http://lixin.jd.com　　http://lxkjcbs.tmall.com
经　　销	各地新华书店
印　　刷	常熟市华顺印刷有限公司
开　　本	787 毫米×960 毫米　　1/16
印　　张	21.25　　插　页　2
字　　数	428 千字
版　　次	2005 年 9 月第 1 版
印　　次	2022 年 7 月第 18 次
印　　数	41 801—42 900
书　　号	ISBN 978-7-5429-1512-2/H
定　　价	34.00 元

如有印订差错,请与本社联系调换

序

　　教材是体现教学内容和教学方法的知识载体,是进行教学的基本工具,也是深化教育教学改革,全面推进素质教育,培养创新人才的重要保证。近年来,上海高校不断加大教材建设工作的力度,产生了一大批具有改革特色的新教材,其中有不少获得了上海市教委表彰的优秀教材一、二、三等奖。这些优秀教材发挥了良好的示范和辐射作用,对上海市率先实现教育现代化具有积极的促进意义。但是,在经济社会发展过程中,不少教材总是具有一定的滞后性,因而需要教育教学工作者密切关注时代的发展变化与需要,不断调整充实、甚至是改变、创新其内容及架构,编写出具有时代特色、符合上海经济社会发展需要、适应人才脱颖而出的新教材。

　　这本《现代应用文写作》是上海市高职高专院校语文学科协作组组织编撰的一本校际合作教材,它汇集了上海市16所高校教师的智慧和辛勤劳动。从全书所反映出的文本面貌来看,其意义与特色主要体现在以下几个方面:

　　1. 教材编写的方向是值得倡导的

　　《应用文写作》是高职高专院校的公共基础课程。能根据职业工作需要撰写相应的应用文是每个毕业生必备的岗位技能之一。我们提倡百花齐放的校本教材,但是对一些公共基础课程也提倡校际合作教材。校本教材建设应当突出学校特色、专业特色;而校际合作教材则体现的是高校毕业生质量的基本要求和共同要求。在这方面数学、英语等课程的教材已经有了很好的合作范例,因此,《现代应用文写作》校际合作教材的诞生也标志着高职高专院校教师对公共基础课程建设的认识深入和教改实践的新的跨越。

　　2. 教材编写的体例是具有针对性的

　　高等职业教育重在培养一线的管理干部和业务人员。无论是日常交际往来、事务管理,还是生产、营销、物流以及行政等不同的行业领域,这些岗位的任职要求都对文书写作有较高的要求,一些单位甚至把能否撰写计划、总结、报告等作为上岗聘任的必要条件。而求职书等也已经成为大学生走进社会的第一工具。通观《现代应用文写作》,它在架构上汇总了当代经济社会最常见的30多种应用文书,分章编排;在表述上,它简要阐述文书知识而重在解析写作要领,教学目标明确,指导性强,这就比较符合对高职高专学生的育人需要。

　　3. 教材编写的内容是富有时代特色的

　　应用文往往体现着一定时代的风貌和社会内容,因而它是新陈代谢、随社会发展而不断变革的。尤其是当中国经济进入了世界经济的发展轨道和上海将发展目标瞄向国际化大都市之后,许多新的理念、现代化管理制度以及新兴行业、新兴岗位的诞生与发展,大大丰富了经济应用文的内容与形式。《现代应用文写作》较好地吸纳了这方面的新理念与新内容,为塑造社会人、经济人等提供了素质教育的丰腴土壤,有助于大学生有针对性地参与社会实践和日后就业成材。

教材编写是施教的必要环节,但是要真正用好教材、教好学生,这还有一个更为艰巨的教学过程。本教材编者都是高等院校的一线教师,他们对学生的学习需求有亲身体验,他们对学生的学习习惯和认知心理也有比较深入的了解,希望教师们在使用本教材的过程中,不断推进《应用文写作》课程的教学改革,同时也不断完善《现代应用文写作》教材本身。因此,我也希望有更多的教师加入到课程改革的行列,努力推进上海市高等学校的教材建设工作,在上海市教育改革试验田里盛开精品课程、优秀教材之花朵。

上海市教育委员会副主任

目 录

第一编　应用文写作总论

第一章　应用文概述 …………………………………………………… 3
　第一节　应用文的产生与发展 ………………………………………… 3
　第二节　应用文的特性与作用 ………………………………………… 4
　第三节　应用文教学的意义和方法 …………………………………… 6
　思考与练习 ……………………………………………………………… 7
第二章　应用文撰稿者的素质修养 …………………………………… 8
　第一节　过硬的政治思想修养 ………………………………………… 8
　第二节　扎实的文化知识修养 ………………………………………… 9
　第三节　熟练的业务技能修养 ………………………………………… 9
　思考与练习 …………………………………………………………… 10
第三章　应用文写作的基本要求 …………………………………… 11
　第一节　主题与材料 ………………………………………………… 11
　第二节　结构与表达方式 …………………………………………… 12
　第三节　语言与语体风格 …………………………………………… 13
　思考与练习 …………………………………………………………… 15
综合练习 ………………………………………………………………… 15

第二编　管理事务文书

第四章　计划 ………………………………………………………… 19
　思考与练习 …………………………………………………………… 24
第五章　总结 ………………………………………………………… 25
　思考与练习 …………………………………………………………… 33
第六章　规章制度 …………………………………………………… 34
　思考与练习 …………………………………………………………… 39
第七章　简报 ………………………………………………………… 40
　思考与练习 …………………………………………………………… 49

综合练习 ··· 49

第三编　行政公务文书

第八章　行政公文概述 ··· 53
 思考与练习 ·· 60
第九章　公告和通告 ·· 62
 第一节　公告 ·· 62
 第二节　通告 ·· 65
 思考与练习 ·· 69
第十章　通知和通报 ·· 72
 第一节　通知 ·· 72
 第二节　通报 ·· 77
 思考与练习 ·· 82
第十一章　报告、请示和批复 ··· 87
 第一节　报告 ·· 87
 第二节　请示 ·· 92
 第三节　批复 ·· 96
 思考与练习 ·· 99
第十二章　函和会议纪要 ··· 102
 第一节　函 ·· 102
 第二节　会议纪要 ·· 105
 思考与练习 ·· 107

第四编　经营活动文书

第十三章　市场调查报告 ··· 111
 第一节　调查报告的特点及种类 ································ 111
 第二节　调查研究的方法 ··· 112
 第三节　调查报告的写作 ··· 113
 第四节　调查报告的概念和作用 ································ 116
 第五节　市场调查的内容和方法 ································ 117
 第六节　市场调查报告的写作 ···································· 119
 思考与练习 ·· 123
第十四章　市场预测报告 ··· 124
 思考与练习 ·· 128

第十五章　可行性研究报告、意向书 …… 129
第一节　可行性研究报告的概念、作用和分类 …… 129
第二节　可行性研究报告的基本格式和写作要求 …… 130
第三节　意向书 …… 134
思考与练习 …… 135

第十六章　合同 …… 137
第一节　合同的概念与作用 …… 137
第二节　合同的种类及订立合同的原则 …… 137
第三节　合同的写作 …… 138
思考与练习 …… 143

第十七章　商业广告文案 …… 144
第一节　商业广告概述 …… 144
第二节　商业广告的特点和种类 …… 145
第三节　商业广告方案的写作 …… 145
思考与练习 …… 148

第十八章　商品说明书 …… 149
第一节　商品说明书概述 …… 149
第二节　商品说明书的写法 …… 150
思考与练习 …… 152

综合练习 …… 153

第五编　企业策划文书

第十九章　经营策划文书 …… 159
第一节　营销策划文书 …… 159
第二节　广告策划文书 …… 164
思考与练习 …… 174

第二十章　公关策划及会展文书 …… 175
第一节　公共关系策划文书 …… 175
第二节　会展策划文书 …… 179
思考与练习 …… 185

第二十一章　专题活动策划文案 …… 186
第一节　专题活动策划文案概述 …… 186
第二节　专题活动策划文案写作 …… 186
思考与练习 …… 189

综合练习 189

第六编　交际事务文书

第二十二章　求职专用书信 193
　　第一节　求职信 193
　　第二节　推荐信 197
　　第三节　申请书 198
　　思考与练习 200

第二十三章　文秘专用书信 202
　　第一节　介绍信、证明信 202
　　第二节　邀请书、聘请书 207
　　第三节　慰问信、贺信 211
　　思考与练习 214

第二十四章　迎送专用书信 215
　　第一节　开幕词、闭幕词 215
　　第二节　欢迎词、欢送词 219
　　第三节　祝酒词、答谢词 222
　　第四节　讣告、悼词 226
　　思考与练习 230

第二十五章　经营专用书信 232
　　第一节　询价函、确认函 232
　　第二节　催款函、索赔函 234
　　第三节　招标书、投标书 237
　　第四节　担保书 243
　　思考与练习 244

第二十六章　启事、声明 245
　　思考与练习 248

第二十七章　演讲辞、导介词 250
　　第一节　演讲辞 250
　　第二节　导介词 255
　　思考与练习 260

综合练习 261

第七编　法律事务文书

第二十八章　诉讼文书 265

第一节 起诉文书	265
第二节 答辩状与反诉状	269
第三节 上诉状与申诉状	271
思考与练习	274
第二十九章 准诉讼法律文书和非诉讼法律文书	275
第一节 准诉讼法律文书	275
第二节 非诉讼法律文书	278
思考与练习	281
综合练习	281

第八编 新闻事务文书

第三十章 消息、通讯、特写	285
第一节 消息	285
第二节 通讯	290
第三节 新闻特写	297
思考与练习	302
综合练习	305

第九编 论 文

第三十一章 论文的性质与结构	309
第一节 论文的性质与特点	309
第二节 论文的类型与结构	310
思考与练习	312
第三十二章 论文的写作过程与基本要求	313
第一节 论文选题	313
第二节 论文写作准备——提纲编制与材料研究	319
第三节 论文的结构与写作要求	321
思考与练习	330
综合练习	330

后记 … 331

第一编　应用文写作总论

"文章合为时而著,歌诗合为事而作。"引古语为今用,以此作标准来看应用文,其写作目的和意义,显然要比一般文章和"歌诗"更能体现"为时"和"为事"之旨意——我们只要看一看知识经济和信息时代日新月异的发展态势,看一看应用文与时俱进地顺应着经济、文化和社会生活的变化,不断扩充着容量和品种,并刷新着文体、语体面貌而"大有用文之地"的事实,就不难认同这一点。明乎此,我们要下工夫把现代应用文的写作特征研究得更透彻,将写作规律把握得更充分,"为时而著"、"为事而作"得更到位。

第一章 应用文概述

第一节 应用文的产生与发展

一、应用文的概念

我们平时所说的应用文,实际上是指党政领导机关、社会群团组织、基层单位部门按照一定的管理系统颁令行政、处理公务、传递信息、协调关系;民间个体成员互相往来交际、办理私人事务时所使用的实用文大类的总称。如果把这个偌大的文类细察细分一下,便不难发现,有相当一部分是我们平时用过、写过的,或对我们的生活、学习和工作有着直接影响的,如用于日常交际的大量书信(申请书、邀请书、担保书、介绍信、推荐信、求职信、贺信和慰问信等);还有计划、总结、简报和规章制度等管理事务类文书;通知、通报、报告、请示、批复、函和会议纪要等行政公务类文书;市场调查、广告、合同、意向书、营销策划、可行性研究报告等经营活动和企业策划类文书;以及起诉状、申诉状、答辩状和仲裁书等司法事务类文书,可谓林林总总,不胜枚举。

我们在中学阶段对上述应用文已有过部分接触,但由于写作和实践机会方面的某些局限,离"应知应会"和切实运用的要求还有差距,因此,有必要确立有关文种文类的清晰概念,在广度和深度上加强理解,以便能分门别类、有的放矢地学习和使用。

二、应用文的产生与沿革

现代应用文已蔚为大观。回溯其历史沿革,最早的应用文"雏形"是殷商时期刻于甲骨的"卜辞",它连同最早载入我国第一部古代典章文献《尚书》中的 22 篇应用文(题有"典、谟、训、诰、命、誓……"字样),已成为后人研究古代应用文起源的宝贵资料。西周时期出现的"诰"和"命",是周王和诸侯用来颁布任命的文书;那时的"誓",就是最高统治者调遣和号召军队征战的动员令。从春秋战国到元明清,中国封建社会经历了漫长的历史阶段,与当时社会体制和文化需求相适应的古代应用文,其种类也渐趋多样,如秦代有诏、谕、制、奏,皇帝颁布的最高指令称"谕"(分"口谕"和"手谕");臣下的请示称为"奏",皇帝批准、答复则谓下"旨"。秦始皇颁发统一度量衡的诏书,是刻在铜板上的,故称"秦诏版"。到汉代有了疏、章、律、表;刘邦入关时曾"约法三章":"杀人者死,伤人及盗抵罪。"这可视为著名的法律条文,也是当时以言代法的史实。此外,晋代有简、牍、署;唐宋时有册、籍、图;历朝历代还有数不清的碑、碣、志、铭,等等。梳理古代应用文沿革、嬗变的历史线索,有助于我们把握其发展趋势,激浊扬清,以古鉴今。对此,我们可总结出以下几方面:

1. 革故鼎新是历史的必然。辛亥革命不仅推翻了封建帝制,还废除了帝王气息浓厚的诏、诰、谕、奏等宫廷应用文。

2. 中国共产党领导人民扭转乾坤,在建立红色政权的同时,新的公文制度也随之颁行。建国以来,党和政府高度重视语言文字的使用规范,与时俱进地实行国家公文改革和制度建设,满足了公共事务管理和社会交际的需要,也促进了中国特色应用文的健全、完善和优化。

3. 去粗取精是文化传承的体现。古代应用文中确有一些精品力作值得我们反复学习,如李斯的《谏逐客书》、诸葛亮的《出师表》、曹操的《求贤令》、李密的《陈情表》、魏徵的《谏太宗十思疏》和韩愈的《柳子厚墓志铭》等。以往我们多从文言文角度去读解,现在有必要将其作为优秀应用文来加深学习,从中多多汲取古代文化的思想和语言精华。

4. 我们在扬弃古代应用文等级森严、繁文缛节的负面因素时,也应鉴别和提取其中的合理成分。清代著名文论家刘熙载曾明确指出"应用文有上行、有下行、有平行"的特点(《艺概·文概》),这样一来,就把缭乱、庞杂的古代"官书",看了个清楚:其中"谕"和"旨"是下行文书,表、奏、章是上行文,而用于同级机关之间的"咨"文,便是平行文。虽然公文的内容早已是古今迥异,但我们日后在具体撰文时如果能明确上述行文方向,显然有助于把握角度、措词和口吻。

第二节 应用文的特性与作用

一、应用文的特性

在对各类文体的比照中认识应用文的特性,是一种有效的方法。曹丕《典论·论文》关于"夫文本同而末异。盖奏议宜雅,书论宜理,铭诔尚实,诗赋欲丽"的说法,言简意赅地道出了各种文体特有的风格以及修辞标准。吴乔在论及实用文的语言要求时指出:"文为人事之实用,诏敕、书疏、案牍、记载、辩解,皆实用也。实则安可措辞不达,如饭之实用以养生尽年,不可矫揉而为糟也。"(《答万季野诗问》)

这些论述,都启发我们把握应用文的文体和语言特性。

(一)突出实际应用

前面我们曾说到过应用文"为时"和"为事"的写作目的和功能特征。如公文的撰写是为了满足国家事务和公共行政管理的需要;为使工作有序进行,须将统筹安排的事务要点和实施步骤写成书面计划,以作为行动的纲领;阶段性工作完毕后,需要检查、回顾,总结经验和教训;到实践中去搞调查研究,也有必要把调研成果写成报告材料;另如经贸和司法活动中的大量文书材料，无一不是为了实际应用而撰写。所以，"实用"应该说是应用文的"第一特性"。

（二）目的对象明确

应用文的实用价值是直接作用和体现于具体阅文对象的接受效果的，因此，撰文者须有明确的"读者意识"。例如：写广告，首先要懂得消费者的心理需求，不是搞"花架子"，而是以诚信、创意和文字技巧去传递商品或服务信息，让优秀的广告同优质品牌"联袂双飞"，都能赢得消费者的喜爱。写会议简报，要考虑如何简明扼要地把会议实况和主要精神反映出来，让与会者看了觉得真实，会外人士也能据此得到了解。撰写公文时，一定要根据行文方向，为特定的"读者"而写——写"请示"要想着使它"上行"到领导层能得到认可，获得通过；写"指示"，当然要把对下级布置工作的具体事项和指导原则尽可能地表达清楚；如果是写"平行文"函，就要考虑能让同级机关或友邻单位理解和接受。

（三）行文格式规范

就应用文的格式而言，它要比记叙文、说明文和议论文规定得细，严格得多。书信有书信的写法，合同有合同的款式，公文更是有一套固定的程式，从发文机关标识、发文字号、标题、主送机关、正文、附件说明、落款、主题词等都有统一的格式要求和行文规则，不能轻率造次，信手拈来，随便混用。

此外，公文还有"一事一文"的规定，同一件公文只能主诉一件事，不能"搭车混装"。

（四）时代性和时效性

如前所述，应用文是"为时"而作的，因而，与时俱进是它的重要特点。我国成为WTO成员国后，对外开放进一步加快。在国内建设方面，党和政府提出了"科学发展观"和"和谐社会"的价值目标，体制和机制创新随之跟进，有关的政策、法规和条例也作出了调整。这些变化势必促成应用文相关文种的修订，不合时宜的条文须作更改乃至废除。配合宏观调控系列政策的出台，国家有关行政部门会在第一时间向全社会颁布新规，雷厉风行地予以贯彻，绝不能滞后。这无不显现了现代应用文的重时和重效。

（五）关联性和应对性

这虽然不是全部应用文的共性，但的确是应用文某些文种的共同特点，因而也可以说是属于应用文的一种特有现象，例如请示与批复，计划与总结，招聘书与求职信，开幕词与闭幕词，起诉状与申诉状，倡议书与响应书，挑战书与应战书，等等，这每一组文种都有着某种呼应或应对关系，前者撰写之时和传递（宣读）之后，总在等待和"催发"另一篇相关文稿的产生。总之，有往有来，有始有终，有发送有反馈，彼此具有关联性和应对性。

二、应用文的作用

现代社会处处讲求务实、高效和快捷。实用既然是应用文的第一属性，那么，它的作用就一定会体现在社会生活的方方面面，无论是政府与民众之间，还是百姓个人交往之

时,处处有其用"文"之地。应用文的主要作用有:

(一)宣传策令规章的载体

党和国家颁布政策、法令、章程及规定时,应用文是最合适的载体。文传策令到,大政方针晓之于民,建章立制规范导向,能使百姓知情,工作井然有序,利于社会稳定。

(二)传播、沟通信息的媒介

在高速运转的现代社会,人流、物流、资金流、商情流、学讯流……无不依托于信息资源的流通和利用。应用文完全能起到传播和沟通信息的媒介作用。书信往来可互相交流思想感情,增进友好关系;广告能传播商贸、服务和文教等各类信息;会议纪要和简报传递的是会务信息;通过调查报告,能深度了解某地、某部门、某行业或某领域的情况、经验或问题。

(三)工作的重要"帮手"

有相当数量的应用文,密切地"配合"着我们,"参与"着我们的工作进程,是我们完成日常工作的"好帮手"。例如,通过写"计划",我们会把某阶段某项工作的数量、质量和时间要求,以及人员组织和措施步骤等,考虑得更仔细,安排得更到位。待工作完毕,我们边写"总结"边回顾,自然会对照着原先制订的计划,认真检查任务完成情况,看到成绩,找到差距,总结经验和教训,以利今后提高。还有市场预测报告、可行性研究报告和各项活动的策划文书,都能帮助我们提高理性思维水平,增强工作的前瞻性、可行性和运筹、决策能力。

(四)成为凭据、档案和契约

应用文"一族"成员繁多,在各个场合、各个领域和各个阶段发挥着各自的作用。如担保书、确认函、申请书、证明信等是当事人参与某项事务、承当某种责任的凭据;公文在完成了各自的阶段性任务后,将被编号、立卷、存档,以备日后查阅;合同一经签订,就具有了法律效应,当初订立合同的双方法人及属员必须恪守该契约的每一项规定,不得有违。

第三节 应用文教学的意义和方法

一、应用文教学的意义

本教材定位于现代应用文的写作。学生在教师的指导下学会撰写主要的现代应用文,举一反三,兼及其他,从而具备这方面的基本能力,是现代应用文写作教学的主要任务和意义所在。

现代应用文教学将通过文章范例,把社会生活和各行各业的现实状况以及文章表达的方式、技巧一同"带给"学习者,使之在读文写文的过程中,体会和认识"为什么写?写什么?怎样写?"从而增强写作应用文的自觉性和主动性。

近年来,随着社会经济、科技和教育的改革愈来愈深化,包括现代应用文写作在内的"大语文"教学也出现了良好的发展势头。通过引导青年学生投身教学实践活动,使之既获取社会信息和写作素材,又得到学语用文能力和职业素质的培养,无疑会有助于新一代有文化品位的"社会人"和"职业人"的成长。

二、应用文教学的方法

应用文有着与其他三大文体(记叙文、说明文、议论文)不尽相同的一些特点,因而,我们在一般现代文写作的基础上,也要开拓新的教学思路,相应地探索新的教学方法。

(一)了解应用文的历史沿革,建立必要的知识背景

在教材的第一章第一节,我们对有关应用文产生与发展的一般概况已有所接触,比中职阶段的所学所知多有拓展,这是为高职学段打下必要的基础。限于篇幅与学时,相关知识点到即止,有待同学们课外自行收集资料,增加积累,加强理解。

(二)精讲多练,读写结合

如前所述,应用文的"第一特性"是实用,应用文教学的目的也是要贯彻一个"用"字。求知是为了求用,"知"应该向"能"转化。因此,老师在突出重点,精讲各具体文种的写作知识后,会加强学练指导。同学们读例文时不能浮光掠影,浅尝辄止,仅满足于了解内容,而是要细细揣摩它的写法,凡标题、结构、材料、表达方式和特定用语都有可取之处,对例文旁的评析文字应悉心领会,不要平平读过。以读促写,读写结合,将读文的经验消化、吸收,将写作的细部技巧运用到自己的笔下,日积月累,便有所成。

(三)根据应用文的特点进行学习

应用文讲究固定的格式,特别是对公文标识等在页面上"各就各位"的硬性规定,只能熟悉它、遵从它。初练时可参照仿写,渐渐写顺了手,就应"离开"例文,直到能独立写作。

应用文有多样化的品种,要根据需要选对文种,摸准文体特性;应用文的许多用语习惯是约定俗成的,对于特定称谓和常用句式也要多多熟悉,逐渐掌握"语随体变"、"体随事变"的基本功。

总之,要根据应用文的特点来学,在具体的写作过程中学习写作,必要时可尝试着通过情境活动组织教学(如开展"校园应用文写作比赛";模拟说写结合型的"求职应聘"活动或"商务谈判写合同"活动,等等),调动学习兴趣,增强学练效果。

思 考 与 练 习

1. 你对应用文"为事而作"的功能特点有何理解?
2. 查工具书,了解"律"、"表"和"章"作为古代应用文的作用。它们分别与今天哪几种应用文的属性相类似?
3. 组织一次校内调查,看看在学校范围内使用的应用文主要有哪些。其中,团委、学生会干部所写的应用文是否规范?对不够妥帖之处,请作出修改。

第二章　应用文撰稿者的素质修养

　　应用文涉及政治、经济、思想、文化、外交、军事、司法、科技等各个领域，直接涉及现实社会生活。因而对撰稿者的素质修养，提出了相当高的要求。
　　具体表现在三个方面的修养，即政治思想修养、文化知识修养和业务技能修养。

第一节　过硬的政治思想修养

　　我们平常说的"德才学识"中的"德"，永远位居第一。只不过不同的国家对"德"的界定不尽相同而已。
　　毛泽东主席曾要求青年和干部："要做一个顶天立地的人。顶天，就是能掌握马列主义，站得高，看得远；立地，就是有坚实的群众基础，和群众打成一片。"这个要求在今天看来，依然需要。
　　过硬的政治思想修养，要求撰稿人在撰写应用文时，能坚定不移地站在国家和人民利益的立场上，明确文章主旨，忠实地依照国家的方针、政策、法规选择材料，具有强烈的责任心和正义感。
　　撰稿人的政治思想素质修养如何，可以从他的政治态度、思想观点、原则立场和理论水平等方面具体表现出来。
　　政治态度，指撰稿者对待国家和人民利益以及公共事务的应有态度，也就是拥护什么，反对什么的明确态度。它与应用文的质量有密切关系。
　　思想观点，指撰稿者的认识和思想倾向要同国家的方针、政策、法规保持一致，在应用文中表达的要求、办法、措施不能与之相左，更不能抵牾。正确的思想观点，是应用文产生效用的前提。
　　原则立场，指撰稿者坚定不移的正确方向。要坚持党的四项基本原则，站在国家和人民的立场上，审度应用文承载的内容信息，始终如一地坚持真理，贯彻毫不动摇的原则性，使文稿内容起到正确执行国家的方针政策，维护人民群众根本利益的作用。决不能从少数人的利益出发，以"文"谋私，颠倒是非，混淆视听。
　　理论水平，指撰稿者理性思考的修养。他应具备精深缜密的思维能力、细致入微的分析能力和准确无误的判断能力。对应用文主旨的确立、所需材料的选取，能站在理论高度深入分析，鉴别真伪，认清事态曲直，权衡功过是非。能透过纷繁的现象抓住稳定的本质，从貌似无序的大千世界中，把握事物内在的联系。

第二节　扎实的文化知识修养

扎实的文化知识修养，是保证撰稿人成功撰文的文化基础。文化知识修养，具体包括以下几个方面：政策知识修养、法律知识修养、管理知识修养、科技知识修养、写作知识修养和语言知识修养。

政策知识修养，要求撰稿者坚持不懈地学习党和国家各个历史时期的方针、政策，并能准确理解、领会新方针、新政策，特别是改革开放以后的各项方针、政策。因为应用文具有很强的政策性，其政策含量直接关系到应用文的质量。

法律知识修养，要求撰稿者学习和掌握各种现行的法律、法规和规章。这些知识是构建应用文题旨的基石，是依法行文的依据。

管理知识修养，要求撰稿者学习和掌握机关管理职能的基本知识，如机构设置、职能范围、隶属关系，具体涉及财政、税收、审计、工商、农林、人事、劳动、计划、文化、艺术、教育、科技等部门的职责分工、业务范围。如果对这些知识一无所知，就会说外行话，办外行事，使撰写的应用文无法适应实际需要，变成毫无价值的一纸空文。

科技知识修养，要求撰稿者能不断学习和掌握迅速发展的科技新知识。当应用文涉及相关科技领域的知识内容时，应准确、到位地进行表达，以确保写出适用的文稿。

写作知识修养，要求撰稿者能熟练掌握有关应用文的写作格式和文体、语体要求，自觉地把语法、修辞和逻辑知识应用到审题立意、谋篇布局、遣词造句等具体的写作过程中。

语言知识修养，要求撰稿者掌握应用文书面语的表达技能，能准确运用规范的书面语言表达正确的思想、观点、立场、态度，清晰流畅地言理陈事。同时还要掌握行业部门的术语、行话、习惯语、固定语，以及应用文语言的特殊结构方式。应用文语言知识修养，要落实在应用文语言表达的科学化和规范化上。

第三节　熟练的业务技能修养

"字如其人"，文亦如其人。应用文的书写水平，展示了撰稿者的形象，因而对撰稿人的业务技能修养有较高的要求。业务技能修养指应用文书写技能的熟练程度，包括书写形式、书写习惯和书写速度三个方面。

书写形式，要求写字规范，文面整洁，布局美观、格式准确。叶圣陶先生要求书写"个个笔画清楚，间架匀称，整幅字行款整齐。"这是撰稿者必备的"文字风格"。

书写习惯，要求用字正确，不写错别字。用字规范，不写自造的"简化字"。用字通俗，不写难以辨认的草字。"一字入公文，九牛拔不出"，形象地概括了应用文书写规范化的重要性。有些不良的书写习惯,不但令人望而生厌,更严重的是误事。

　　书写速度,关系着办事效率。应用文本来就是应付工作和生活的需要,用于实际事务和解决实际问题的文章,大多属于因事应时之作。其操作程序、步骤,要与具体工作实践同步运行,所以,应用文的行文、成稿、定型,都需要有与之相应的书写速度。快捷的书写速度,是应用文撰稿者的一项硬功夫和真本领。我国历史上"倚马可待"的快速撰文的美谈,应成为当代应用文撰稿者的良好借鉴。提高书写速度,与撰稿者的敏锐观察、敏捷构思和熟练的写作技能密切相关。为此,要有目的地加强这方面的训练,包括掌握速记技能,有意识地学习行、草书技法。

思 考 与 练 习

1. 应用文与社会生活紧密联系,请说说撰稿人应该具有哪些基本的素质修养。
2. 应用文写作与我们日常学习训练的文体写作之间有哪些区别和联系?
3. "字如其人",文亦如其人。请联系自己的生活,谈谈这方面的体会。

第三章 应用文写作的基本要求

第一节 主题与材料

正确把握主题与材料的辩证关系,是文章写作的首要问题,应用文的写作也不例外。

古人强调"凡为文以意为主"(杜牧语);或用"一篇之主脑"的比喻来突出文章主题的重要性(见李渔《闲情偶寄》)。今人也都已认同"主题是文章的'灵魂'"这一观点,课堂上更是常常进行"提炼主题"、"归纳中心"、"确立主旨"的文章读写训练,只是效果并不明显。究其原因,一是初学写作者对生活和书文还缺乏"从感性认识上升到理性认识"的思维水平;二是对于主题与材料的辩证把握还缺乏真真切切的实践。

我们要从细部着力,从开步走起,练审题,练选材,练立意,以后渐至其他环节。听一听鲁迅先生关于"选材要严,开掘要深"的教诲,这是基础写作的要诀,也应该成为我们写好应用文的指南。

要辩证把握主题与材料两者的关系,先得明白彼此之间的密切依存和相互作用,这大致可概括为以下几点认识:

——如果说主题是文章的"灵魂",那么材料就好比是文章的"血肉"。

文章主题不可能脱离具体材料而凭空存在;材料也不可未加审视而盲目用于文中以致影响作者意图的确切体现。

严格说来,直接来自生活的原始素材,只有经过一番去粗取精、去伪存真的筛选,才能成为文章的可用之材。

围绕主题选材,材料因其能突出主旨而具有写入文章的资格,并成为表达主题的载体。审视材料立意,文章的主题就会被作者从材料中提炼出来,成为统领材料的"灵魂"。

——要把握尺度,掂量斟酌,下工夫做好上述两项须臾难分又相辅相成的重要工作。

相对于一般信函、意向书和商品说明书而言,经营活动类文书中的市场调查、市场预测以及可行性研究等报告;管理事务类文书中的总结和简报;行政公文中的通报、报告和会议纪要;各类企业策划文书和司法类的诉状等现代应用文的写作,对于主题与材料的关系问题尤其注重,我们在教学过程中应有所侧重地培养这方面的能力。不仅要努力收集现实材料,必要时,还得"回采"历史材料,以备深入研究所用。凡领导同志的讲话,已归档的历年行政公文,来自基层的情况汇编,还有各种图片、摄像、录音、数据统计、工作记录、采访笔记、大事记以及相关的新闻报道等,都是宝贵的写作资料。

第二节 结构与表达方式

文章结构是作者有序安排内容的框架组织,是作者将自己的思路体现于"文路"的外在形式,它好比是文章的躯干和骨架,对于谋篇布局、支撑全文起着极其重要的作用。清代郑板桥的"文章观"很耐人寻味,他认为:"炳炳耀耀皆成文"(即指"有文采"),"规矩尺度皆成章"(也即"有章法")。如果"不文不章,虽句句是题,直是一段说话,何以取胜?"我们写文章,好比是用笔"说话",要想"说"得既有文采,又有章法,就要讲究结构和表达。

一、对应用文结构的认识和把握

现代应用文具有多样、多体、多品种的特点,因而,其结构方式也会显得多姿多彩。我们之所以要研究和探明应用文的结构,一则是因为其结构体式多样,不能笼而统之,一概而论,需要分门别类地弄清楚;二则是因为跟一般现代文相比,应用文的结构模式的确有些别致。

那么,究竟有哪些方面需要引起我们的注意,继而投入心力呢?

首先,让我们把目光投向行政公文,在结构形式方面,它确实是应用文大家庭中独具个性的"一族"。从外观上看,其首页和末页的公文标识是必须出现在文面规定部位的,这倒好办,多接触几回,对于这些"格式化"的要求就记住了。问题较多的反而是那看似容易的"三大块",也就是几乎每本公文写作教科书都会说到的"三段式"——开头、正文、结尾。这些看似老生常谈的名称,会让人掉以轻心,以为都懂,不肯用心思学,而突不过去的"瓶颈"恰恰在这里。尤其是"正文"部分,它实际上就是一篇文章,因而里面也"藏"着一个"内结构"等我们去破解。说到底,对这个内在结构的掌握,最终还要靠"①提出问题——②分析问题——③解决问题"的思维方式起作用。我们如果能深刻地认识到这一点,把心力凝聚到这上头,写作的进步幅度就会大得多。

第二,我们正确的思维步骤是以问题为"靶的",由①进到②再进到③来运作的,符合上述"正文模式"的"报告"、"通报"、"指示"(此公文用于党政机关)以及非公文类的"调查报告"和"总结",一般都是如此运思成文的。

当然,上述"正文模式"也有一些"变体",如"公告"、转发或批转性的"通知"、"决定"、"议案"和"函",基本上是采用①……,②……,③……的结构形式,有时,②并非不存在,而只是在文中有意省略罢了。

第三,有相当数量的应用文,采用了"总——分——总"的结构方式。这是大家比较熟悉的一种逻辑结构。其中间"分"的部分,因内容较多、篇幅较长,又常常采用按数序列条分述,或列小标题分项论说的结构形式来进行表达。公文和非公文类的大量应用文,都惯用这种方式。

二、应用文的表达方式

文章的表达方式不外乎记叙、描写、说明、议论和抒情这五种,它们基本上可满足对人、事、景、物、情、理的表达需要。从文章表现的接触点和辐射面,以及写作对象的内容元素来看,上述五种表达方式若能综合运用,再同六类对象元素匹配起来,它们所构成的反映与被反映的写作世界,定会是无限的精彩。

由此来看应用文的表达,用得较多的方式是议论、说明和记叙。至于抒情和描写,应该说是最弱最少的(恐怕只是在少量的书信、悼词、演讲词和通讯报道中才偶有所见)。这是因为形式是为内容服务的,一种文体的表达方式也是同其表达对象相联系、相适应的。

应用文在以记叙为表达方式时,力求线索清楚,叙次井然,少枝蔓横生的铺叙,多意赅言简的概述。读那些文字精辟的公文范例,总会让人感觉到那种对于大变革、大趋势、大事件或大场面的综述能力。

应用文在以议论为表达方式时,力求观点鲜明,论据充分,论证深刻。具体表现为:立论高屋建瓴,驳论鞭辟入里,举例翔实典型,引文权威可信,剖事析理有力。与叙述结合时,能产生夹叙夹议的双重效果。

应用文在以说明为表达方式时,常常运用下定义、作解释、举例子、列数据以及分类分项说明等方法,力求平实地说明客观事物的特征、类别、功能和价值,准确地阐释客观事理的发展逻辑和本质规律。因此,商品说明书、景点导游词以及展馆陈列品介绍等应用文,同说明文比照着来看,两者最具相似性。

第三节 语言与语体风格

由于应用文主要使用事务语体,因此,其语言风格以庄重、严谨、平实、简约和明朗为基本特征,有时还会表现出一种干练、沉稳的气质。最能体现和代表这些语言特色的是公文。以下我们举一些典型例子来加以说明。

一、特定用语与文种相一致

选定了具体文种,实际上也就确定了该文的用语风格。在应用文既定的语体风格范畴中,甚至约定俗成地有着词语选择的"纪律",即作者首先要摆正与读者的关系,注意语境和对象,一丝不苟地在遣词造句上贯彻、体现。在这方面最为典型的是:

1. 写"命令"、"指示"、"决定"和"通告"这些"下行文"时,不能含糊其辞,未置可否,而只能用肯定的语气和明确的词语来发出指令,如:务必、一律、严禁、切勿、不准、坚决、责成、凡是、绝不、特批准,等等。

2. 向上级领导机关写"请示"、"报告"这些"上行文"时,要用敬请、恳请、拟请、诚望、特此呈报等词语,来表达尊重、恭敬之意。

3. 向同级机关发送"平行文"函时,要注意用语平和,以礼待人,友好商洽,其行文时惯用承蒙、关照、感谢、盼予、为荷等词语。

二、几种常用的句式

1. 表目的。常用"为了……"这一表意明了的句式,明确表示工作的目标、领导的意图和行文的目的。有时也用"旨在……"来表达,具体看上下文情况而定。如:"为了帮助基层各级党组织和宣传部门的党员干部深刻领会《报告》的精神,特将……以便各级党员干部能认真学习,全面贯彻落实。"可以看出,句中关于目的之意一直贯通到句末。

2. 表原因。常用"之所以……是因为……"的句式,这一组关联词会把原因和结果一并予以表达,读来一目了然。有时也可只用"由于"来直接表达。如:"我国的经济建设之所以能保持稳步发展的态势,是因为国家坚持了'科学发展观'战略思想,并适时采取了宏观调控的措施……"

3. 表转折。常用"虽然……但是"这一组关联词来表示转折语气,意在提醒在某种前提下,还要注意另外一个方面,例如:"一部分学生虽然已经通过了职业资格考试,但是在职业能力方面的培养依然不能放松……"

4. 表意义。常用"对于……有着重要的意义"来强调某项政策或措施所产生的积极作用。例如:"实施全面素质教育,对于培养学生既有思想文化素质,又有专业技能,引导学生全面发展,具有重要的意义。""对于"一词之前,表述的是所采取的措施,其后强调的是积极意义。

5. 表分述。常用排比段或排比句作多项表达,兼用段首主句和数序号,会使表达层次更清晰。如某份总结材料这样提炼"分层教学的优势",它写道:

"(1)分层教学实现了'因材施教'的教育思想……

(2)分层教学体现了人性化的教育理念……

(3)分层教学构建了有利于学生成长的'多通道'……"

6. 表综述。常用"综上所述"领起一个语段,使前文意思得到概括性的表达。例如:"综上所述,'课程菜单式配置,教学分层次实施'是我校近年来形成的基本办学特色,也是我校面向市场深化教改的重大举措……"

总之,写应用文时,其"体"应"随事变",进而,其"语"亦应"随体变"。应用文语言运用和语体风格体现在方方面面,以上所述,只是部分要点的归纳、提示,更多特色,还有待于各人自己去体会和掌握。

第三章　应用文写作的基本要求　　　　　　　　　　　　· 15 ·

思 考 与 练 习

1. 根据以往的学习积累，说一说夹叙夹议的写法在应用文中的作用与注意事项。

2. 院系两级学生会联合调查了关于青少年沉迷于网络游戏的社会现状，初步整理出以下一些材料，请你据此提炼出主要的观点，为撰写调查报告作准备。

材料：

（1）学生热衷于上网吧玩游戏，一下课就三五成群去游戏机房，甚至未下课就看起了电玩书刊，或干脆在课堂上玩手机游戏，迷得太深。

（2）游戏不仅耽误了青少年学生的学业，而且严重影响了他们的身心健康，不少"游戏迷"已到了废寝忘食乃至夜不归宿的地步。家长无不为之忧心忡忡。

（3）游戏产业的发展规模不可遏止。各种稀奇古怪的制作创意和热火朝天的"动漫展"、"动漫赛"，在吸引玩家心甘情愿地掏钱时，也使游戏开发商和营销商赚得盆满钵满。

（4）网络发展异常迅猛，我国上网人数已经超过9000万人，其中18岁以下的未成年人占17.3%。

3. 把过去写的计划和总结材料找出来，分析一下行文结构，看看是否有值得改进的地方。

综 合 练 习

1. 举例说明你对应用文"为时而著"这一特点的理解。

2. 你知道下面这些社交专用语通常是在什么场合、什么情境使用的吗？

拜访　光临　奉陪　失陪　恭候　留步　光顾　奉还

久仰　久违　指教　包涵　劳驾　借光　打扰　恭喜

请问　赐教　惠书　高寿　斧正　雅正

3. 多多研读应用文范例，对提高自己的写作水平具有借鉴意义和帮助作用。读下面这段综述材料，你也许能发现，作者在分述"三星堆青铜文物"在世界各地展出的典型事例时，是力求选用新的词句来作表达，以避免重复的；有时，还适当运用了拟人或比喻修辞法，来增强表达效果。那么，请你根据这方面的特点和需要，续写后几句。

随着三星堆古蜀文化知名度的迅速提高，国外的邀请展出函联翩而至。1993年5月，三星堆文物带着中华民族特有的东方魅力，在瑞士洛桑奥林匹克博物馆亮相，青铜之光令西方观众痴迷不已；1995年6月和12月，"三星堆文物展"分别在德国的埃森克鲁勃和慕尼黑举办；1996年4月，三星堆文物再次前往瑞士，"梅开二度"，以满足观众"重温旧梦"的强烈愿望。（以下各句请你续写）

○1996年9月,三星堆文物……英国伦敦不列颠博物馆……

○1997年2月,三星堆文物……丹麦路易斯安娜博物馆……

○1998年2月,三星堆文物在美国纽约引起观展轰动后,同年4月……日本东京、京都、福冈、广岛等地……日本天皇也慕名前来,一睹为快。

○2001年5月,三星堆文物再次……美国,令不同肤色的观众百看不厌,连美国前总统克林顿和世界首富比尔·盖茨也前来参观,称赞不已。

4．怎样才能提高自己的素质修养,以适应现代应用文撰写的需要?

5．情境活动与信息处理综合训练题。

小华在财务科工作。有些员工来打听新颁布的住房公积金月缴纳规定。由于文件一时未到,报纸也只是摘要报道,小华就想通过上网查找信息的办法来解决员工咨询的问题。这样一来,下面这些具体问题都可以答复了——

(1) 住房公积金月缴存额(上限)多长时间调整一次?

(2) 2004年规定的月缴存额上限是多少?2005年7月1日开始执行的上限缴存额是多少?

(3) 税前月收入超过多少元,会按这新规定的上限额缴纳?一年要缴纳多少?

(4) 那么,月缴存额的下限有变化吗?职工本人和单位住房公积金缴存比例呢?

请你也像小华那样,上网查找一下相关信息,并对咨询者作解答。由此也学到一种方法,增强相应的职业能力。

第二编　管理事务文书

　　管理事务文书是党政机关、社会团体、企事业单位处理日常事务时经常使用的业务文书。它一般在本单位、本系统内部制发、传送，有时也报上级主管部门备案，其中个别文书也常与兄弟单位、相关部门作联系交流之用。

　　管理事务文书常见的有计划、总结、规章制度和简报等，其作用主要在于强化管理、规范行为和交流经验。由于它在行政管理事务上意义重要、使用广泛，所以也常被称之为"准公文"。

第四章 计　　划

　　计划就是为完成一定时期内的工作、科研、学习等任务而于事前所作安排与打算的书面材料。具体地说，单位或个人，对某一阶段的某种工作或任务，根据党和政府的方针政策和上级的指示、要求，结合本单位或个人的实际情况，确定奋斗目标，制订完成的期限与具体措施，把这些写成书面材料，就是计划。

　　计划由于所适应的时间长短不同，内容的详略不同，又分别称为"规划"、"安排"、"打算"、"设想"、"方案"等。"规划"的特征是全面性和长远性，它适用的时间较长，一般为3～5年，包括的范围广而全，内容表述较为概括。"安排"一般是预定在短期内要做的一些具体事项，内容较为单一，表述较为细致；针对准备在近期内要做的事情，列出一些比较初步的指标、措施等，可叫作"打算"；对某项工作只作出一个大致的考虑，还无成熟的构想和意见，则可称为"设想"。此外，上级对下级布置工作、提出要求，往往称作"意见"、"要点"；如果对某项工作，从要求、方法、步骤等都作了全面周密的考虑和安排，则可称之为"方案"。

一、知识概述

　　制订计划需要科学的工作方法，它是保证我们工作取得成功的重要手段之一。

　　（一）计划的特点

　　1. 目标性。计划是鼓励群众努力前进的奋斗目标。计划订出了指标，规定了任务，又制订了完成指标、任务的措施，这样群众心中就有了个底，就有了奋斗的目标，就能把劲往一处使，在限期内达到和完成。

　　2. 计划性。计划是完成任务、做好工作的前提之一。古人云："凡事预则立，不预则废。""预"就是打算，是对未来工作前景与成效作出一定的预见与规划。做任何事情，事先作了周密的打算，就能增强自觉性，避免盲目性；工作起来有条不紊，协调统一，提高工作、学习的效率。反之，胸中无数，"脚踩西瓜皮，滑到哪算哪"，要想很好地完成任务是不可能的。

　　3. 可行性。订计划时必须从实际出发，量力而行，切不可好高骛远，盲目浮躁，将根本无法实施的指标悬为"目标"。

　　4. 指导性。计划还有便于上级监督、指导和本单位领导掌握工作进程的作用。计划上报后，上级部门便可据以检查、监督下级单位的工作，发现问题，可以及时指导调整；就本单位领导来说,则可根据计划安排和检查每一阶段的工作,掌握工作的进程。

(二)计划的种类

按内容分,有学习计划、工作计划、生产计划、科研计划等;按性质分,有综合计划、专题计划;按范围分,有单位计划、部门计划、个人计划;按结构方式分,有文件式计划、条文式计划、图表式计划、条文式兼图表式计划;按时间分,有年度计划、季度计划、月度计划,等等。

各种不同的计划,在实际写作时,常常是交叉运用的。譬如写一个单位的工作计划可以按年度写,也可以按季度、月度写;可以写综合性的,也可以写专题性的。总之,要按实际需要而定,不能机械划分。

二、写作指要

(一)一般写作方法

计划的常见结构形式有三种,一种是文件式,大型的计划采用此法;一种是条文式,一般的计划都采用此法;另一种是表格式,可量化的计划常采用此法。计划的种类虽然繁多,计划有大有小,内容有详有略,但它的内在结构形式却基本上是相同的。

文件式计划的内在结构形式,一般由标题、正文、署名和日期三部分组成。

1. 标题。标题写在第一行正中,字体要稍大些。计划标题一般应标明制订计划的单位、执行计划的时间和种类,如《××学院2005年度工作计划》。

2. 正文。正文一般分开头、主体、结语三个部分写:

(1)开头也称前言、导言。开头有两种写法:一种是说明指导思想,用简要的文字概述一下制订计划的依据、目的,有的还要写明一些工作原则;一种是分析基本情况,往往是分析总结前一阶段的工作情况,这是制定计划的基础。主要写明前一阶段工作的成绩和存在的问题,有哪些经验教训,以作为新计划的借鉴,增强新计划的说服力,体现工作的连续性。

一般常用"特制订计划如下"、"对本年度工作提出如下打算"等过渡语导入下文。

(2)主体。主体主要写工作安排,是计划的核心内容。它必须包括三项内容:目标、措施、步骤。

目标:目标是计划的支柱,是产生计划的起点,也是实施和完成计划的归宿,它是计划的灵魂,包括指标、任务或工作项目等。项目、任务等要写得具体明确,要求必须清楚,要有总体的、质的和量的、时间的指标,以便计划的执行者心中有数。

措施:措施是完成指标、任务的办法和保证,要写明怎样利用条件,采取哪些办法,克服什么困难,下属部门如何分工合作,各负什么责任等。措施要全面、具体、得力、切实,包括政治思想、人员调配、组织分工、方式手段、人力、物力、财力安排和后勤保证等等。

步骤:指达到目标、完成任务分几步走,即先做什么,后做什么,主要抓什么,其次抓什么;每一步在什么时候完成,达到什么程度。步骤要环环紧扣,步步落实。有了步骤,可以使执行者清楚地知道在计划的每一阶段、每个具体时限内应该完成的任务,从而使工作有条不紊地进行。

目标、措施、步骤是制定计划的三要素,缺一不可。这三条内容,在具体写法上,目标一般要单列,首先写明。措施、步骤以及这两条中的时间、责任者等内容,可以分别列段、列项书写,也可糅为一体拟写,它们的前后顺序也没一定的要求。综合性的计划因内容较多,常分序号、列标题拟写,专题计划一般分条拟写即可。

文件式计划的主体结构,常常用并列的写法,即把事项并列起来,每项都把"做什么"、"怎么做"、"要做得怎样"写清楚。可用小标题或用序号作为并列的标志。

条文式计划的写法和文件式基本相同,只是把目的、任务、措施全部以条文出现,不必分门别类。这样写不及文件式清楚,但内容简单的计划用这种形式写还是合适的。

表格式计划即把计划的任务等内容列成表格。对于任务项目多、数据多而不需多加说明的计划(如生产进度计划等)可用表格式。它的优点是便于阅读,一目了然。

(3)结语。结语部分要写得简要。有的用简短的语言提出号召和希望;有的写对前景的展望,给人以鼓舞;也可以写完成计划的信心和决心;也可不写。

3.署名和日期。如标题已标明单位名称,可不再署名,只写制订计划的日期即可,一般写在正文结尾处右下方,也有写在标题下方的。对外行文的计划需要在日期中间加盖公章,以示郑重。表格式计划的署名和日期,可照文件式那样写。个人计划除外。

(二)写作要领与要求

个人制订的计划,标题可以省略制订计划的单位部分。有些专题计划,标题中可以没有执行计划的时间部分。如果所订计划尚未经过群众讨论,或者尚未经过上级核定,则可在标题后面或下面加以注明,写上"草案"、"初稿"或"送审稿"等字样。如果标题过长可分两行书写。如果单位名称不写在标题之首,则可写在计划末尾署名部位。

制订计划除了必须认真贯彻执行党的路线、方针和政策,落实上级的指示,注意处理好单位、个人和国家的关系外,还须注意下列事项:

1.要进行调查研究,走群众路线。订计划先要搜集与分析有关的材料与数据,充分了解客观存在的条件。如上年度的计划数与完成数,人力物力的变动情况,当前的形势,有利条件和不利条件,群众的想法看法等等。这些都是订计划的基础,切不可关在办公室里闭门造车。订出计划的初稿,要放到群众中去讨论,虚心听取意见再作修改补充,这样订出的计划就有客观依据和群众基础,群众就会乐于去执行。

2.要实事求是,量力而行。在制订指标、任务时,要从实际出发,既体现出干劲,发挥潜力,又要注意留有充分的余地,有多少力量办多少事。这里所说的"力",应该包含积极的因素,即新定的指标、任务,不是唾手可得,而是要通过一定的努力才能完成。定指标是一个关键性的问题,定得过高,通过努力还完不成任务,那就会挫伤群众的积极性;反过来,如思想保守,看不到客观的可能,定得过低,不需要费力就可以完成,那就不能发挥群众的积极性。因此,我们既要反对好大喜功、盲目乐观、脱离实际的计划,又要反对抱残守缺、因循保守、停滞不前的计划。

3. 要注意综合平衡,特别是工业企业的经营计划更要注意这一点。譬如一个工厂,它的经营计划要注意:①利润目标要与销售计划平衡,销售计划完不成,利润目标就不能实现。②销售计划必须与生产任务平衡,即以销定产。企业的产品在品种、质量、数量和交货期等方面都必须满足预定销售量的要求。③生产任务要和所需原材料、燃料、动力、协作条件平衡。原材料等如果不能及时供应,生产任务就无法按时完成。④生产任务还须与劳动力、生产技术能力、资金等平衡。劳动力条件、技术条件、资金条件等方面如果跟不上生产需要,生产任务同样不能完成。

生产任务不能完成,销售计划、利润计划也都不能完成。因此,工厂订计划必须全面考虑,做到综合平衡,这样的计划才有实现的可能。

4. 计划订好后要经常检查、修订、补充。计划的制订,只是工作的前奏,关键在于执行。计划不可能是天衣无缝、不可更改的,因为事物是不断发展变化的。在计划执行过程中,要不断进行检查,遇到与客观情况不符或客观事物起变化时,就要及时修改补充,以求完善,切实可行。检查和修改计划的过程,也是改进和提高工作质量的过程。因此,不要忌讳修改或变更计划,发现问题要及时修改,以适应新的形势的需要。

三、示例与简析

示例1

××学院2005年开展植树造林美化校区的活动计划

根据全国五届人大第四次会议通过的《关于开展全民义务植树造林运动的决议》和争创上海市绿化先进单位的要求,结合我院校区建设的实际,决定在今年春季开展植树造林、美化校园活动,具体的任务、要求与保障措施如下:

(一)我院今年春季在校区内植树×××株,铺草坪×××平方米,种植各种花卉×××株。要求平均每人植树×棵,铺草坪×平方米,种花×株。要做到栽种后有管理,保证成活,并在植树节前完成上述任务。

(二)这项活动以院办为领导,以各处系科室为单位,以园林管理科为指导来进行,具体要求:

1. 各处系科室的领导要带头,并指定专人负责此项工作。

2. 充分发动群众,认真组织好力量,采取分片包干的办法。

3. 要因地制宜,根据校区环境的不同条件种植各种不同的花草树木。
4. 园林管理科要及时做好花草树苗的备运等项工作。
5. 加强对每一阶段的工作检查,二月中旬做一次全面检查。

(三) 于二月下旬召开一次植树造林美化校区的工作会议(各处系科室负责人参加),重点研究植树造林美化校区的各项工作进程及存在问题,采取必要的措施予以落实。

(四) 加强各部门对植树造林美化校区的领导工作,认真解决各部门存在的问题。

(五) 从园林管理科抽调几名同志到各处系科室的植树造林现场进行指导。

(六) 在植树节前,要把这项活动基本搞完。

2005 年 1 月 3 日

【要点评析】

这是一份比较规范的计划。本条文式计划写的内容充实,条理清晰。开头前言部分,说明了制订计划的指导思想,简要地指出制订的依据和意义。接着写对工作的具体安排,明确每一步骤和措施,规定责任者及完成的时间。目标任务明确,措施得力,步骤稳妥,具体工作有安排,有检查,语气肯定。

示例 2

公共关系培训班面授辅导时间安排

时　　间	辅导课程	主讲人	其他事项
4月2日下午1:30～4:30	应用文概论	郭　安	发教材
4月9日下午1:30～4:30	日常应用文	张　波	
4月16日下午1:30～4:30	行政公文	吴　瑕	发模拟试卷
4月23日下午1:30～4:30	经济应用文	沈　君	发模拟试卷和准考证
5月5日下午1:30～4:30	总复习	杨　铭	待通知

注:
1. 上课地点均在上海交通学院综合大楼8楼123教室
2. 培训班联系电话:64575060
3. 联系人:陆锋

【要点评析】

这是一份表格式计划。表格式计划,行文简洁,一般只有工作一项,把目标(任务)措施、步骤内容分别填入表格,内容更为清晰、醒目,便于把握。这种计划,常附有文字说明。有时也可作为综合性计划的附件。

思 考 与 练 习

一、填空题

1. 计划是人们为完成_____内的_____而于事前所作的_____。
2. 计划的正文除了开头和结语外,主要写_____和_____等方面的内容。
3. 计划的外在结构形式主要是_____和_____。
4. 写计划时,可以用诸如_____之类的过渡语导入下文。
5. 计划的开头通常应概述制订该计划的_____等。

二、判断题

1. 计划都应该有明确的、可望实现的任务目标。( )
2. 计划如果尚未讨论定稿,则应在标题后面加上"试行"等字样。( )
3. 有些计划可以用表格形式来写。( )
4. 文件式计划的主体结构,常常用并列的写法,即把措施和步骤并列起来写。( )

第五章 总　　结

　　总结是回顾一定时期内所进行过的实践活动,通过检查、分析、评价,找出成绩、总结经验、吸取教训,以提高工作水平、促进今后工作的一种报告性文书。
　　常见的小结、体会等实际上也具有总结的性质,只是它们所反映的内容比较简单、时间较短、范围较狭罢了。

一、知识概述

　　总结的目的在于,通过全面、系统地对前一阶段工作的分析研究,把工作中的感性认识提高到理性认识,从而找出规律性的东西,作为以后工作的借鉴和参考。任何部门的工作都离不开总结。我们每完成一项具体工作,或是一个年度、一个季度过去了都需要总结一下,向组织和领导进行汇报。通过冷静地回顾,认真地总结,找出工作成功的经验和失败的教训,以利于推动下一步工作的开展。
　　总结和计划有密切联系,是一项工作的两个方面,是互相对应的两个文种。它们的联系是:计划是事前的打算,总结是事后的回顾。总结时先要检查计划的执行情况,而总结又是制订新计划的重要依据。

(一) 总结的特点

　　1. 阶段性。总结的目的在于提高认识,扬长避短,鼓舞信心,更好地做好以后的工作。因此,总结总是在工作经过一定阶段后进行的。任何单位或个人,其工作都是渐进和永远要发展下去的,对过去某一段时间内的工作而言,总结是必要的"检修站"和"加油站",是完成整个工作的一个必要的调整和补充;对某一项工作而言,总结是下一项工作的起点,有着承上启下的作用。所以,不断地总结工作是提升全局工作水平的内在要求。
　　2. 政策性。总结不是主观臆造的产物,它反映的是工作的客观规律性,因而其依据应该是时代精神、社会发展趋势以及作为时代精神和社会发展趋势具体体现的国家的方针政策。就单位和个人而言,该工作总结或许是全局的体现,可是就社会而言,该工作总结只是一个局部,因而它必须遵循社会规则,体现社会发展的总的要求。
　　3. 说理性。总结是将人们在工作实践中的感性探索上升到理性认识,只有完成了这样的认识上的飞跃,才有可能指导今后的工作。而且,总结中对成绩与问题的认识也必须基于对事实的正确分析和研究,应当是从过去的工作中推断出相应的结论,因此,写总结应当是说理性很强的工作,应当摆事实,讲道理,不是空洞无物的。

(二) 总结的作用

1. 通过总结肯定工作成绩，可以增强信心，鼓舞干劲；找出缺点、问题，可以从中吸取教训，用来改进下一阶段的工作。

2. 通过总结可以及时向上级反映情况，以取得上级的支持与帮助。

3. 有些总结所提供的经验有普遍意义，上级领导可以用来向其他单位推广，起到以点带面的作用。

4. 通过总结，还可以发现好人好事，加以表扬鼓励；对工作中的不良倾向、缺点错误，还可以展开批评与自我批评。

总之，总结可以使我们的工作、生产、学习不断地有所提高，有所前进。

(三) 总结的种类

总结的种类很多，一般而言有多少计划的种类就有多少总结的种类，如有工作总结、学习总结、生产总结；地区、部门、系统总结；年度、季度、月份总结等。归纳起来主要可分下列三大类：综合性总结、专题性总结、个人总结。

1. 综合性总结。综合性总结是指对某一单位或某一部门的工作(生产)进行全面的总结。一般是按时间写的，如月度总结、季度总结、年度总结、阶段总结等。这类总结包括的内容比较广泛，既要反映工作(生产)、思想的概况和取得的成绩，存在的缺点、问题，也要写出经验教训和今后努力方向。但写作时不能面面俱到，而要有所选择，要突出主要工作、重要经验。

2. 专题性总结。专题性总结是对某一个问题、某一项工作或生产任务进行专门的总结，如学习总结、厂长经理负责制试点工作总结、经济承包、租赁经营责任制试点工作总结、基本建设总结，等等。就一个工厂来说，由于生产、销售、原材料供应等一般都分别制订了计划，但做得怎么样，彼此是否协调平衡，最好都分别作出总结，以便改进，提高下一阶段的工作质量。

3. 个人总结。个人总结着重总结个人在某个阶段的思想、工作或学习情况。写这类总结，贵在实事求是。肯定成绩要具体，选材要有代表性，分析要深刻，尤其要找出取得成绩的基本经验，以利于再接再厉，争取更大的成绩。对于缺点和不足，除写明主要事实外，还要找出其产生或存在的原因，以便真正能从中吸取教训，有效地克服缺点，弥补不足，取得更大的进步。

二、写作指要

(一) 一般写作方法

总结的格式一般由标题、正文、署名和日期三个部分组成。

1. 标题。总结的标题通常有下面两种写法：

(1) 单标题。单标题一般写明总结单位名称、事由、总结类别。它通常有以下四种形式：①单位名称＋时间＋事由＋文种。如《××学院2005年教学法评比总结》；②单位名称＋时间＋文种。如《学生处2004年度工作总结》；③单位名称＋文种。如《航空系工作总结》；④事由＋文种。如《岗位实习工作小结》。

（2）双标题。双标题分正标题和副标题。正标题鲜明地揭示主题，可以从总结的中心内容或基本结论中概括出来。副标题是由单标题引申而出，写明总结的单位、类别、时限、内容等。如《改革，迸发出青春的活力——2004年上半年双增双节工作总结》。破折号前面的是正标题，写在首行中间，破折号后面的是副标题，写在正标题下面。

2．正文。正文一般分总结概述、工作情况、经验教训、总结结语四个部分。

（1）总结概述。概述有关工作全貌，写明工作根据、指导思想、综合成果，有时也概述基本经验，包括交代单位概况、工作背景和取得的主要成绩等。目的是先给人一个总体印象，为下文作好铺垫。这一部分要写得简明扼要，高度概括，要与中间部分的内容紧密联系。

（2）工作情况。工作情况是总结的重点。要写明工作的进程，采取了哪些措施，实行了什么步骤，取得了哪些成绩，还存在什么问题。或综述，或分述，都要写清楚。

这部分只有在全面总结时单独列项，并且成绩一项内容要列于特别突出的位置。而在专题总结中，常和经验教训部分融为一体。

（3）经验教训。经验教训这部分是总结的核心。它是根据工作情况一分为二地总结出带有规律性的东西，常常还需加以分析说明，使之更有说服力。

（4）总结结语。总结结语主要写今后打算、努力方向，也有把存在的问题写在这一部分的，然后再写今后改进意见和设想。这部分要写得简洁、明确。有的总结采用自然结尾，因此，就没有总结的结语部分了。如是专题经验介绍式总结，也可以不写或仅作简要说明。

工作情况和经验教训两部分是总结中最重要的部分，是总结必备的内容。当然由于侧重点不同，在具体叙述安排时，也可有详有略，对主要经验教训予以概括和阐述。写取得成绩的做法、经验，造成失误的原因、教训，要有分析，写得具体。如果内容较多，为了醒目，中间可以分几个大段，并各加上小标题。小标题前可以加序数，也可以不加，如果每个小标题用两句话组成，中间不需加标点。不加序数的小标题，一般写在段首的中间部位。

这两部分的具体结构形式有三种情况，即分块式、过程式、经验式。

分块式，即分成绩块、经验块来写，前后为序。这种写法结构分明，层次清楚。全面总结常采用此式。

过程式是以工作过程为序，把工作分成几个阶段，然后按工作过程的阶段、步骤，归纳出相应的经验教训。这种写法突出的是工作成绩，好处是看完后，对工作有比较完整的印象。

经验式是以工作经验为线索，把主要经验按性质分类，然后分列一条条观点来写。每条经验教训之后,常用工作过程中的有关措施、成绩、步骤充当论据来说明证实。此类写法突出的是经验教训,专题总结常运用此法来写,对工作概貌在开头多交代几句,以求明晰。

在过程式、经验式总结的写作结构中,工作情况和经验教训部分是合为一体的,起着互相印证、互相说明的作用,两部分没有明显的区别。

总结常以第一人称的形式来叙写。

3. 署名和日期。总结的署名一般有两种形式:一是在正文的右下方写上署名和日期;二是在标题中或标题下面署名。写总结的日期时,如果标题下面没有注明,就在署名下面写明具体日期,以便日后查考。

(二) 写作要领与要求

写总结要有材料。俗话说,"巧妇难为无米之炊",没有充足的材料,即使是写作水平很高的人,也写不出像样的总结来。因此,应解决占有材料和分析材料的问题。

1. 占有材料。

(1) 搜集材料。材料主要靠搜集,靠平时积累。材料搜集得越多,可供分析和总结的内容就越充分,也就越有说服力和有指导意义。当然,具体应该搜集哪些方面的材料,还要根据总结的目的要求而定。

如果是写综合性的工作总结,一般需要搜集工作的基本情况,计划的执行和指标任务的完成情况,成绩、缺点以及好人好事等等。特别要注意搜集那些最有代表性、最能反映事物本质、最能说明客观事物的典型事例。

如果是专题性总结,则要着重搜集与专题有关的材料。在搜集材料时,既要搜集正面的,也要搜集反面的。正面材料能反映取得的成绩,反面材料能反映存在的问题。同时还要注意搜集背景材料,如工作环境,原有基础、条件以及发展变化等等。

搜集材料的方法,一般可采取:①查阅情况记录、工作汇报等;②召开座谈会,听取群众对某一阶段或某项工作的意见;③向单位领导搜集,因为领导掌握全面,可提供的材料较多;④做有心人,注意平时积累。

(2) 整理材料。搜集来的材料,往往是零散的、粗糙的、表面的,有时也可能是不真实的,因此,还必须下一番整理、筛选的功夫。整理工作有以下几个方面:

①核实。总结的材料,必须真实可靠,否则,总结就失去意义。对于那些传闻、猜测的材料,都必须核实,各种数据都要准确;②清理。对于那些虚假的材料必须剔除,粗糙的材料必须加工。这就是我们常说的"去粗取精,去伪存真"的筛选过程;③分类。在清理材料的同时,还须进行分类。分类的方法,可粗可细,一般可以分基本情况、成绩、缺点、存在问题等几个大类,把清理好的材料分类存放,以便取用。

2. 分析材料。总结不是原封不动地罗列材料,不是记流水账,而是要把所搜集的材料进行分析研究,揭示事物的本质,找出规律性的东西。

(1) 揭示事物的本质。什么是事物的本质？比方说，一家企业，去年上缴税利比前年增加35％，从现象上看，这家企业的经济效益上升较多；但分析其上升的因素是：从前年下半年起，就开始更新设备，按照更新的设备的生产能力，应比原设备增加50％，上缴税利也应相应地增加50％以上，才能达到指标要求。现在只增加35％，还没有达到预定指标，从经营管理上看，也不能说有什么大的成绩。反之，某家企业千方百计改善经营管理，节支增盈，收益上升数字虽不大，但由于原来条件较差，成绩还是显著的。

上面所揭示的就是事物的本质。写总结，评价成绩，不能单看数字和现象，而要看它的实质。不然，这个评价就失去了真实意义。

(2) 找规律性的东西。事物的发展变化都是有一定规律的，按规律办事，事情就容易办好；反之，就必然要失败。总结就是要找规律性的东西，以便指导今后的工作。找规律好像很抽象、很神秘，其实只要用一个"追根溯源"的方法就能找到。譬如说某项工作取得了很大的成绩，分析这个成绩是怎样取得的，是用了哪些方式、方法取得较好成绩的。那么，这个方式、方法就是一条经验，或是一条规律。

同样，对工作中的缺点、错误，也要进行分析，找出原因，得出教训，以免重蹈覆辙。

一篇总结，能切实总结出若干条经验，对工作就具有指导意义。因此，在分析材料时，这一环节一定要抓好。材料有了，也分析好了，就可以动笔写作。写作时，最好先拟一份提纲，按照提纲写，就能有条理地、较顺利地把总结写好。

3. 注意事项。

(1) 要以党和政府的方针政策为指导。正确理解和执行党和政府的方针政策是写好总结的关键。否则就没有判断是非的标准，就看不清哪些工作做得对，哪些工作做得不对。因此，必须深入学习、领会党的有关方针政策，并以此来指导总结。

(2) 要坚持"两点论"。事物总是一分为二的。写总结必须实事求是，既肯定成绩，也指出缺点。要分清成绩和缺点，何者为主，何者为次，不能颠倒。总结工作经验时，既要说明采取了哪些做法，取得了哪些成功的经验，也要分析主客观原因，指出存在的问题和失败的教训。总之，要善于分辨事物的主流和非主流，本质和非本质，这样，才有助于正确评价工作中的得失，有利于今后工作水平的提高。

(3) 要有鲜明正确的观点和充足的材料。所谓鲜明正确的观点，即对某一事物所提出的看法、主张应该是正确的，而且是明确而不是含糊的。譬如说，学校实行校长负责制有很多优点，值得推广。这是一个观点，但为什么说它好，值得推广，你得讲出充分的理由，并列举事实来证明这个观点。讲理由，举事例，掌握事实确凿、事理充分的材料，观点就站得住脚。所以，我们写总结，不但要有鲜明正确的观点，还要有充足的材料来证明观点，做到观点和材料相统一。

(4) 要突出重点。一个单位或一项工作，难免会出现各种情况和各种矛盾。写总结不能主次不分，把所有的情况和问题不加选择地都写进去。只有抓住主要矛盾，才能从复杂的客观事物中找出它们的内在联系。这就是说,写总结要掌握主要情况、主要事件、主要问题、主要工作方法,进行深刻的、全面的分析,揭示工作中带有规律性的东西。那种就事论事、罗列现象、面面俱到、漫无边际和不得要领的总结,是不可能有指导作用的。

(5)语言要准确简洁,条理要清晰。所谓准确,就是列举事实要准,不走样;数字要准,丝毫不差;下论断要准,一点不含糊。有些材料是从分析中来的,或是从不完全的统计中来的(如抽样调查),那就得交代"根据不完全统计"、"从情况分析来看",以此来说明材料的可靠程度。语言的准确,跟材料的真实是不可分的。如果材料不真实,得出的结论就不可靠。总结的语言除了要准确外,还要注意简洁,能用一句话说清楚的,决不用两句,切忌拖沓、冗长、累赘。总结中,有时也可以适当用一点描写的表达方式和排比、比喻等修辞手法,使语言生动。条理清晰,这在总结中也是非常重要的。只有把所要讲的问题一个一个、有条有理地讲清楚,总结的语言表达才有逻辑性和说服力。

三、示例与简析

19××年上半年飞行安全总结

今年上半年管理局由于深入贯彻了保证安全第一、改善服务工作、争取飞行正常的方针、民航总局的"三个决定"和一系列有关保证飞行安全的重要指示精神,各级领导重视安全工作,加强了对安全工作的组织领导,各单位密切协作,广大干部职工共同努力,保证了飞行安全,较好地完成了各项飞行任务,总的看安全形势较好。

据统计1～6月份保证班机××架次,加班飞机××架次,包机××架次,外国飞机××架次,调机××架次,公务××架次,训练飞机××架次,其他飞行××架次,共××架次,还圆满地完成了国家领导人出访和外国元首、首脑等××架次重要专机任务。航班正常率为90.2%,与去年同期相比提高了1.4%。

一、主要成绩

1. 各级领导重视安全生产,坚决执行有关规定和指示。元旦、春节期间根据民航总局的指示精神和管理局的具体情况,对元旦、春节期间保证飞行安全工作提出了具体要求和措施,因此较好地保证了两个节日期间的航空运输任务。在3月份管理局工作会议上,又把安全工作放到了重要议事日程,强调了安全工作的重要性,要求从指导思想上、工作精力上、具体措施上切实把安全工作放在第一位,扎扎实实地抓好安全工作。5月份召开了飞行安全会议,分析了我局的安全形势,总结交流了经验教训,对存在问题进行了研究,并提出了改进措施。6月份又专门召开了由飞行大队和各飞行保障单位负责人参加的干部会,再次集中传达民航总局关于加强雷雨季节安全工作的电报精神,部署雷雨季节的安全工作,并先后几次派出检查组对飞行大队和有关单位进行安全检查,解决了一些具体问题,收到了较好效果。

2. 组织落实,分工明确。去年以来,对飞行大队领导班子进行了调整,调整后都及时召开了党委会,分析了安全形势和大队思想情况,明确了把主要精力放在抓飞行安全上,认真抓各项规章制度和安全措施的落实,××区局今年航班飞行、专业飞行和训练飞行任务重,局领导分工明确,责任落实,措施具体,较好地保证了各项飞行任务和机群转场工作,上半年的安全形势与去年同期相比有较大的进步。

3. 严格规章制度。各飞行大队自觉地贯彻执行"三个决定",尤其是关于保证安全飞行十九条禁令,坚持飞行四个过程,坚持检查单制度和做好特殊情况的处置预案等各种行之有效的规章制度,严格把好飞行放行关、天气标准关,该备降的坚决备降,该返航的决不勉强飞行。3月23日,2448机组从上海飞东京大气变坏不够降落标准,机组果断改航备降大阪,落地后东京天气仍不稳定,侧风超过标准,气象条件不适航。当时,机组顶住了种种压力,根据实际情况,从安全出发,决定改日飞行。

4. 定期分析安全形势,适时进行安全整顿。各飞行大队、航管部门都能根据各自的情况定期分析安全形势,经常进行安全整顿,有问题及时解决,并教育大家,防止麻痹松懈情绪。三大队针对294在桂林起飞时发动机超温中断起飞后,在未做任何工作的情况下,盲目试车的违章操作一事;一大队针对2416在贝尔格莱德7个主轮跑气一事;四大队抓住638在赤峰机场场外落地的典型事例等,适时地进行了安全整顿,发动大家共同探讨,吸取教训,对主要负责者进行了相应处分,这些都达到了教育的目的。航管部门今年各项工作抓得紧,抓得早,吸取以往的教训,上半年消灭了因指挥不当造成空中危险接近和严重差错。各单位通过对典型事例的解剖分析,大家吃一堑长一智,防止了问题的重复发生。

5. 严字当头,执行铁的纪律,奖罚严明。"铁的纪律"是维护各项规章制度的保证,是确保飞行安全的有效手段。各级领导一再重申,对违反飞行十九条禁令不论是否造成后果,都要严肃查处,如对638场外落地,2416轮胎爆破,2442带外来物打坏风扇叶片的责任者进行了严肃处理。对忠于职守,关心飞行安全的人员进行表彰。如四大队8418机起飞时发动机异常,对发现及时,处理果断,措施得当的×××机组和起机线指挥员×××同志给予通报表扬和奖励。

二、存在的主要问题

1. 发生多次事故征候。上半年虽没有发生飞行等级事故,但发生事故征候多起。3月28日,四大队638机在赤峰机场场外落地;3月21日,运五8418在呼市本场训练时因汽化器加温排气管下端烧断脱落,在返航落地后停车;4月10日,2416机在卡拉奇中断起飞后没有按操作规程给轮胎冷却,造成7个主轮跑气,在贝尔格莱德降落时险些造成严重事故。另外,违章操作和飞行组织工作不严密、不落实造成漏洞的也时有发生。

2. 机务维护质量不高,飞机故障多,是今年以来比较突出的问题。1~6月,因发动机故障,造成四发飞机三发或二发落地5起;中断起飞3次;飞机带外来物飞行打坏发动机和其他不正常情况6起,造成航班不正常延误起飞的有72架次之多。

3. 客机坪秩序混乱,发生车辆撞机事故6次。如元月1日,拖2448时撞廊桥;元月28日,2105被货车撞坏等。

三、几点意见

上半年我局的飞行安全形势总的看是好的,没有发生等级事故,但也不能盲目乐观,必须清醒地看到仍有许多问题未得到很好解决。在总结上半年飞行安全工作的基础上我们认为要进一步做好以下工作:

1. 各级领导要进一步贯彻落实"安全第一"的工作方针,进一步做好思想工作,调动一切积极因素,做好本职工作,搞好单位间协作配合。

2. 组织力量,在8月底前对美国B-747"缺件放行手册"进行审定、充实,使之成为我们自己的该机型机务放行的依据,使空地勤人员,值班领导干部,对该机型缺件放行处理有个统一标准,有章可循。

3. 进一步健全飞行安全监察机构,尽快配齐缺额。目前×总队以及各飞行大队、航站尚未设立相应机构和安检人员,安监工作没有很好地开展起来,争取在下半年内在我局范围内健全好这一机构,使之完善,并召开一次飞行安全监察会议,充分发挥它对安全的监察作用。

一九××年七月×日

【要点评析】

标题是由时间、事由和文种名称构成,这种标题类似公文式标题(正如例文所示),它由上级部门总结经验教训,转发到各个下属部门参照并执行(其"意见"部分具有指令作用)。

例文采用的是条文式结构,即将总结的内容按性质和主次轻重逐条排列为几部分。采用这种结构的优点是层次清楚,提出几个问题,总结几条经验,使人一目了然。缺点是如掌握不好易使各部分之间贯通性弱,各自独立,衔接不好。例文可以说发挥了条文式结构的优点,克服了条文式结构的弱点,具体表现在以下几点:

1. 文章紧紧围绕一个中心(即飞行安全)来展开全文,丝丝入扣,从领导干部思想重视,到组织工作落实,再列各项制度保障、奖罚分明等一系列事项,都紧紧围绕中心问题展开。

2. 文章逻辑性强。如领导干部的思想态度、工作水平是飞行安全的关键所在,因此把这部分置于文章之首。正是因为领导干部时刻注意飞行安全问题,组织工作才有了带头人,组织工作做好了,严格规章制度,照章办事,奖勤罚懒、奖优罚劣的措施才落到实处。文章的段落安排由总括到具体,逐次表明安全工作取得成效的各条经验。

3. 文章理论认识和实践相结合。文章总结的各条经验都带有一定的普遍意义,而每条经验(包括教训)都有充分的实例为依据,因而使总结的经验既实在又可信服。

4. 文章繁简得当。整篇总结从总体上看来写得是比较简练的。第一段对上半年工作的概述和最后一段对今后工作的意见,尤为言简意赅。同时,该强调的地方反复强调,以突出重点,如列举各级领导如何重视,抓紧安全工作的情况时,将半年之内所做的具体工作(如元旦、3月、5月、6月等各项具体工作)写入文章中,充分显示出"要想安全工作做得好,就必须常抓不懈"这一规律。

思 考 与 练 习

一、填充题

1. 写总结要注意突出_____,要有鲜明的_____和充足的_____。

2. 总结的开头一般是写_____和有关基本情况。总结的主体如果内容较多,可以分几个大段并可加上_____。一般的工作、学习总结,结尾主要写_____和_____。

3. 写总结前,先要_____材料和分析材料,分析材料要_____,找出_____。

4. 写总结时,对一个阶段的工作、学习情况不仅要加以_____,而且要_____,以得出经验教训。

二、判断题

1. 写总结就是写取得的成绩和经验。   （ ）
2. 总结如果采用双标题,一般是用副标题补充说明总结的主题。（ ）
3. 写总结和写调查报告一样,要做好收集材料和核实整理材料的工作。（ ）

第六章 规章制度

　　规章制度是国家机关、社会团体、企事业单位为了构建和谐社会,在不违背国家法律、法规的前提下,建立正常的工作、学习、生产、生活秩序而制订的一种具有法规性、指导性与约束力的文件,是人们行动的准则和依据。规章制度是规则、章程、制度的总称,常见的有规则、规定、规程、章程、条例、制度、公约、须知、守则、办法、细则等。

　　法律是由国家最高权力机关即全国人民代表大会及其常务委员会制定的。法规是由国家最高行政机关即国务院制定的。

一、知识概述

　　法律法规都具有普遍的规范性和约束力。而各机关、团体和企事业单位为了实现一定的宗旨,搞好各方面的工作,也必须建立必要的规章制度。当然任何规章制度都不能与国家的法律法规相抵触。

　　(一)规章制度的特点

　　1. 执行的严格性。规章制度属上层建筑,是为建设和加强社会主义物质文明、政治文明、精神文明服务的。它是有关方针、政策的具体化,具有法规的效力。党的十一届三中全会指出:"社会主义现代化建设,需要严格执行各种规章制度和劳动纪律。"邓小平同志曾说:"执行规章制度宁可要求严一些,不严就建立不起来。"这就有力地说明,要把工作做好,要实现现代化,不仅需要有健全的规章制度,而且要严格执行各种规章制度,以充分发挥规章制度的行动准则的作用。

　　2. 表达的直接性。规章制度是规定人们应该做什么,怎么做,不能做什么。为便于执行和遵守,对这些内容都应当直接提出,言简意赅,不需空发议论,不用摆事实,不谈大道理,更不能模棱两可,或用夸张、比拟、委婉等修辞手法,搞文字游戏,一切都照直说。这样的规章制度才易操作和可行。

　　3. 语言的准确性。规章制度的所有规定都要不折不扣地执行。因此其用语必须仔细推敲,做到准确严密,没有歧义;措辞必须无懈可击;内容表达必须严谨;甚至连标点符号也都要正确运用。

　　4. 形式的条文化。为了便于记忆、引用、查找,规章制度一般都采用条文形式,一目了然。规章制度的条款层次,简短的只分"条",较长的分"章"、分"条",有的条下还分"款"。规章制度的条款层次多,如"编"、"章"、"节"、"款"、"项"、"目"等,逐层往下延伸。

(二)规章制度的种类

如果按照规章制度的对象作用和制作权限以及约束力来分,可分为三种。

1. 规则类。由国家机关、社会团体、企事业单位,根据实际需要,以行政单位的名义制订公布的规章制度,这些规章都具有很大的约束力。如:条例、制度、规范、规则、守则、规定和办法等。

2. 章程类。单位或社会团体为了明确自己组织的性质、宗旨、任务、组织机构、成员条件、权利、义务及活动方式等,使组织内的成员遵循和执行而制订的条文。这种章程有一定约束力,但没有行政上的强制性。如《××××文学社章程》、《上海市高职高专院校语文学科教学协作组章程》等。

3. 公约类。群众在自觉的基础上,经过充分酝酿、讨论而订立的一些共同遵守的条文,这种公约是群众在提高了认识和觉悟的基础上进行自我约束而订立的,它对生产、工作、学习和生活能起一定的推动和督促作用。如《服务公约》、《文明班级公约》等。

二、写作指要

(一)一般写作方法

规章制度的格式,一般有标题、正文、署名和日期三个部分。

1. 标题。规章制度的标题,要标明规章制度的种类和规范的对象、内容等,写在第一行的正中。规章制度种类不同,标题的写法也不完全一样,归纳起来有五种写法:

(1) 内容+种类。如《出版物汉字使用管理规定》、《服务公约》。

(2) 单位+种类。如《×××航空学会章程》。

(3) 人员+种类。如《中学生守则》、《企业职工奖惩条例》。

(4) 单位(地域)+内容+种类。如《××百货商场服务公约》、《中华人民共和国国库券条例》。

(5) 公文式。如《北京市关于禁止燃放烟花爆竹的规定》。

如果规章制度是草案或暂行、试行的,可在标题内写明"草案"、"暂行条例"、"试行办法"等,也可以加括号,放在标题后面或下面,如《高等学校学生行为准则(试行)》。

相当多的规章制度都要由制订机关用公文印发施行,以表明其合法性和有效性。但张贴和翻印时,一般不需要附加发布规章制度的公文,而是在标题之下加题注,注明发布机关和发布时间,如《国家行政机关公文处理办法》(国务院 2000 年 8 月 24 日发布 2001 年 1 月 1 日施行),《企业法定代表人登记管理制度》(1998 年 2 月 22 日国务院批准 1998 年 4 月 7 日国家工商行政管理局第 85 号令发布)。有的则注明通过会议的名称和时间。

2. 正文。正文要写清楚规章制度的具体内容,这些内容一般都是分条列出,一个意思一条。

正文有两种写法:第一种是条文式的写法,内容比较简单、条文不多的规章制度,正文只用条文表达即可,不必分章。第二种是章条式的写法,需分章、分条目来写。

3. 署名和日期。制订者的名称和实行日期,一般写在正文结尾后面。如果标题中已写明制订单位名称,最后就可以不再写署名。有的规章制度从公布起需要长期实行的可以不写日期。有的随文件颁发,文件上已有日期,也可以不再写。凡要写日期的,就应具体写明年、月、日。

(二)写作要领与要求

在条文式规章制度中,正文开头段在条文前一般先简述制订这个规章制度的目的、依据等;结尾段在写完条文后对贯彻执行提出要求。它们既可以列为第一条和最后一条,也可以不列入条文,而单独成段。

有些规章制度,特别是国家或政府主管部门发布的法规性的规章制度,由于内容比较多,涉及面比较广,结构也比较复杂,就要先分章再分条来写。

在章条式规章制度中,正文开头第一章"总则"总是先说明制订目的、依据等,正文结尾最后一章"附则"是说明解释权归属和生效日期等。

三、示例与简析

示例1

国家行政机关公文处理办法

(国务院 2000 年 8 月 24 日发布 2001 年 1 月 1 日施行)

第一章　总　　则
　　　　第一条至第八条
第二章　公文种类
　　　　第九条
第三章　公文格式
　　　　第十条至第十二条
第四章　行文规则
　　　　第十三条至第二十三条
第五章　发文办理
　　　　第二十四条至第二十九条
第六章　收文办理
　　　　第三十条至第三十七条

第七章　公文归档
　　　　第三十八条第四十三条
第八章　公文管理
　　　　第四十四条至第五十三条
第九章　附　则
　　　　第五十四条第五十七条

【要点评析】

《办法》是在办理某一事项、开展某一活动、执行某一精神时制订的具体要求的条文，它既有约束力，又有一定的灵活性。条文解释性、说明性比较强，既包括对执行中某一事项的设计和要求，又包括与之有关的各方面的配合和衔接。

另外，办法在实施中还可以根据实际予以补充、修改，一般在办法的最后条文中，常有"可根据本办法拟定实施细则"，或"可根据实际情况，加以补充和变通"等说明性条文。

这类规章制度正文一般分总则、分则、附则等几个部分。习惯上人们把这种正文的形式归纳为章条式。分章分条，章断条连。通常第一章是"总则"，总则说明本规章制度的宗旨、目的、意义和一些基本原则；以下几章是"分则"（"分则"这个词在文中是不出现的），分则说明具体要求、执行的事项和办法。分则根据需要再分出若干章，各章下再分几条，有的一条又分出几款。最后一章是"附则"，附则说明适用范围、解释权限和生效日期等。全文各章分条，并且应连续往下编序号，不能一章分条完了下一章分条时又重起"第一条"、"第二条"等，这就叫"章断条连"。这种写法，将整个规章制度共有几章几条，表达得眉目清楚，尤其是读到最后一条，即知全部条款总数。一目了然，易于掌握，也便于检索和引述。

示例 2

阅览须知

1. 学生凭学生证入室阅览。
2. 阅览时保持安静，不影响他人。
3. 阅览时看一本取一本，阅后放回原处，以方便他人阅读。
4. 爱护书报杂志，不得污损，不许撕剪，损坏照赔。
5. 保持整洁的阅览环境，不在阅览时吃食物，不乱丢废物。
6. 不许将书报杂志带出阅览室。

【要点评析】

该《须知》的结构分标题、正文两部分。标题由性质限定和须知组成。正文部分内容具体,用阿拉伯数字表示共有 6 条,或用肯定的语气明确"可以"怎么样,或用反对的语气明确"不可以"怎么样,表述简洁明了,通俗易懂。

示例 3

学校值班制度

为了保证学校安全和秩序正常,特制订值班制度如下:

一、值班是维护学校安全的一项重要工作。学校总值班员代表学校处理值班时间内发生的问题,监督、检查其他各类值班人员开展工作情况。

二、由行政办公室决定配备的值班人员,按轮值时段、班次,负责学校每日 24 小时及双休日、节假日的全部值班工作。法定节假日的值班,一般应由校领导担任。

三、行政办公室编制值班顺序,采取轮流值班制。寒暑假安排的值班表,印发到参加值班的每位同志,使其知道自己的值班日期和时间,以便按时接班。

四、对值班工作的要求。

1. 按时上岗位值班,坚守岗位,履行值班职责,对值班期间发现的问题,要及时处理。没有把握的问题不得擅自处理,应及时打电话报告有关领导。若当时不能处理(特别是晚间),应及时向领导报告,根据领导意见迅速处理。

2. 认真记好值班日记,凡在值班期间接到的外来电报、信函和公务电话等,都要详细地记入值班日记,以备查考。当班未了事项,必须向下一班人员作出交待,使接班人员了解情况并继续进行处理。

3. 遵守纪律,值班人员不得把亲戚朋友带入值班室玩耍或留宿,不得在值班期间打扑克、下棋等。

4. 在值班期间要加强巡逻,做好防火、防盗工作,对各类仓库加强监视。如遇紧急情况,及时向领导和警署(派出所)报告。

5. 交接班应在值班室进行。如遇特殊情况可通过办公室。

五、其他各级值班员应向校值班室汇报情况。

【要点评析】

本制度内容单一,主题突出。特别是第四条对值班工作的要求,应该做什么,不应该做什么,语气坚决,态度明朗,条文具体,条下还有款。

示例 4

××百货商场服务公约

接待顾客　文明礼貌
主动热情　耐心周到
当好参谋　诚恳介绍
明码标价　质量确保
唱收唱付　当面点交
包扎快速　美观牢靠
合理退换　一样周到
商品陈列　便利选挑

【要点评析】

正文内容具体实在,语言明确通俗且押韵,便于阅读、领会、记忆和执行。

思 考 与 练 习

一、填空题

1. 规章制度是人们为了建立正常的工作、学习、生活秩序而制订的具有＿＿＿＿和＿＿＿＿的文件,它对人们有＿＿＿＿和＿＿＿＿作用,是人们行动的＿＿＿＿和＿＿＿＿。

2. 内容简单的规章制度只需分＿＿＿＿＿拟写,而内容复杂的常要先分＿＿＿＿＿再分＿＿＿＿＿拟写。

3. 规章制度的标题要写明它的种类和所要规范的＿＿＿＿＿。

4. 规章制度的开头一般写制订该规章制度的＿＿＿＿＿等。在分章写的规章制度中,这个部分称为＿＿＿＿＿。

5. 在分章写的规章制度中,说明各具体要求、执行事项和办法的部分称为＿＿＿＿＿；说明解释权归属、生效日期等内容的部分称为＿＿＿＿＿。

6. 规章制度的条文一般是一条一个内容,便于人们＿＿＿＿＿、＿＿＿＿＿和检查。

7. 拟写规章制度要做到符合国家的法律、法规,要求＿＿＿＿＿,语气＿＿＿＿＿。

二、思考题

1. 规章制度有哪些特点?
2. 规章制度的格式是怎样的?
3. 怎样写规章制度?

第七章　简　　报

一、知识概述

简报,就是信息和情况的简要报道,也称"简讯"、"快报"、"情况交流"、"内部动态"、"内部参考"等。它是机关、企事业单位、社会团体内部为迅速反映日常工作和业务活动,通报情况、交流信息而编印的带有新闻性质的书面材料。简报的编发不仅便于上级领导及时了解、掌握下情,为领导机关制订方针政策提供可靠的依据,也便于下级单位正确领会上级的有关指示和工作意图,及时得到指导和帮助,并参照落实。对于平级单位之间来说,也可沟通情况,交流经验,探讨问题,并作为工作参考,取长补短,彼此协调,互相配合,加快工作步伐。另外,内部性的简报也可为报刊、杂志、电台、电视台等新闻媒体提供采访信息和线索,达到宣传和推介的目的。

简报的特点可概括为四个字:简、捷、新、真。

简,简报由单位内部编发,内容简明扼要,形式简便灵活。每份简报的文章篇幅,大多数百字,一般限于千字以内,且只反映一件事。捷,简报反映情况、传递信息及时、迅速、快捷,时效性强。新,简报报道单位内部发生的新情况、新问题、新经验具有参考价值。真,简报报道的事件、人物、时间、地点,各种数据均真实可靠。

简报是一个统称,它可按不同的标准进行分类。

简报按内容分,有工作简报、生产简报、学习简报、活动简报、会议简报、思想动态简报等;简报按时间分,有定期简报和不定期简报;简报按阅读对象分,有供某一级别以上干部阅读的"内参性"简报和供一般干部阅读的普通简报;简报按性质分,有全面反映本单位工作情况及问题的综合性简报和主要报道某专项工作动态、进展、经验、问题的专题性简报。

综合内容、性质及编发部门等功用因素,简报主要分情况简报和会议简报两大类。

情况简报,一般由单位的文书部门编发,适用范围大,涉及面广,报道内容非常丰富,主要反映工作及与工作有关的各种情况;上级部门下达新指示,布置新任务,安排重要活动;工作、生产、经营和重要活动的进程、成绩经验、问题教训,尤其是针对某项工作特点、工作中可操作的办法和有创见性的措施;大家所关心的问题、带有普遍性意义的思想倾向及意见、建议等等。

会议简报,一般由大会秘书部门编发。主要反映某些重要会议的进行情况和会议的主要内容,如会议的概况、会议期间的活动、会议的报告、领导的讲话、会议交流的典型经验和反映的重大问题、会议通过的决议或作出的决定及与会代表的情绪、愿望、意见等。有的会议只发一次性简报,那就应集中反映会议取得的主要成果;有的会议根据要求需连续发数期简报,那么每期简报应分别反映从开幕到闭幕整个会议进程中的主要情况和主要精神。

二、写作指要

编写一份简报,通常包括写作和编辑两方面的工作。

(一)简报的写作

简报文章常见的写作形式类似于新闻报道,包括标题、正文两部分。

1. 标题的写法。简报文章的标题,既要准确贴切,能反映文章整体意义,又要新颖醒目,能引起读者的兴趣。

简报标题有单行标题和双行标题两种:单行标题,即采用一个判断句或陈述句,表明对事情的断定或告知发生了什么情况、事态如何,如《××集团将于7月完成股份制改革》、《公司广告演示会择日举行》;也有的用设问、劝诫的方法拟题,简明醒目,如《商品房面积缩水问题出在哪》、《销售业绩排名说明了什么》;还有的用形象性语言拟题,形象生动,以激发读者兴趣,如《今春服装流行哈里波特》。

双行标题,即采用正、副式标题,一般正题概括事实、揭示文章的思想意义,副题起补充说明作用。如《蝴蝶效应下的惊弓之鸟——牙膏致癌风波背后》。

2. 正文的写法。简报文章的正文一般有导语、主体和结尾。

(1)导语是用简短的语言,概括说明简报的主旨和内容,让读者先有一个总的印象。简报正文的开头一段,即为导语(如果只有一段,那么第一句话就应该是导语),一般要明确交代什么人、在什么时间、做了什么事、结果如何等几项内容。根据表现主旨的需要,导语可以采用叙述式、提问式、结论式、描写式等写法。

(2)主体是简报文章的主要部分。这一部分,用富有说服力的典型材料,把导语中所概括的主旨和内容加以具体化。内容要紧扣标题,紧接导语,观点鲜明,材料详略得当。结构安排要与内容相适应,可以采用纵式结构,即按事情经过的时间顺序来写;也可采用横式结构,即按事理性质把材料归成若干类,按材料的轻重主次和相互间本来的逻辑顺序来写。有的简报文章所反映的情况比较复杂,还可以用纵横交错的结构形式,有时还可以采用列小标题的形式概括每个层次的内容,使文章的脉络清晰。

(3)结尾是在全文最后点明主旨的一句话或一段话,有的指出事物发展的趋向,有的提出希望,如果这些内容已在主体部分中写明,也可不要此"结尾"。

(二)简报的编辑

简报编辑工作包括三方面:

1. 掌握简报格式。简报的格式由报头、报核和报尾三部分组成。

(1) 报头。报头占用简报首页十六开纸上部三分之一的位置,包括简报名称、期数编号、编发单位、编发日期四项内容。简报名称在报头上方居中,要选用大号字体印制,有的还套红,使之醒目。期数编号也就是该期简报的顺序号,如"第×期",在简报名称下标明,顺序可按年度编排,也可按总期数编排。编发单位一项在编号下面左起顶格写,要写明编发简报单位的全称。印发日期在与编发单位名称平行对称的右侧写,年、月、日均要写清。在编发单位和印发日期下面要划一条横线,与下面内容分隔开来。有的还在上方的左右两侧注名编号和密级。

(2) 报核。报核即简报刊登的文章,它是简报的核心部分。它由标题、按语和正文等组成。简报文章一般不具名,必要时可在正文右下方加括号注明供稿单位或供稿人。

简报样式图

(3) 报尾。报尾的位置在简报文章结束最后一页的底部,与报核之间也应有一条横线,以示分隔。线下左右两侧,分别注明报、送、发的单位名称及编写程序中的有关事项。

2. 选编简报文章。要根据编发简报的目的要求,选用别人的文章或自己撰写文章。简报选用的文章一要符合简报主旨的要求和编发意图;二要符合简报文体的要求,一般应是新闻报道和评述类的文体。现在随着简报使用频率的提高和内容涉及面的拓宽,调查报告和经验总结等也可上简报。文章选定后根据需要作文字修改,但不可改变原意,对文中的重要问题还要核实,以保证简报内容的真实性。

3. 撰写文前按语。内容重要的简报文章(有时是转发性的文章),编者要加写按语。按语一般用简洁、准确、得体的文字,说明编发意图,交代简报文章的出处,提示简报文章的中心和重点内容,或者发表编者对简报文章的看法,做到有针对性和指导性,达到强调、宣传、推广的目的。按语一般编排在简报文章标题之上,或用左右缩格形式,或用与简报文章不同的字体刊印,有时也加用括号。

三、示例简析

示例1

××市自考评卷会议简报

××市自考办公室编 　　　　　　　　　　　　　　　2004年4月15日

本年高教自考评卷工作研讨会近日召开

　　2004年4月12日市自考办在××大学新校区召开了2004年高教自考评卷工作研讨会。10所主考学校的成教院分管院长和自考办主任、评卷组长共30多人参加了会议。会议由××市自考办副主任×××主持。

　　会上××大学、××师范大学的评卷组长、成教院领导、自考办主任介绍了阅卷情况和阅卷中存在的问题，并讨论相应的措施。

　　×××主任助理强调了本次自考阅卷工作的安全保密要求和硬件要求。

　　×××副主任对加强评卷工作提出了几点意见。

　　×××主任在会上传达教育部考试中心召开的全国教育统一考试考务工作培训会的精神。

　　×××副院长最后作了重要讲话。他在讲话中提出了四项要求，以及正确处理一个关系。即确保试卷的安全保密，准确把握评分标准，组织好一支质量合格、数量充足的评卷队伍，规范管理、规范流程、责任到人。正确处理严格考试管理与合理评分之间的关系。

【要点评析】

　　上面是××市自考办公室编发的一份会议简报，用于通报会议情况。编者首先用简明的语言，概括说明本次会议的概况，召开的时间、地点和与会者情况，给人一个总的印象。这份简报不仅将会议交流的情况进行了报道，也传达了上级部门和领导同志的讲话精神及工作要求，为相关单位的简报读者提供了很有价值的信息。

示例2

××工商大学简报

（第5期）

校长办公室主办　　　　　　　　　　　　　　　　　　2005年4月28日

全省普通高等学校本科教学工作会议在我校召开

　　4月20日，浙江省普通高等学校本科教学工作会议在我校××校区隆重举行。省教育厅副厅长郑××出席会议,并作重要讲话。我校党委书记王××致欢迎辞,并向与会代表简要介绍了我校本科教学工作的情况。会议由省教育厅高教处处长方××主持。

郑××副厅长首先传达了教育部第×次全国普通高等学校本科教学工作会议的精神,对教育部下发的《关于进一步加强高等学校××工作的若干意见》的重点内容进行了强调。他说,高校在经过几年扩招之后,要根据教育部实现高等教育工作重心转移的要求,处理好规模与质量、统一性与多样性、成人与成才、规范管理与改革创新的关系,切实加强教学工作,提高高等教育质量。

郑××副厅长指出,为保持我省高等教育持续、健康发展的良好势头,落实科学发展观,建设教育强省,顺利实现高等教育重心向优化结构、提高质量转移,全面推进高等教育教学质量与教学改革工程,根据教育部[2005]××号文件精神,结合我省实际,省教育厅提出了进一步加强普通高等学校本科教学工作的10条意见:强化高校党政一把手作为教学质量第一责任人的意识,牢固确立人才培养是高等学校的根本任务,牢固确立质量是高等学校的生命线,牢固确立教学工作在高等学校各项工作中的中心地位;坚持和落实科学发展观,构建与"以人为本"、"全面发展"、"实践创新"等时代要求相适应的教学管理机制和人才培养新模式;完善教师职务评审制度及聘任机制,加大教师教学责任和教学质量的权重;以抓课堂教学为突破口,促使教师把主要精力投入教学工作;以抓"学风"、"考风"为突破口,加强诚信教育,规范学生行为;调整学校经费支出结构,加大教学经费投入,确保教学运行需要;强化高校教学研究组织的功能,促进教学水平、教学质量的提高;积极推动研究性教学,增强创新人才培养力度;推进优质教学资源共享;继续推进"浙江省高等教育新世纪教学改革工程与质量提高工程。全体与会代表对10条意见进行了讨论。

来自全省26所本科高校的党委书记或校(院)长、分管教学的副校(院)长及教务处长,20所独立学院的院长,省教育厅高教处、高科处、计财处、学生处、师范处的负责人,各市教育局分管高等教育的负责人参加了会议。

我校旅游学院师生参加第54届亚太旅游协会年会

4月17日至21日,第×届PATA(亚太旅游协会)年会在澳门特别行政区召开,我校旅游学院院长唐××教授应邀出席,随同前往的还有旅游学院的5名师生。作为PATA教育委员会的理事,唐××院长与来自亚太及欧美各国及地区的旅游教育专家们就如何发展和提高亚太地区的旅游教育进行了深入、热烈的探讨,并与PATA在中国地区开展国际性的旅游教育培训达成了初步的合作意向。旅游学院吴俊老师和研究生李××的论文分别被大会采用并收入会刊,两人还在旅游教育论坛上就各自的论文发表了近半小时的讲演,引起与会代表的重视。

我校85位学生喜获万元奖学金

4月17日上午,我校××商学院在××校区举行学生奖学金颁奖大会,校党委书记王××出席颁奖大会并讲话。××商学院今年共有2576名学生获得了各类奖学金,其中有85位学生获得了一万元的特别优秀奖学金,发放奖学金总额达350余万元。

王××书记指出,一年来,独立学院各方面工作都取得了很大的成绩,顺利通过教育部对独立学院的检查,学风建设成效显著,诚信教育深入人心,各项文体赛事成绩突出等。同时,王书记也指出了独立学院学生中存在的不足以及所面临的挑战,并殷切希望大家进一步明确目标,刻苦学习,奋发成才。

自1999年建院以来,××商学院先后已有264位学生获得万元特等奖学金,累计发放各类奖学金1100余万元,获奖面在50%以上。每年4月份举行的奖学金颁奖大会,学院都特邀部分获奖学生家长参加,让学生与父母共同分享获奖的喜悦。

浙江省教育厅财务审计检查组来我校检查财务工作

4月19日至22日,以××财经学院纪委副书记、审计处处长杨××为组长的浙江省教育厅财务审计检查组一行7人来我校检查工作。校长胡××会见了检查组成员。校党委委员、纪委书记张××向检查组一行介绍了我校办学和建设发展的基本概况,汇报了我校坚决贯彻落实省教育厅财务审计工作会议精神的情况以及近几年学校财务管理的基本情况。

财务检查组在我校检查工作期间召开了工作汇报会,听取了我校财务审计自查情况的工作汇报,查阅了2002~2004年学校以及下属单位大量的会计资料,走访了财务处、基建处、实验室与资产管理处以及相关学院,并前往××校区实地察看。

近年来,我校在上级有关部门的指导和支持下,严格按照有关政策和文件精神,在建立和健全财务制度、严格内控制度、抓好财务收支核算、加强专项资金和科研经费的管理、规范收费行为、做好资产管理、对外投资与校办企业的工作、搞好××校区基本建设等方面做了大量卓有成效的工作,得到了财务审计检查组的肯定。

我校法学院举办全国"和谐社会与法制建设"专家座谈会

4月22日至25日,来自全国各著名高校、法律核心期刊近40位专家学者和编辑聚会××湖畔,参加了由我校法学院和中国人民大学书报资料中心联合举办的"和谐社会与法制建设"专家座谈会。我校校长胡××应邀出席并致开幕词,副校长张××出席了闭幕式。

座谈会上,专家学者围绕"和谐社会与法制建设"的主题畅所欲言。吉林大学邓××教授对我国社会存在的不和谐现象作了深刻的剖析,华东政法学院何××教授阐述了如何构建和谐社会的法律体系,浙江大学法学院孙××教授则从法理学角度分析了我国法制建设中的一些不和谐因素,暨南大学法学院徐××教授从民商法角度谈了如何实现司法中的和谐。

高校数字图书馆总体架构与应用系统建设方案研讨会在我校召开

4月20日至21日,由××省图书馆学会网络化、数字化分委员会、××省高校图书情报工作委员会现代化专业委员会组织召开的"高校数字图书馆总体架构与应用系统建设方案研讨会"在我校教工路校区举行,省内高校图书馆的馆长和技术部主任参加了本次会议。

浙江省高校图情工委副主任、浙江大学图书馆馆长竺××教授就××省高校数字图书馆的发展规划向与会代表作了全面介绍;全国高等教育文献保障体系管理中心王××总工程师等人就《中国高等教育数字图书馆技术标准规范》和一系列数字图书馆应用软件作了介绍和演示,并就××省各个高校图书馆建立本馆的数字化图书馆和如何加入本省、本地区乃至全国高校范围内的数字图书馆之间的"共建共享"和"互通互联"等技术性问题做了深入探讨。

我校召开思想政治研究会换届大会

4月21日,我校思想政治研究会换届大会暨第五届思想政治研究会会员大会在××校区举行。校党委书记王××出席会议,并对我校如何加强思想政治研究工作作了指示。大会选举校党委副书记廖××为校第五届思想政治研究会会长,杜××、王××、孙××为副会长。

王××书记指出,学校高度重视思想政治教育工作。加强思想政治研究工作是加强和改进大学生思想政治教育的内在要求,更是思想政治教育者自身发展的需要。只有加强理论学习,注重科学研究,才能更好地联系学校实际、形势发展和社会热点有效地开展思想政治工作,有效地与学生进行思想沟通,启发学生的政治觉悟和求知欲。

廖××副书记对研究会工作作了总体部署。他结合我国德育理论研究的新成果和各高校开展学生工作的新经验、新举措,提出以学风建设为核心,从培养学生积极的学习态度,培育学生创新能力和实践能力,以及进一步加强学生辅导员队伍建设等方面开展研究会的工作。

我校举行2002级学生考研经验交流暨动员大会

4月26日下午,我校在××校区举行了2002级学生考研经验交流暨动员大会,校党委副书记廖××出席会议并作动员讲话。各学院考上研究生的优秀学生代表及2002级有志于参加考研的近1200名学生参加了大会。

廖××副书记首先分析了今年我校学生考研的情况,对上线参加面试的330余名学生表示热烈的祝贺。他指出,考研是人生的一次主动选择,通过考研可以实现人生的又一次飞跃,通过考研使人在一个更高的平台上发展自己。学校之所以动员学生考研,是因为21世纪需要一大批创新型人才。随着高等教育从精英阶段向大众阶段的发展,创新型人才主要来自于像研究生这样具有高学历的人群,国家大力发展研究生教育是必然趋势。

廖××副书记充满信心地说,我校2002级学生的大学英语四级考试通过率在全省名列前茅,2002级中有一大批优秀的学生,相信明年一定能从中走出一大批研究生。希望各位有志学生从现在起就精心准备、认真学习,争取在明年的考试中取得令人满意的成绩。

会上,各学院考上研究生的优秀学生代表以各自复习迎考的经历介绍了如何进行专业选择、信息收集、阶段复习、解题技巧等方面的体会和经验,并表示考研不仅是智力的较量,更是意志和毅力的比拼。

科研动态

△根据×科发[2005]63号××省科技厅文件,我校有7个项目获准为2005年省科技计划(第一批)重点科研项目,4个项目获准为一般科研项目,获准总经费达229万元。

简讯

△日前,经××市建筑业协会评定,我校××校区图书馆、校网中心,××学生食堂2项工程获得2004年度××市建筑工程"××杯"奖。

△4月22日,中共××省委组织部、××省总工会联合发文(×总工发[2005]49号),我校工会被授予省2004年"党建带工建、三级联创模范职工之家"荣誉称号。

△根据××省推行厂务公开工作办公室发文(×厂开办[2005]6号),我校获得全省厂务公开工作先进单位的荣誉称号。

△根据省农业和农村工作办公室、省委组织部、省人事厅、省财政厅、省科技厅发文(×科发人[2005]64号),我校蒋××同志被评为第二批省优秀科技特派员。

△4月22日晚,××省服务西部和欠发达地区优秀志愿者事迹报告会在我校××校区举行。来自我校各学院近300名学生代表参加了本次报告会。同时,我校2005级大学生志愿服务西部(四川)和省内欠发达地区招募计划开始启动。

△4月16日晚,团省委副书记陈××在团省委青农部部长陈××、省学联副秘书长金××陪同下,来我校××校区调研。校党委副书记廖××会见了陈××副书记一行。

△日前,张××副校长率队前往××乡、××乡、××乡等地,专程看望了我校下派的省科技特派员李××、蒋××老师,并对××乡欠发达乡镇奔小康工作进行了实地考察与调研。

△4月17日下午,我校××商学院召开了学生家长委员会成立暨高素质应用性创新人才培养研讨会。校党委副书记廖××出席会议并当选为学生家长委员会理事长,××商学院院长吴××、党总支书记张××当选为副理事长。

△4月23日,××商界女杰——厉××女士来我校作"我的零售业体验"的讲座,并为自己的新书《我能》进行了签名售书活动。张××副校长为厉××女士颁发了××工商大学MBA教育中心和现代商贸研究中心客座教授的聘书。

【要点评析】

上面这份简报是××工商大学校办公室编辑的一份校内新闻汇编,属于动态类的情况简报,涉及学校方方面面的工作,内容广泛而丰富。其中既有专家教授的专题活动,也有学生的获奖信息;既有详细报道,也有简讯;既有专业学术的科研动态,也有学校硬件构建的最新进展。这份简报较为全面地反映了学校近期工作,也是各个单位工作进程的信息互通。

示例 3

××医科大学青年志愿者行动月活动简报

（第 5 期）

主办:学校团委　　　　　　　　　　　　　　　　　　2005 年 3 月 24 日

[按:三月,是我校团委倡导的"青年志愿者行动月",同学们以各种形式开展了多项志愿者活动,有些学院还结合本专业给市民送去我们的帮助,起到良好的社会效果。]

一、3月19日,公共卫生学院04级的青年志愿者来到了××省特殊教育形式学校(聋哑学校)与初三(2)班的同学进行了一次交流活动。他们通过手写的方式聊天,帮助孩子们克服了一些学习、生活上的困难,并一起进行户外活动,帮助这些孩子更好地融入社会。

二、3月12日,在××团市委和市青少年维权中心的领导下,基础医学院03级中西医结合本硕班联合××市新华书店,在市图书大厦大厅内举行了题为"远离网瘾,文明上网"的大型签字活动。

三、3月19日,中西医结合学院04级专科班的青年志愿者到市社会福利院进行向老人们献爱心活动。活动中,他们帮助老人们打扫房间,耐心的和老人们聊天,并表演了自己精心准备的节目,为老人们送上了一份温暖和欢笑。

四、3月17日,基础医学院03级2大班五十多名青年志愿者对我校综合实验楼二层报告厅进行了彻底的清扫,活动中他们擦桌椅,拖地板,擦栏杆,把报告厅打扫得一尘不染。另外,他们又走上街头,将学校前以及中山路两旁花池中的塑料袋、烂纸,甚至连烟头等杂物都清扫干净。

五、3月5日,中西医结合学院青年志愿者服务队在市电业局南院社区开展了一场大型健康咨询活动。活动中,中西医结合学院妇科教研室王××教授和马××博士两位妇科专家对社区的女性朋友进行义诊,同时中西医结合学院的志愿者们对小区居民进行健康知识的宣传,解答疑难问题。

六、3月19日,西校区护理学院04级中医护理专业的青年志愿者服务队,来到××大街与××路交界口处,维护交通秩序。活动中,他们积极疏散阻塞的交通,通过发放传单和口头讲述的方式向过往的行人和司机宣传遵守交通秩序的重要性,并帮助一些行动不便的行人穿行马路,为问路者指路带路,受到行人的交口称赞。

七、3月,临床学院04级1大班的青年志愿者们开展了一系列的青年志愿者活动。

12日,他们对本校操场进行了彻底清扫,并到世纪花园清扫垃圾,维护公共卫生,还到六路车站打扫卫生,擦洗车辆,受到了车站工作人员的感谢。13日,他们还到河北儿童医院擦洗栏杆。

八、为响应"青年志愿者集中行动月"活动的号召,临床学院04中西医的志愿者服务队开展了多项活动。3月18日,他们对男生公寓楼北面部分空地进行了彻底的清扫,并对本校西教学楼进行了清扫,使新迁的校办公楼焕然一新。19日,志愿者们到6路车站停车场打扫会议室卫生,并在世纪公园开展了"绿色环保,热爱环境,保卫家园"的活动,清除草坪垃圾,还公园一片生机,受到公园管理人员及游人的好评。

九、3月12日,临床学院02级4大班的志愿者们走进世纪公园进行环保宣传活动,发起了不随地吐痰,不乱扔垃圾,不践踏草坪的号召,受到了公园游人的积极响应。此外还到××市风景区进行"保护环境,从一点一滴做起"的宣传,并积极清扫景区垃圾。16日,他们到省人民医院,在高干病房进行了爱心服务与临床学习。活动中,志愿者们给病人们发放了健康处方,讲解了健康知识并给病人量血压测体温,并在赵××主任医师的指导下,学习了关于老年疾病鉴别与处理的知识。

十、临床学院03级综合1大班30余名青年志愿者于3月12日到××军区烈士陵园扫墓并在烈士纪念碑前举行了庄重的宣誓仪式。

十一、3月12日,临床学院02级5班的青年志愿者前往世纪花园附近的××河,开展了保护民心河活动。他们清理民心河的白色垃圾,以实际行动为市民们营造了清洁舒适的生活环境。

【要点评析】

这是××医科大学对"青年志愿者行动月"专项活动的动态、进展进行报道的一份专题性简报。简报编者用了提示性按语,对简报文章内容作了提示,起到了导读作用。为参加此项活动的各学院,提供了相互交流的信息。

思考与练习

1. 什么是简报?简报为什么有"简"、"捷"、"新"、"真"四个特点?
2. 具体说说编写一份简报要做哪两方面的工作?
3. 新闻报道式的简报文章包括哪几部分?

综合练习

1. 以你所在团支部的名义,写一份争创先进集体的计划或庆祝五四青年节班级活动计划。

2. 写一份个人学习应用文写作的计划或个人新学期新打算。

3. 结合学校前一阶段开展的有关工作、活动，以某一集体（团委、学生会、班级或团支部）的名义写一份工作或活动的总结。

4. 写一份个人学习总结或工作总结。

5. 根据实际情况，代你所在学校起草一份卫生保洁制度，要求开头段单列，条文拟四条，可不写制订日期。

6. 结合所学专业选择一家单位，搜集最新材料，编发一期简报。要求分组进行，每一组根据不同的要求编写不同形式的简报，或一篇报道，或一组短讯。格式完整，文面美观，并按要求打印在A4纸上。

第三编　行政公务文书

国务院 2000 年 8 月 24 日发布的《国家行政机关公文处理办法》第二条给行政公文下了一个定义："行政机关的公文，是行政机关在行政管理过程中形成的具有法定效力和规范体式的文书，是依法行政和进行公务活动的重要工具。"

公务指国家机关、社会组织和团体为办理社会公共事务而进行的有组织、有计划的活动。从事公务活动，是法律赋予的权利。行政公文是依法行政和进行公务活动的重要工具，是行政机关颁布法规、部署工作、传递信息、沟通情况、商洽工作的载体，具有领导和指导作用、宣传和教育作用、联系和知照作用、凭证和记载作用，从而体现了国家行政机关的管理职权。

第三编　行政公务文书

第八章 行政公文概述

一、知识概述

（一）行政公文的特点

1. 法定的作者。公文的作者必须是依法成立，具有特定职权范围并能以行政机关的名义行使权力、承担义务的组织或者它的法定代表人，任何个人是不能随意制发公文的。

2. 法定的权威。公文是法定作者制发的，代表着组织的权力和意图。它一经形成，就发生相应的行政效力。已经生效的公文，在其作用范围内具有法定的权威和普遍的行政约束力，它的鲜明的政策指向、现实的执行效用，是任何受文单位和人员都不可改变的。

3. 特定的体式。公文具有特定的、统一的体式，它的文种选用、结构安排以及标识、文面等都有规范的要求，这使公文的内容得以规整、准确地表现，也有利于公文的承办和管理。任何机关、单位和个人都不能别出心裁，各行其是。

4. 特定的程序。公文是由特定的国家权力机关对内、对外处理公务而使用的，它有严格的使用范围和特定的处理程序，它的拟稿、审核、缮印、承办、传递、归档乃至销毁，都有严格的程序与要求，用以保证公文处理工作的效率和质量。

（二）行政公文的种类

1. 按适用范围划分。按适用范围划分，《办法》规定的公文有十三种：命令（令）、决定、公告、通告、通知、通报、议案、报告、请示、批复、意见、函和会议纪要。

2. 按行文方向划分。按行文方向划分，行政公文可分为下行文、上行文和平行文。

3. 按缓急程度划分。按缓急程度划分，行政公文可分为特急、急件、一般文件三类。

4. 按保密级别划分。按保密级别划分，行政公文可分为三个等级：绝密、机密和秘密。

二、行政公文的格式

公文的格式是指公文的组成要素在公文文面上所处的位置和书写的形式。组成公文的各要素划分为眉首、主体、版记三部分。

（一）眉首部分

眉首部分包括公文份数序号、秘密等级和保密期限、紧急程度、发文机关标识、发文字号、签发人等项。

1. 公文份数序号。公文份数序号是将同一文稿印制若干份时每份公文的顺序编号。如需标识公文份数序号,应用阿拉伯数码顶格标示在公文首页左上角第一行。

2. 秘密等级和保密期限。涉及国家秘密的公文应当在首页右上角第一行标明密级和保密期限。其中绝密、机密级公文还应标明份数序号。如需同时标示秘密等级和保密期限,它们之间用"★"隔开。

3. 紧急程度。紧急程度表示对公文送达和办理的时间要求,分特急和急件。紧急程度要顶格标识在首页右上角第二行。

4. 发文机关标识。发文机关名称是公文制发机关的标识,由发文机关的全称或规范化简称加"文件"两字构成,或在发文机关名称之后用圆括号标明文种。若是几个机关联合行文,应将主办机关排列在前。

5. 发文字号。发文字号包括机关代字、年份、序号三个部分,如:国办发〔2003〕81号,其中年号须用六角括号括。发文字号的作用是为检索和引述公文提供专指性代号,便于对公文进行统计和管理。一件公文只有一个发文字号,联合行文时,只标明主办机关发文字号。

6. 签发人。签发人指代表机关最后核查并批准公文发出的领导人姓名,用于上行文,标注于发文字号右侧。其作用在于表明机关发文的具体责任者,督导各级领导认真履行职责,提高公文质量,并为直接联系工作、迅速查询有关问题提供方便。

(二)主体部分

主体部分包括公文标题、主送机关、公文正文、附件及附件说明、成文时间、印章或签署、附注等项。

1. 公文标题。公文标题应准确简要地概括公文的主要内容,一般应当标明发文机关,并准确标明公文种类,例如《××省人民政府关于做好防汛准备工作的通知》。有版头的公文或以领导人名义制发的公文,标题中可省略发文机关名称。标题中除法规、规章名称加书名号外,一般不用标点符号。

2. 主送机关。主送机关即接受公文并对公文负主办或答复责任的机关的全称、规范化简称或统称。除普发性公文外,通常一份公文(特别是上行文中的请示)只能选择一个机关为主送机关,且一般不要报送领导者个人(领导者本人有要求者除外)。主送机关于标题之下靠左顶格书写。

3. 公文正文。正文是公文的核心部分,其作用在于阐述公文内容,表达发文意图,使受文者对公文所表述的信息获得具体、明确的认识。

4. 附件及附件说明。附件指附属于公文正件的其他公文或材料,可分为两类:一是与公文正件具有同等效力的附件,其作用在于进一步补充和完善公文正件的内容;二是公文正件中已申明仅供参考而不具备现实执行效用的附件,其作用在于为受文者正确理解和执行公文正件提供参考数据。附件说明指在公文正文之后作出的附件标记,用以注明附件的序号、标题等。其作用是便于查阅和保护附件。附件说明,一般标注于正文左下方。

5. 成文时间。成文时间指形成公文的确切时间,用以表明公文从何时开始生效。成文时间通常以领导人签发的日期为准;联合行文,以最后签发机关领导人的签发日期为准;经会议讨论通过的公文以会议通过日期为准;电报,以发出日期为准。成文时间要求用汉字写全具体的年、月、日。

6. 印章或签署。印章指作为机关权力象征的图章;签署指签发公文的领导人亲笔在公文正本上签署姓名(或代以签名章)。在行政系统,凡以机关名义制发的公文除会议纪要外均需加盖公章,凡以领导人名义制发的公文均需签署,否则公文无效。印章和签署是公文生效的凭据。联合上报非法规性文件,由主办机关加盖印章;联合下发的公文,联合发文机关都应当加盖印章。

7. 附注。附注是指对正文的某些内容或有关事项、要求的注解与说明。为了使正文集中表述主要内容,一些不便在正文中直接解释、说明的名词术语或公文的阅读范围、使用方法等,通常放在附注中加以注解。其作用在于简化公文,便于阅读。

(三)版记

版记包括主题词、抄送单位、印发机关和印发时间等项。这部分内容既有国家统一的制作规定,也有各单位系统内部的传统。在写作环节的教学中,可以暂且忽略不论。

三、示例与简析

教育部关于加快发展中等职业教育的意见

教职成〔2005〕1号

各省、自治区、直辖市教育厅(教委),各计划单列市教育局,新疆生产建设兵团教育局:

近年来,我国高中阶段教育有了很大发展,但是在高中阶段教育的发展中,出现了普通高中教育和中等职业教育发展"一条腿长、一条腿短"的不协调现象。以科学发展观为指导,大力推动中等职业教育快速健康持续发展,是当前和今后一个时期我国教育事业改革与发展的重大战略任务。现就加快中等职业教育发展,提出以下意见:

一、充争认识加快中等职业教育发展的重要性和紧迫性

中等职业教育是我国高中阶段教育的重要组成部分,担负着培养数以亿计高素质劳动者的重要任务,是我国经济社会发展的重要基础。当前,我国中等职业教育发展相对缓慢,是整个教育中的薄弱环节。2004年,全国普通高中招生820万人,中等职业学校招生550万人,中等职业教育在高中阶段教育招生总数中的比例仅占40%,有些地方不足30%。一些地方对发展中等职业教育没有引起足够重视,把发展高中阶段教育片面理解

为就是发展普通高中,在经费投入、资源配置等方面忽视乃至削弱中等职业教育。必须看到,在我国基本普及九年义务教育的条件下,如果不加快中等职业教育的发展,必将影响我国高中阶段教育发展目标的实现,制约我国走新型工业化道路、解决"三农"问题和城镇化建设的进程,不能适应全面建设小康社会对高素质劳动者的需要。为此,各级教育行政部门要高度重视中等职业教育的发展,以科学发展观为指导,统一思想认识,增强责任感和紧迫感,优化高中阶段教育结构,努力扩大中等职业教育规模。

二、明确加快中等职业教育发展的目标

今后一个时期,要采取强有力的措施,加快中等职业教育发展,力争2005年中等职业学校招生人数在2004年的基础上增加100万,达到650万,经过几年的努力,到2007年,中等职业教育和普通高中教育规模大体相当,实现中等职业教育快速健康持续发展。普通高中教育总体上要把握发展节奏、控制发展规模,把工作重心放到提高质量上。

为实现快速发展中等职业教育的目标,各级教育行政部门要加大东部地区和西部地区、城市和农村职业教育的统筹力度,把工作重点放在推进中西部地区和农村中等职业教育的发展上,努力把每年未能接受高中阶段教育的500至600万农村初中毕业生中的相当一部分,吸收到中等职业学校接受职业教育和培训。要根据当地经济社会发展对生产服务一线高素质劳动者的需求,按照高中阶段教育职普比例大体相当的要求,分解并落实中等职业学校扩大招生规模的分年度任务目标。

三、采取切实的政策措施加快中等职业教育发展

(一)进一步提高和增强中等职业教育培养能力

要稳定现有中等职业教育资源。严格执行中等职业学校不再升格为高等职业院校、不得并入高等学校或改办成其他类型的学校的政策规定。今后几年,每个县重点办好一所起骨干作用的中等职业学校(职业教育中心),每个市(地)重点办好若干所骨干中等职业学校。鼓励和支持中等职业学校办出特色、提高质量,创建一批一流水平的中等职业学校。

采取联合、连锁、集团化等办学模式,提高和增强中等职业学校的办学能力。推动骨干示范性中等职业学校(县级职业教育中心)发挥辐射作用,与相关职业学校联合办学,实现优势互补,以强带弱,共同发展;与有条件的乡镇成人文化技术学校连锁办学,扩大招生规模,降低学习费用,方便农村初中毕业生和青壮年农民就近接受中等职业学校学历教育和培训;有条件的学校和地方可以组建多种形式的职业教育集团;积极引进国(境)外优质职业教育资源,开展中外合作办学。

在工业化、城镇化进程较快和农村劳动力转移培训任务较重、中等职业教育资源短缺的地区,要扩建、改建、新建一批中等职业学校;还可以利用普通中学举办中等职业教育班;独立设置的高等职业院校可继续举办中等职业教育。

积极发展远程中等职业教育。充分利用中央农广校、电视中专等远程教育机构,举办

中等职业学历教育和培训;鼓励支持有条件的中等职业学校举办远程学历教育和培训,进一步扩大中等职业教育办学规模。

改善办学条件,增强培养能力,扩大办学规模。通过实施"推进职业教育发展专项建设计划",重点扶持建设1000所起骨干示范作用的县级中等职业学校(职业教育中心);通过实施"职业教育实训基地建设项目",重点建设400个装备水平较高的实训基地。各地也要采取切实措施加强县级中等职业学校(职业教育中心)和实训基地建设。

(二)大力发展民办中等职业教育

要把大力发展民办中等职业教育作为加快中等职业教育发展新的增长点,认真落实《民办教育促进法》和《教育部等七部门关于进一步加强职业教育工作的若干意见》的有关规定,把民办中等职业教育纳入整个中等职业教育事业发展的总体规划,加快发展。同时,要依法加强对民办中等职业学校的管理,规范其办学行为。

积极探索国有民办、民办公助、公办转制、股份制和中外合作等多种办学模式。在公办中等职业学校中引入民办教育的运行机制,积极推进公办中等职业学校人事制度、分配制度改革和运行机制创新,使职业学校真正成为面向社会、面向市场自主办学的实体。

(三)积极推进东部对西部、城市对农村中等职业学校联合招生合作办学

充分利用东部地区和城市优质职业教育资源,面向西部地区和农村跨地区联合招生合作办学。东部地区和城市的教育行政部门要高度重视,积极鼓励支持省级以上重点中等职业学校与西部和农村的中等职业学校合作办学。合作办学双方所在地教育行政部门要把此项工作与各地促进农村劳动力转移、教育扶贫、促进就业紧密结合。

实施联合招生合作办学的职业学校要采取灵活的办学模式和机制,实行"2+1"、"1+2"、"1+1+1"等多种模式,推动校企合作,"订单"培养。西部地区和农村的职业学校要重点安排好文化和专业基础学习,东部地区和城市的职业学校及相关企业要重点安排好专业知识和技能训练、企业学习,为毕业生在当地就业提供帮助。

东部地区和城市中等职业学校到西部地区和农村招生的收费标准,由双方省级财政、物价和教育等有关部门协商制定。各地特别是东部地区和城市教育行政部门要积极主动会同有关部门在经费扶持方面制定切实可行的办法,按生均经费标准和招生数拨付经费,对联合招生合作办学规模较大,给学生补贴力度大的学校予以适当补助。

(四)充分依靠行业和企业发展中等职业教育

行业和企业是举办职业教育的重要力量。各地教育行政部门要依靠各级行业主管部门、行业组织,充分发挥该行业资源、技术、信息优势,积极举办中等职业教育,特别是要承担该行业专门的技能型人才培养的责任。要办好现有中等职业学校,不能将所办中等职业学校剥离、解散或并入高等学校和普通学校。

鼓励支持企业单独举办职业学校,进行所需技能型人才的培养和培训,对于举办职业学校的企业,各地要在土地使用、教师待遇等方面给予与政府举办的学校相同的政策,并

予以税费等方面的优惠,对企业收取的教育费附加要按有关规定返还企业用于职业教育。

各地教育行政部门应将行业企业举办的职业教育纳入地方职业教育事业的招生和管理范围。积极支持行业企业与职业学校联合招生合作办学,实行产教结合,企业可依托职业学校建立培训中心。要制定和完善行业企业参与职业教育的相关政策,建立企事业单位接收职业学校学生实习的制度。接收学生实习的企事业单位,有责任向顶岗实习的学生支付相应的报酬或补贴。

（五）进一步深化中等职业学校教育教学改革

中等职业学校要进一步确立以服务为宗旨、以就业为导向的办学指导思想,面向社会、面向市场办学,解放思想,更新观念,大胆进行办学模式和办学机制的改革和创新。

要根据经济结构调整和就业市场需要,调整专业结构,加快发展新兴产业和现代服务业的相关专业,开发新的课程和教材。中等职业教育实行以三年为主的基本学制,其中一年到企业实践。改革中等职业学校教学管理制度,逐步实行学分制,建立"学分银行",允许学生半工半读,分阶段完成学业。积极推进中等职业学校产教结合、校企合作,实行"订单"培养。中等职业学校和成人文化技术学校要积极主动面向进城务工人员开办夜校,采用多样化的教育教学方式满足进城务工人员的学习需求。

要全面推进素质教育,坚持育人为本,德育为先,切实加强学生思想道德教育,努力提高学生的综合职业素质。要坚持正确的质量观,把毕业生具有良好的职业道德,胜任工作岗位要求,顺利实现就业,作为衡量中等职业学校教育质量和办学水平的重要指标。

（六）加强职业指导和就业服务工作

加强职业指导和就业服务工作,促进中等职业学校毕业生就业,是加快中等职业教育发展的关键措施。各地要建立健全中等职业学校毕业生就业服务机构,推动中等职业学校与行业、企业和职业介绍机构紧密结合,并利用劳务市场、人才招聘会和互联网等渠道及时向毕业生发送本地和异地的劳动力需求信息,为毕业生就业或创业提供咨询指导和各种便利条件。鼓励毕业生到中小企业、小城镇、农村就业或自主创业。教育部门要积极争取劳动保障、商务等部门的协助,帮助符合条件的中等职业学校毕业生到国（境）外就业。

对于农村中等职业学校毕业生回乡从事种植、养殖、畜牧等产业规模经营的,教育行政部门要做好工商、税务部门减免有关费税,金融机构安排所需贷款,农资供应机构在价格方面给予优惠等的落实工作,职业学校要在技术、信息等方面提供跟踪服务。

各地要对在就业岗位做出突出业绩或者在自主创业中成绩显著的职业学校毕业生予以一定的表彰和奖励。

（七）统筹管理高中阶段教育学校招生工作

各级教育行政部门要切实加强对高中阶段教育学校招生工作的领导,建立高中阶段教育学校招生工作领导小组,形成相应工作机制,统一制定招生政策和招生计划,统筹管理高中阶段教育学校招生工作。招生工作领导小组要确定招生专门机构，打破学校归属部门和类别的界限，统一组织实施招生工作。对应届初中毕业生实行一考多分流，给考生升入高一级学校提供多样化的选择机会。对往届初中毕业生或具有同等学力的人员报考中等职业学校，可实行注册入学。

各级教育行政部门和招生部门要加强招生工作的规范化管理，严肃招生纪律，严格执行招生工作的各项政策规定。

（八）多渠道增加对中等职业教育的经费投入

各地要认真落实《职业教育法》、《国务院关于大力推进职业教育改革与发展的决定》和《教育部等七部门关于进一步加强职业教育工作的若干意见》中关于多渠道筹措职业教育经费的各项规定。逐步建立政府、受教育者、用人单位和社会共同分担、多种所有制并存和多渠道增加职业教育经费投入的新机制。要根据当地实际，调整教育经费投入结构，提高中等职业教育经费在本地区教育经费投入中的比例，保证中等职业教育财政性经费、生均经费和生均公用经费相应增长。

各地要建立健全中等职业学校学生助学制度，可采用教育券、贷学金、助学金、奖学金等办法，对家庭贫困学生提供助学帮助。国家和地方扶贫资金要安排一部分用于资助农村贫困学生接爱中等职业教育。中等职业学校要采取半工半读、勤工俭学等多种形式为家庭贫困学生学习提供方便。鼓励行业企业、社会团体和公民个人捐资助学。积极探索吸收国（境）外资金和民间资本发展职业教育和培训的途径和机制。

四、加强领导，推动中等职业教育快速健康持续发展

（一）各级教育行政部门要切实承担起加快中等职业教育发展的责任

要结合当地经济建设和社会发展实际，统筹规划，分类指导。实行目标责任管理，把完成目标任务情况与年度工作业绩考核和奖励结合起来。要加强对中等职业教育发展情况的督导检查，对取得显著成绩的地方、单位和个人予以表彰和奖励。

（二）建立和完善高中阶段教育事业发展情况年度报告制度

每年招生结束后，省级教育行政部门要将本年度高中阶段教育事业发展和年度中等职业学校招生就业情况及时报告教育部，教育部将以适当形式进行通报。中央财政支持职业教育发展的各类专项资金的投放与各地中等职业教育事业发展情况挂钩。

（三）加大对职业教育的宣传力度

各地要积极组织新闻媒体大力宣传加快发展中等职业教育的重要性，大力宣传优秀技能型人才和高素质劳动者在社会主义现代化建设中的重要作用与突出贡献，大力宣传中等职业教育的先进典型和先进人物。在全社会弘扬"三百六十行、行行出状元"的风尚，努力营造有利于中等职业教育发展和技能人才培养与使用的良好环境。

教育部（公章）
二〇〇五年二月二十八日

【要点评析】

标题由发文机关加事由和文种构成。

正文围绕着"加快发展中等职业教育"这一中心题旨,分别从提高认识、明确目标,采取切实措施和加强领导等四个方面提出了指导性意见,对各地加快发展中等职业教育是有重要的意义。

思考与练习

一、名词解释

1. 什么是行政公文?
2. 行政公文的特点主要有哪些?
3. 《办法》规定的公文有哪几种?
4. 什么是公文的格式?
5. 什么是发文字号?
6. 公文的成文时间应如何确定?

二、填空题

1. 一份完整的公文格式,是由_____、_____、_____三大部分组成的。
2. 秘密等级分为_____、_____、_____三级。
3. 公文的紧急程度分_____、_____两种。
4. 发文字号由_____、_____、_____三部分组成。
5. 完整的公文标题是由_____、_____、_____三要素组成的。
6. 标题中除_____、_____名称加书名号外,一般不加标点符号。

三、试指出下列各发文字号的毛病,并予改正

×府办发[2004]十八号　　　　×府办字(2004)18号
×府办[00]18号　　　　　　×府办发[二〇〇五]18号
[2005]×府办字18号　　　　×府办[2005]18

四、试指出下列成文时间写法的毛病,并予改正

1. 2000年10月13日
2. 2000年十月十三日
3. 00年拾月13日

五、试指出以下公文格式的毛病

严厉打击非法出版活动的通知

当前,我市一些地方非法出版活动十分猖獗,传播有害书刊和音像制品。这类出版物

内容腐朽,大量宣传凶杀、色情和迷信,对群众特别是青少年的身心健康危害极大,严重地影响了社会主义精神文明的建设,破坏了社会安定,已成为社会一大公害。对此,各级政府应采取有力措施,严厉打击非法出版活动。现将有关事项通知如下。

(以下略)

附件:如文

××市人民政府
1999年×月×日

主题词:出版　通知

第九章 公告和通告

根据国务院《国家行政机关公文处理办法》规定,公告适用于向国内外宣布重要事项或法定事项;通告适用于公布社会有关方面应当遵守或周知的事项。公告和通告属晓谕性公文。

第一节 公 告

一、知识概述

（一）公告的性质

公告是政府或政府职能部门向国内外宣布重大事项或法定事项时所使用的公文。如国家政府部门常用公告宣布国家领导人出访、任免、逝世,重要的人事任免决定,颁布有关法规、法令,宣布有关政策以及一些应当让国内外关注、知晓的重大事项。

有关职能部门也常用公告宣布法定事项,如司法部门的开庭公告、财产认领公告、通知权利人登记公告、公开拍卖财物公告等;国家专利局制发的发明专利公告;国家工商行政管理部门的商标公告;企业法人登记公告等;国家录用公务员发布的招考公告;根据国家证券委规定,上市的股份制企业董事会就股本变动、人事调整、股东大会召开、发生亏损或破产等重大事项均应发布公告。由此可见,公告的适用范围正趋于广泛。

（二）公告的特点

1. 内容的公开性。公告是一种公开告知的公文,无论是宣布重大事项,或是有关法定的事项,其告知的对象、范围一般不作限制,对内对外均可,无需保密。

2. 发布形式的多样性。公告一般可以不例行公文的发送程序,常直接通过报纸、电台、电视台等新闻媒介公开告知,直达社会和广大人民群众。

3. 行文的庄重、严肃性。公告虽是一种公开告知的文体,但它毕竟是宣布国家重大事项或有关法定事项的公文,故不能等同于一般启事、广告类的告知,在行文时必须注重措辞的严谨、得体,语气的庄重、严肃,而不能作随意的发挥。

二、写作指要

（一）公告的写作方法

1. 标题。公告的标题通常有两种写法:一种是由发文机关名称加上发文事由和文种构成,如《邮电部、国家工商行政管理局、公安部关于加强集邮管理取缔非法倒卖邮票活动的公告》;另一种是由发文机关名称加文种构成的标题,如《中华人民共和国全国人民代表大会公告》。

2. 正文。公告的正文通常由公告的缘由、公告的事项和结束语三部分组成。

(1) 缘由。公告的缘由是指发布公告的依据,即因何事而发,通常用一两句话概括。如:"中华人民共和国政府恢复对澳门行使主权后,为便利澳门特别行政区同世界各国和地区人员往来……"即是发文的缘由。

(2) 事项。公告的事项即公告的具体内容。内容少的只有一句话就可概括,如对国家主要领导人任命的决定。内容多的可分若干段或若干条逐一交代,如通过哪些决议,做出哪些决定等。

(3) 结束语。公告的结束语一般常用"特此公告"、"现予公告"等语,有时也可省略不写。

3. 署名和日期。公告的署名和日期即在正文的右下方署上发文单位的名称,名称之下写上具体的发文日期,并加盖公章。标题中有发文单位名称的,落款处的署名也可省略,只标明发文日期即可。

(二) 公告的写作要领与要求

1. 行文简要,措辞严谨。公告的内容要尽量做到简洁明了,概括主要事项,而不需要对公告的意义或事情的经过作过多的阐述。在文字方面,讲究用词的准确和严谨,庄重和得体,表达清晰,条理性强。

2. 根据不同的要求写作公告。有些职能部门的公告,写法各有规定,故在公告写作时,应按照各职能部门的要求写,而不能随意照搬照套。

三、示例与简析

示例1

中华人民共和国财政部公告

财政部〔2003〕第 3 号

根据国家国债发行的有关规定,财政部决定发行2003年记账式(一期)国债(以下简称"本期国债"),现就有关事项公告如下:

一、本期国债发行总额350亿元,期限7年,票面年利率为2.66%,2003年2月19日开始发行,2月24日结束,2月26日在全国银行间债券市场、上海证券交易所和深圳证券交易所上市交易。

二、本期国债为固定利率附息债,利息按年支付,利息支付日为每年的2月19日(节假日顺延,下同),2010年2月19日偿还本金并支付最后一年利息。

三、本期国债在2月19日至24日的发行期内,采取场内挂牌和签定分销合同的方式分销。分销对象为在中国证券登记结算有限责任公司开立股票和基金账户,在中央国债登记结算有限责任公司开立债券账户的各类投资者。本期国债分销价格区间为每百元面值99.80～100.20元,各承销机构可在规定的价格区间内自定价格分销。

特此公告。

中华人民共和国财政部(公章)

二〇〇三年二月十八日

【要点评析】

本案例标题由发文机关加文种两部分组成。该公告属发布范围广告的晓谕性公文,常省略主送机关。正文以根据式开头,直接表明发布此公告的缘由,并用"现就有关事项公告如下"过渡到下文。主体也即发行本次国债的具体事项,如发行总额、时间、地点、利息、分销方式等,用条款式公告,内容清晰明确,周详具体。结尾的"特此公告"为公告结束惯用语。

示例2

ABC科技园区股份有限公司会议决议公告

(发文字号略)

ABC科技园区股份有限公司第二届监事会第四次会议于2004年10月13日在ABC工业区A区蓝天大厦四层会议室召开,应出席监事三人,实出席监事三人,监事会召集人刘淑梅女士主持了会议。会议审议并通过了以下议案:

一、审议通过了关于变更部分募集资金用途的议案。

与会监事认为,本次变更部分募集资金用途,是本着为公司发展负责、为股东利益负责的原则,在原投资项目失去实施条件的情况下,为了使募集资金尽快产生收益而做出的正确决策。本次变更募集资金用途用于收购北京BCD工业开发公司10、11、12号标准厂房,彻底解决与控股股东在标准厂房经营方面的同业竞争,交易价格依据评估值确定客观公允,对全体股东是公平的,未损害公司和非关联股东的利益。本次变更部分募集资金用途的议案,已经第二届董事会第六次会议审议通过,表决程序合法有效。该议案因涉及募集资金用途的变更且属重大关联交易,因此须提交公司股东大会审议通过。

二、审议通过了关于向北京 BCD 工业开发公司购买 B 区结存土地的议案。

与会监事认为,收购北京 BCD 工业开发公司 B 区结存土地事项属关联交易,交易价格依据经审计的账面结存成本确定客观公允,对全体股东是公平的,未损害公司和非关联股东的利益。该事项已经第二届董事会第六次会议审议通过,批准权限及表决程序合法有效。

ABC 科技园区股份有限公司监事会(公章)
二〇〇四年十月十五日

【要点评析】

本案例标题由发文机关加文种组成。该公告属普发性公文,常省略主送机关。正文开头直陈公告事由,即召开监事会会议,并用"会议审议并通过了以下议案"过渡到下文。主体即本公告事项为会议通过的两项议案,并对两项议案内容作充分的说明,以尽对所有股东公开重要事项的职责。结尾不加公告惯用语,自然收结。

第二节 通 告

一、知识概述

(一)通告的性质及其与公告的区别

通告是在一定范围内向社会公布应当遵守或周知的事项时使用的公文。

通告和公告都属于公开告知性的公文,在使用上两者有所不同,主要区别在于:

1. 公告告知的范围大于通告,面向社会,面向全国;而通告告知的对象大都局限于一定的范围内,如某一路段、某一管辖区、某一行业、某一领域等。

2. 公告的约束性小于通告。公告的内容在于让人知晓;而通告的内容大多不仅在于知晓,有的还在于遵守,具有一定的法律约束性。

3. 公告的事项比通告的事项更为重大,政治性更强,尤其是党政机关发布的公告,多为国内外人士所关注、重视;而通告的事项多为职能部门所发,受一定的管辖范围所限制,所以,不在其范围内的人和单位可以不关注。

4. 公告的发文机关级别一般较高,除一些职能部门就法定事项专门发布的公告外,公告的发文机关多为党政机关、人大常委会;而通告的发文单位主要是一些国家行政职能管理部门,其他一些企事业单位、社会团体组织也可制发通告。

(二)通告的种类

1. 遵守性的通告。遵守性通告是指在一定范围内告知有关规定事项,并要求相关的单位和人员严格遵守办理和执行的通告,如办理年检、税务登记、征收车船使用税、查处违禁物品、加强市场管理等通告。

2. 周知性的通告。周知性通告是指在一定范围内告知有关单位和人员需要知道或注意的通告,带有通知的性质。如某些地区停电,某些水域停航,某些路段施工或开展某项活动而需暂时禁止车辆通行的通告等。

二、写作指要

（一）通告的写作方法

1. 标题。通告的标题有四种基本形式:一是由发文单位名称、事由和文种构成的标题,如《国家教委关于维护中小学正常教学秩序的通告》;二是由发文事由和文种构成的标题;三是由发文单位名称和文种构成的标题;四是仅文种《通告》两字的标题。

2. 正文。通告的正文一般由发通告的缘由、发布事项和结束语三部分构成。

（1）缘由。通告的缘由即因何事而发,可以依据有关政策、法律、法规,也可以依据有关上级指示精神,或依据客观具体情况需要而发。这一部分结束,常用"特作如下通告"或"现通告如下"等语言过渡到下文。

（2）事项。通告的事项即通告的具体内容、主体部分。它要写明在什么范围内,告知谁,告知何事等。这部分内容如果较简短,在写法上可以不分段落,如果内容较多,可以分条列项来写,便于阅读理解和遵照执行。

（3）结束语。通告的结束语可根据通告的内容而定,一般写执行通告的要求,带有强调的性质;也可以写明执行的时间、范围和有效日期;有的常以"特此通告"、"此告"作结。

3. 署名和日期。通告的署名和日期即写明发文机关名称,或直接盖上单位印章,并注上具体的年、月、日。

（二）通告的写作要领与要求

1. 目的明确。目的明确是写好通告的基础。一份通告需要告知什么事,为何要告知,有何依据,都应写清道明,以便人们知晓和理解。

2. 符合法规政策。通告的事项是党和国家方针政策、法律法规在具体实践中的贯彻和体现,因此,通告的事项必须符合党和国家的方针政策和法律法规,切实维护国家和人民的利益,保证通告事项的准确无误。

3. 发布及时。对一些危害国家安全、有损人民群众利益的事或行为,应及时发布通告禁止或制止,以免造成较大的损失。对一些影响人们工作、生活的事情,如停电、道路维修、交通管制等,以及一些需要办理的事项,如年检、征收税收或其他费用,也应尽早告知,以便人们提前做好准备。

4. 行文清晰。通告的行文要层次分明,环环紧扣不松散,事项具体周详不遗漏,语言严谨准确无歧义,行文清晰以利理解和遵守执行。

三、示例与简析

示例 1

国家烟草专卖局、中国烟草总公司通告

（发文字号略）

　　为整顿和规范烟草市场经济秩序,维护卷烟生产企业利益,提高中国卷烟产品质量水平和竞争力,加大卷烟材料专卖管理和质量监督工作力度,建立信用体系,国家烟草专卖局、中国烟草总公司决定建立卷烟材料市场信用检查公布制度。现通告如下:

一、卷烟材料范围

专卖品:卷烟纸、烟用丝束、滤嘴棒;

非专卖品:成型纸、接装纸(水松纸)、烟用薄膜、铝箔纸、烟用香精香料、烟用胶、卷烟商标印刷品、拉线。

二、不守信用单位和产品的确定

对违反烟草专卖法律法规及有关规定,助长假冒伪劣等行为的卷烟材料供应单位,列入不守信用供应单位名单。

对在质量监督检查中,出现一次质量不合格的产品,并在质量跟踪阶段再次发生不合格,或者同一产品两年内累计两次在质量监督检查中出现不合格,即列入不守信用供应单位名单。

不守信用供应单位名单应有卷烟材料供应企业名称及其产品(规格)。

三、市场信用检查公布制度的实施

凡列入不守信用单位名单的卷烟材料供应企业或产品(规格),不得进入烟草行业物资交易市场,否则,依据有关规定进行处理并在烟草行业内通报。

对已公布列入不守信用单位供应企业的产品,自公布之日起,烟草企业不得再订购该企业产品。已验收入库的,由卷烟生产企业提出更换卷烟材料时间,并报省级烟草公司和中国烟草总公司烟草物资主管部门。从公布名单之日起继续使用该材料时间不得超过 6 个月。

本通告自 2002 年 8 月 1 日起施行。

国家烟草专卖局(公章)

中国烟草总公司

二〇〇二年七月×日

【要点评析】

标题由发文机关加文种组成。例文通告属晓谕性公文，常省略主送机关。

正文用目的式的开头，直陈发此通告的缘由，并用"现通告如下"过渡到下文。主体部分以条款形式就建立卷烟材料市场信用检查公布制度提出需要周知及遵守的事项，如卷烟材料范围，不守信用单位和产品的确定，检查公布制度的实施等。

结尾以提出规定的生效时间自然结束。

示例2

北京市公安局关于对本市机动车进行2004年度定期检验的通告

根据《中华人民共和国道路交通管理条例》及有关规定，现将2004年度本市机动车定期检验的有关事项通告如下：

一、凡本市注册登记的机动车，须在《机动车行驶证》签注的检验合格有效期截止的月份内参加检验。

二、机动车进行定期检验，须按下列规定地点进行：

（一）《机动车行驶证》登记住址为远郊区（县）的二、三轮摩托车及三轮农用运输车，到所在区（县）检测场进行检验；所在区（县）不能上线检验的，可以到其他区（县）检测场或者本区（县）车管站进行检验（《各区（县）车管站地址及电话表》附后）。

（二）达到或超过国家和本市规定的使用年限，申请延缓报废检验的九座以上载客汽车、载货汽车、专项作业车、挂车和半挂牵引车，到北苑、岳各庄、北方、学院路、七四二一、盛华或京顺机动车检测场进行检验。

（三）其他机动车按照《北京市机动车检测场联系表》（附后）中机动车检测场的检测范围任选检测场进行检验。

（四）在一个检验周期内定期检验只能在同一检测场进行。

三、达到或者超过国家和本市规定的使用年限的机动车，在检验有效期满后一个检验周期内不申请延缓报废检验或连续3次检验不合格的，或在一个检验周期届满时未通过检验的，本市车辆管理部门将依法注销机动车档案。

四、进行机动车检验时，应当提交以下资料：

（一）机动车尾气检测合格记录单；

（二）《机动车行驶证》；

（三）在有效期内且有效期为一年的机动车第三者责任保险单；

（四）养路费缴费或免征凭证，个人机动车的车船使用税完税凭证。

（五）经办人的身份证明及复印件。

五、小公共汽车、无轨电车及上道路行驶的拖拉机的检验,按有关规定进行。

六、使、领馆的汽车到北苑机动车检测中心参加检验,二、三轮摩托车到盛华或者学院路机动车检测场参加检验。

特此通告。

二〇〇四年一月二十一日

【要点评析】

正文按"依据式"开头,直接提出通告的缘由,并用"现将……有关事项通告如下"领起下文。主体以条款式列出通告的具体事项。内容具体详尽,清楚明了,便于遵照执行。

思考与练习

一、简答题

1. 简述公告和通告之间的区别。
2. 通告一般分为几种？试举例说明。
3. 写通告要注意些什么问题？

二、填空题

1. 公告的主要特点为_____、_____和_____。
2. 公告适用于_____或者_____。
3. 通告适用于_____或者_____。
4. 通告的种类有_____和_____。
5. 公告和通告属于_____公文。

三、判断题

1. 公告和通告行文时,都要写上主送机关。（   ）
2. 学校处分违纪学生可用公告。（   ）
3. 国家工商行政管理部门公开新近登记的企业法人应用通告。（   ）
4. 上市的股份制企业董事会公布股本变动情况应发布通告。（   ）
5. 商店告知顾客可发公告。（   ）

四、试判断下列情况应用哪种公文行文,确定文种后请拟出标题

1. 某公安局告知在某路段因道路施工,请过往车辆绕道行驶。
2. 全国人大告知有关职务的选举结果。
3. 国务院宣布采取新税制的有关事项。

4. 某市税务局告知征收2004年度税款事项。

五、以下两例公告,文种使用是否正确,为什么

1. 迁坟公告

因国家建设风景区需要,经上级批准,凡在××市横山以东,即南至×××,西至×××,北至×××,东至×××范围内的坟墓,必须一律迁移,希各坟主家属从登报之日起,至××××年×月×日止,前去×××乡办理迁坟手续。过期作无主坟处理。特此公告。

×××乡
20××年×月×日

2. 迁址公告

×××饮食店因房屋租用期限已到,将于2004年9月27日迁至本市××区二纬路23号,邮政编码123456。联系电话:12345678。特此公告。

×××饮食店
20××年×月×日

六、根据以下所给材料,择写一则通告

1. ××省教育厅、公安厅为了维护学校的正常秩序,保障广大师生员工的人身安全,保证学校教学工作的顺利进行,发了一则通告。通告的具体内容为:没有经过学校的允许,无关人员不可以随便进入学校。对那些寻衅滋事、殴打、侮辱师生员工,抢劫师生员工财物,严重破坏学校秩序的犯罪分子,要坚决打击,依法惩处。任何单位和个人不准侵占学校的土地、校舍、操场以及学校的附属设置,不准进学校推销,或占用学校场所搞其他的活动。不准破坏学校校舍、教学设备和环境卫生。不准堵塞学校的道路,污染学校的水源,卡断学校的电路,强行从学校通过。禁止各种商贩到学校或者在学校门口摆摊叫卖。严禁翻印、出售、传抄、传阅反动淫秽书刊和播放反动、黄色歌曲。这份通告要求在公布之日起正式施行,对违反本通告的人,经教育又不听者,根据其情节轻重,将依法给予处理。通告发布日期为20××年×月×日。

2. A市公安局为加强养犬管理,保障公民健康和人身安全,维护市容环境和社会公共秩序,经市人民政府批准,市公安局在二〇〇四年十二月一日发布了一份《关于加强养犬管理的通告》。通告的内容主要有以下几点:

本市将对养犬者实行严格限制,分类管理的原则。本市外环线以内和外环线以外的城镇作为养犬重点管理区(以下简称重点管理区);外环线以外的农村作为养犬一般管理地区(以下简称一般管理区)。凡是养犬的单位和个人,都必须在2004年12月1日起到住所地的公安派出所办理养犬登记手续,同时要对所养犬进行狂犬病疫苗的注射。凡是养犬户都应当交纳管理服务费,在重点管理区每只犬第一年必须交纳管理服务费1000元,以后每年每只要交纳500元。在一般管理区中,在环城四区和×××地区的范围内,凡养1只犬的第一年必须交纳管理服务费300元,以后每年每只要交纳50元。凡在重点管理区内,每户只准饲养一只小型观赏犬。不准个人饲养烈性犬、大型犬。本通告从发布之日起执行,如果有违反本通告的行为,则由公安机关依照本市有关规定依法予以处罚。

3. 北京公安局公告:明起新车暂停办理正式牌照。

本报讯(记者高杉 通讯员杨国平)市公安局发布通告,决定自明天起,暂缓本市机动车定期检验、机动车驾驶证审验和期满换证工作,并对申请注册登记的汽车暂时核发临时行驶车号牌。

通告规定:需参加审验和期满换证的驾驶员,暂缓进行审验和换证;有效期顺延;需参加定期检验的机动车,暂缓定期检验,有效期顺延。在暂缓机动车定期检验期间,机动车所有人应当加强车辆的维修保养,确保车辆符合安全运行要求;对达到国家规定使用年限的机动车,延缓报废检验的申请期限相应顺延。对申请注册登记的汽车,暂时核发临时行驶车号牌。机动车所有人或其代理人申请临时号牌时,应当填写《临时行驶车登记表》,提交机动车所有人和代理人的身份证明、机动车来历凭证、国产机动车的整车出厂合格证、进口机动车的进口证明、车辆识别代号(车架号码)和发动机号码拓印模等,并交验车辆。

车管所审核上述资料符合规定,并对车辆进行安全技术性能检测合格,予以核发临时行驶车号牌。临时行驶车号牌应当贴在汽车驾驶室前风挡玻璃右上角部位。临时行驶车号牌的有效期暂定为90天,视情况决定终止或顺延。

本市交管部门将另行通告恢复办理机动车和驾驶员管理手续的时间。

第十章 通知和通报

根据《国家行政机关公文处理办法》和《中国共产党机关公文处理条例》规定,通知适用于批转下级机关的公文,转发上级机关和不相隶属机关的公文;传达要求下级机关办理和需要有关单位周知的事项;任免人员。通知属下行文。在公文处理中,通知的应用最为广泛和普遍。在日常工作中,一些单位内部的简单告知性的通知,如"小组开会通知"、"参观通知"等,不属于机关公文。

通报则适用于表彰先进、批评错误,传达重要精神和情况。

第一节 通 知

一、知识概述

（一）通知的性质

通知属于知照性公文,使用范围广,使用频率高。通知的功能较为丰富,既可以用来布置工作、传达指示,又可以发布规章、批转和转发文件以及任免干部等。大到国家党政机关,小到基层的企事业单位,都可以发布通知,处理公务,是平时最为常见的公文之一。

（二）通知的种类

通知按其用途和性质划分,主要有以下七种:

1. 指示性通知。上级机关向下级机关指示、安排工作,要求办理某个事项时,不适于用命令或指示行文,应用指示性通知。如《国务院关于严格控制农业生产资料价格的通知》。

2. 批转性通知。上级机关对下级机关的有关公文作出批示后,需再转发至有关单位遵照执行时,用批转性通知。如《国务院批转人民银行关于调整银行存款贷款利率报告的通知》。

3. 转发性通知。对上级机关和不相隶属机关的公文,需要将其转至本机关和下属各单位遵照执行时,用转发性通知。如《××市财政局转发财政部关于会计师事务所主任会计师任免权限的函的通知》。

4. 发布性通知。发布性通知常用于发布有关规定、规则、制度、条例、办法等规章制度,如《财政部关于印发〈合并会计报表暂行规定〉的通知》。

5. 知照性通知。主要用于通知所属单位或其他有关单位,需要他们知道和了解的事项,如成立、调整或撤销某些机构组织;调整某些机构组织的领导成员;印章的更改、办公地址的迁移等。如《国务院关于成立国家行政学院的通知》。

6. 会议通知。当召开比较重大的会议而不宜用电话或其他形式通知时,可用"通知"行文。会议通知是上级机关对下级机关发出的。如《中华人民共和国财政部关于召开2004年四季度国债筹资及市场分析会的通知》。

7. 任免通知。任免领导干部职务时,常用任免通知。如《×××市政府关于×××等同志的任职通知》、《××大学关于任免×××等同志有关职务的通知》。

二、写作指要

(一)一般写作方法

1. 标题。通知的标题由"发文机关"、"通知事由"和"文种"三部分构成。如《××市政府批转市财政局制订的〈××市农业特产税征收实施办法〉的通知》,其中"××市政府"是发文机关;"批转市财政局制订的××市农业特产税实施办法"是通知的事由;"通知"为文种。有的还可根据通知的内容需要,在"通知"前加上限制词,如"联合通知"、"重要通知"、"紧急通知"、"补充通知"等。

2. 正文。通知的正文通常由"通知缘由"、"通知事项"、"通知的结尾"三部分组成。

(1)缘由。通知的缘由主要写明发该通知的原因、依据或目的。这部分结束,常用"现将有关事项通知如下"、"特此通知如下"等语过渡下文。

(2)事项。通知的事项是通知的主体部分,要求写明通知的具体内容,如需要周知什么,遵守什么,执行贯彻些什么等。这部分内容如果单一或很简短,可不分段,如果通知的事项较多,则宜分条列项逐一写明。

(3)结尾。通知的结尾通常写对贯彻执行该通知所提出的希望和要求。如"以上通知,请认真贯彻执行"、"请各有关地区和部门按上述通知贯彻执行"、"请认真按照执行"等,也有的通知直接用"特此通知"作结。

通知正文的写法,应根据不同的通知种类和具体内容的需要而定。

(二)写作要领与要求

1. 注意规范使用不同种类的通知。如批转性的通知不能写成转发性的通知,发布性的通知不能写成批转或转发性的通知,即使在发布性的通知中,也有发布与印发两种形式,这些在使用中要有所区别。

2. 拟好公文的标题。公文标题事由的撰写一定要做到信息清晰、诉求明确。例如某仓库着火后,上级部门要求所属各单位加强安全教育和采取有效的预先防范措施,其指示性通知的标题可以写作《关于加强安全防火工作的通知》、《关于加强安全防范工作的通知》、《关于克服火灾隐患工作的通知》等。究竟以概括何种事由为好,作为上级部门在做指示时,常常会举一反三地提出其他有关安全事项的防范工作要求,相对以上三则标题而言,《关于加强安全防范工作的通知》是较为确切的。

3. 通知事项必须周详清楚明确。要明白无误地提出工作的任务和要求,交代应知或应办的事项,切忌泛泛而言,含混笼统,令人不得要领。

4. 注意结尾的约定。公文的结尾有惯用的约定语言,就通知而言,"发布性通知"、"知照性通知"、"会议通知"和"任免通知"一般都用"特此通知";其他三种通知的结尾则根据发文人的希望和要求而有所不同,如"以上通知,请认真贯彻执行"、"请各有关地区和部门按上述通知贯彻执行"、"请认真参照执行"等,都是常见的约定写法。

三、示例与简析

示例1

国家发展改革委、财政部关于降低部分收费标准的通知

发改价格〔2004〕2839号

国务院各部门、各直属机构,各省、自治区、直辖市发展改革委、物价局、财政厅(局):

为贯彻落实《行政许可法》和《国务院关于印发全面推进依法行政实施纲要的通知》(国发〔2004〕10号)、《国务院办公厅关于贯彻落实全面推进依法行政实施纲要的实施意见》(国办发〔2004〕24号)的精神,根据《国家发展改革委、财政部关于清理行政机关和事业单位有关收费的通知》(发改价格〔2004〕1196号)的规定,我们对全国性及中央部门和单位的有关收费进行了清理,决定降低部分收费标准。现将有关事项通知如下:

一、降低下列收费标准。

(一)公安部门

1. 台湾同胞定居证工本费,收费标准由每证50元降为每证10元。

2. 华侨回国定居证工本费,收费标准由每证50元降为每证10元。

(二)发展改革部门

3. 农业化学物质产品行政保护费,申请费由每件4140元降为每件1000元,撤销请求费由每件2484元降为每件2000元,证书公告费由每件1656元改为据实收取。

(三)教育部门

4. 在职人员攻读专业硕士学位全国入学联考报名考试费,收费标准由每人每科100元降为每人每科80元。其中,教育部学位与研究生教育发展中心和各专业教育指导委员会每人每科收取30元,各省、自治区、直辖市学位与研究生教育主管部门每人每科收取50元。

……

二、上述收费的执收单位应按规定到原核发《收费许可证》的价格主管部门办理《收费许可证》变更手续。

三、本通知自 2005 年 1 月 1 日起执行。此前有关文件规定与本通知不符的，一律以本通知规定为准。

以上意见希贯彻执行

中华人民共和国国家发展和改革委员会（公章）

中华人民共和国财政部

二○○四年十二月六日

【要点评析】

示例 1 是一个指示性的通知。标题的三个组成部分齐全，事由明确，写法规范。主送机关是规范的统称，一行不够换行顶格书写。正文开头交代目的、依据和概述决定事项。随后用"现将……通知如下"过渡到下文。主体部分用条文式分别陈述降低收费标准的涉及部门及内容，提出执行办法。结尾选用指示性通知约定的语句。

署名为联合署名，由牵头单位用印。日期用规范的汉字书写。格式规范。

示例 2

北京市发展和改革委员会关于转发
国家发展改革委财政部降低部分收费标准的通知

京发改〔2005〕59 号

××××××：

现将国家发展改革委、财政部《关于降低部分收费标准的通知》（发改价格〔2004〕2839 号）转发给你们，对其中涉及我市的行政事业收费请一并贯彻执行。

一、市公安局发放的台湾同胞定居证（编码 171002022）由每证 50 元降为 10 元、华侨回国定居证（编码 171002023）由每证 50 元降为 10 元。

二、市教委的在职人员攻读专业硕士学位全国入学联考报名考试费（编码 175001006）由每科 100 元降为 80 元。

三、工商部门收取的外资企业注册登记费（编码 129001）降为统一按国内企业收费标准执行。

特此通知。

北京市发展和改革委员会（公章）
二〇〇五年一月二十日

【要点评析】

这是一份转发性通知。标题对事由的概括明确。文号项目齐全规范。正文开头引用转发文件名称、发文文号。随后用提出执行的要求过渡到下文。主体是条文式结构，清晰、具体、明确。结尾使用转发性通知的惯用语。

示例3

中国人民银行关于印发《不宜流通人民币挑剔标准》的通知

银发〔2003〕226号

中国人民银行各分行、营业管理部、省会（首府）城市中心支行、深圳市中心支行，各政策性银行、国有独资商业银行、股份制商业银行：

为提高流通人民币整洁度，维护人民币信誉，中国人民银行制定了《不宜流通人民币挑剔标准》，现印发给你们，请自2004年1月1日起执行。执行中如有问题，请及时报告中国人民银行总行。

1998年起实行的《损伤人民币挑剔标准》和2001年起实行的《"七成新"纸币的基本标准》同时废止。

请人民银行各分行、营业管理部、省会（首府）城市中心支行将本通知转发至辖区内其他办理人民币存取款业务的金融机构。

特此通知
附件：《不宜流通人民币挑剔标准》

中国人民银行（公章）
二〇〇三年十一月十三日

【要点评析】

标题为发布性通知标题，事由直接引用印发文件标题。主送机关使用规范的统称。正文开头陈述印发目的和文件名称，提出执行日期。主体部分以文章式结构，提出执行文件的要求。结尾使用印发性通知的惯用语。附件含书名号文件全称。

第二节 通 报

一、知识概述

（一）通报的性质

通报主要用于表彰先进、批评错误，传达重要精神和情况，属下行文。通报所反映的内容，不论是表彰性的、批评性的，还是情况通报，都要求典型、突出，具有一定的影响力，给人们提醒与启迪，能起到楷模或警戒的作用。

（二）通报的种类

通报按其性质划分，一般可分为三种：

1. 表彰性的通报。表彰性通报用于表彰先进个人或单位，宣传先进事迹，推广成功经验，树立典型及学习榜样，影响和带领广大干群共同提高思想觉悟，做好本职工作。

2. 批评性的通报。批评性通报用来批评严重违反党纪国法、无视党和国家的方针政策、损害人民利益、破坏安定团结，出现重大事故，造成不良政治影响等的人员或单位，使有关人员和单位吸取教训，引以为戒，改进工作，加强管理，防止类似的事件再度发生。

3. 情况通报。情况通报主要用在一定的范围内，把当前政治、经济、生产、社会治安等方面的重大情况或动态，及时通报给所属单位或有关部门，提请注意，给予重视，使之更好地开展工作。

二、写作指要

（一）一般写作方法

1. 标题。通报的标题通常由发文机关、通报事由和文种名称三部分组成，如《×××关于对××股份有限公司及有关人员予以批评的通报》。有时也可省略发文机关名称。

2. 正文。通报的正文通常由通报的缘由，具体事实和评析，有关表彰或处理的决定以及希望要求等三部分组成。

（1）缘由。通报的缘由主要写明发通报的原因、目的。即因何事而发，主要的事实是什么，针对哪些人或单位等。

（2）具体事实和评析。具体事实和评析部分主要对所通报的事实具体展开，然后对此进行分析、评价，揭示事物的积极意义或问题的实质，从中总结出经验或教训。如在表彰性的通报中，主要分析评价先进人物的事迹或成功经验，体现了什么样的高尚品质，有何积极意义。在批评性的通报中主要分析错误的事实，事故发生的原因，指出错误的性质，问题产生的严重性和危害性，给社会造成的不良影响，使人从中受到教育和启迪。

(3) 表彰或处理决定和希望要求。表彰或处理决定和希望要求部分也是通报的结尾，主要写明对好人好事给予怎样的表彰或对坏人坏事给予怎样处罚的决定，以及就如何向先进人物学习，对错误、存在问题如何采取措施，吸取教训，引以为戒等方面提出希望和要求。

（二）写作要领与要求

1. 事实要真实、典型。无论是表彰性或批评性的通报，所反映的情况必须真实，不能夸大或缩小，以免因失实而产生不良影响。材料要充分说明问题，具有典型意义，否则也会影响其应有的教育作用。

2. 评析、奖罚要客观公正。无论是表彰性还是批评性的通报，对事实的分析应当具有一定的高度，掌握分寸，就事论理，不得随意拔高。评析、奖罚只有客观公正，符合政策，才能收到良好的教育效果。

3. 通报的时间要及时。表彰好人好事，批评错误，都应当及时迅速，抓住时机，如果事过境迁，就会减弱教育意义，起不到应有的作用。

三、示例与简析

示例1

××市人民政府关于表彰翟××同志的通报

（发文字号略）

1999年8月26日，我市待业青年翟××（男，26岁）在11路公交汽车上机智勇敢地将犯罪嫌疑人刘×抓获归案，为维护社会治安做出了突出贡献。现将有关情况通报如下：

1999年8月26日晚6时许，犯罪嫌疑人刘×（男，29岁，黑龙江省××市人），因招工问题在利津路劳务市场与被害人兰××（男，28岁，内蒙古×××市人）等人发生争执，刘×恼羞成怒，窜至利津路小商品市场购买一把长约30厘米的水果刀，持刀追打兰××并刺穿兰××右肋部，致其死亡。

刘×作案后，乘坐11路公交汽车企图逃窜。乘坐该车的我市待业青年翟××见其形迹可疑，左手有伤，裤袋内斜插一把刀，上有血迹，立即引起了警觉，在稳住对方的同时，假借为其包扎，乘其不备，顺势从其口袋内抽出刀，用胳膊夹住对方的头，只身将犯罪嫌疑人刘×带下车，扭送市南公安分局湛山派出所。

翟××同志不顾个人安危，勇于同违法犯罪分子作斗争，表现出了一个公民强烈的社会责任感，为全市人民树立了榜样。根据《××市表彰与保护见义勇为公民条例》的有关规定，市政府决定，授予翟××同志"××市见义勇为公民"荣誉称号，并颁发荣誉证书，奖励人民币5000元。

希望翟××同志珍惜荣誉,再接再厉,在今后的工作中创出新的成绩。市政府号召,全市人民要学习翟××同志见义勇为的先进事迹,同坏人坏事做坚决斗争,维护社会稳定,促进我市改革开放和经济建设各项事业的顺利进行。

特此通报

××市人民政府(公章)
一九九九年十一月十九日

【要点评析】

这是一份表彰性通报。标题由三要素即发文机关、通报事由、文种名称三部分组成,直接显示其为表彰性通报。正文开头部分概述通报的缘由,并用"现将有关情况通报如下"过渡到下文。主体共两个部分。其一对所通报的事实作具体展开,简述了翟××勇斗凶犯的事实。所叙简要清楚;其二,对翟××勇斗凶犯的事实做出见义勇为的评价以及奖励的决定。结尾提出希望和要求,阐发先进事迹的性质和意义。

示例2

关于对AAA聚氨酯股份有限公司
等2家公司及有关人员予以批评的通报

证监公司字〔2002〕8号

AAA聚氨酯股份有限公司、四川BBB股份有限公司:

我会在近期进行的募集资金使用专项核查中发现,AAA聚氨酯股份有限公司、四川BBB股份有限公司在募集资金使用及相关信息披露中存在严重违规行为。

AAA聚氨酯股份有限公司募集资金实际投向与公司承诺不符,变更募集资金投向,未履行相应决策程序和信息披露义务;有关募集资金使用的信息披露与事实不符。公司募集资金项目之一为补充年产4万吨MDI高技术产业化示范工程配套项目。招股说明书承诺以1000万元增加设备投资,2800万元增加流动资金。该项目公司实际以2800万元收购控股股东拥有的项目配套铁路专用运输储运系统等,属关联交易。该变更行为未经股东大会审议通过。另一募集资金项目聚氨酯研究发展中心技术改造项目,公司承诺建造5000平方米大楼,实际公司购置了中关村昌平园房屋及附着土地。且2001年中报披露投入金额也有误,2001年公司中报披露该项目投入金额为981万元,实际已投入1720万元。

四川BBB股份有限公司募集资金使用与公司承诺不符,未履行相关变更程序,且信息披露与实际不符。公司在招股说明书中承诺以募集资金投资建设×××基地。……实际公司于1999年6月以18674万元资金(其中募集资金16710万元)从攀西生茂实业开发有限公司收购了攀西地区生产基地用以实施上述项目。该收购行为涉及金额占该公司净资产的56%,公司未履行相应决策程序及信息披露义务……

上述行为违反了《证券法》第二十条第二款及第五十九条规定。AAA聚氨酯股份有限公司董事会及董事长丁××、董事会秘书郭××,四川BBB股份有限公司董事会及董事长夏××、董事会秘书樊××对上述违法行为负有直接责任。

我会决定对上述2家公司、公司董事会以及上述直接责任人予以通报批评。

上述2家公司董事会应当在本通报公告之日起一个月内向中国证监会及所在地派出机构提交对违法行为进行整改的报告,并在中国证监会指定报刊公开披露其主要内容。

各上市公司董事会和全体董事应依法履行职责,勤勉尽责,履行对上市公司及全体股东的诚信义务,对涉及募集资金变更项目充分论证,并严格履行法定变更程序。

中国证监会将继续重点关注上市公司的募集资金使用存在的变更速度快、变更频繁、资金闲置金额大、闲置时间长、募集资金项目变更披露不充分、募集资金用于委托理财等行为,核查上市公司是否严格履行了其招股说明书中对募集资金使用的承诺,并对募集资金使用和信息披露中出现的违法违规行为从严监管。发现违规情况,将严肃查处。

中国证券监督管理委员会(公章)
二〇〇二年三月二十五日

【要点评析】

标题省略发文单位,事由显示其为批评性通报。正文开头部分简述两家公司主要严重违规的行为。主体共三部分。其一,分别陈述两家公司严重违规行为的主要事实,并指出他们的行为直接违反了《证券法》有关规定,以此作为后面处罚的依据;其二,引用相关法规条文,对有关违规者做出相应处理决定;其三,以此事对其他上市公司董事会及董事提出依法履行职责等要求,以及证监会将从严监管的决心。

示例3

关于对近期发生的两起建筑施工重大伤亡事故的紧急通报

建质电〔2004〕46号

各省、自治区建设厅,直辖市建委,江苏、山东省建管局,新疆生产建设兵团建设局,中央管

第十章 通知和通报

理的有关总公司:

2004年9月1日,江苏商业管理干部学院现代化教育中心工程工地,在浇筑门厅屋面梁板混凝土时,模板支撑系统突然垮塌,致使正在进行浇筑作业的22名施工人员从18米高度坠落,造成5人死亡、3人重伤、14人轻伤的重大事故。该工程的施工单位是江苏龙海建工集团有限公司,监理单位是江苏振星工程监理公司。

2004年9月20日,昆明市北京路污水管网工程(DBM/1.1A标)工地,在顶管施工进行管道内清运土方作业时,3名施工人员昏倒在距竖井38米处管道内,管道外面的施工人员发现后未采取防护措施进入管道内施救,共造成5人死亡、3人受伤的重大事故。该工程的施工单位是中铁五局集团昆明分公司,劳务分包单位是镇江金山顶管工程有限公司,监理单位是云南市政公用建设监理有限公司。

今年7月份以来,各地区、各单位深入贯彻落实全国建筑安全生产工作会议精神和建设部领导关于"紧紧咬定今年的安全工作目标,带着感情、带着责任抓安全"的指示,根据我部建筑安全生产工作会议的部署,从提高思想认识和落实责任制度、工作分析和部署、加强监督管理和执法力度三个方面,不断强化工作力度。截至9月30日,全国建筑施工共发生事故806起,死亡954人,与去年同期相比,事故少发生186起,事故起数下降18.75%,少死亡184人,死亡人数下降16.17%。

但9月两起重大事故的发生,再次提醒我们安全生产必须常抓不懈,不能有丝毫放松。目前,正值施工繁忙时期,特别是北方地区陆续进入今年最后施工高峰期,因此要严防因盲目抢工期、夜间加班加点引发各类施工事故发生。尤其是施工伤亡事故起数和人数上升或居高不下的地区,更应当认真分析安全形势,切实抓好建筑安全生产工作,努力扭转安全生产的不利局面。

当前,各地建设行政主管部门和有关企业应重点做好以下工作:

一、要抓实抓细节日期间安全生产工作,认真贯彻落实国务院安全生产委员会9月23日召开的全国安全生产电视电话会议和国务院安全生产委员会办公室《关于认真做好"十一"黄金周期间安全生产工作的通知》精神,认真落实以人为本,全面协调可持续的科学发展观,进一步加强对安全生产工作的领导,落实责任,加强监督,促进本地区安全生产稳定好转。

二、"十一"黄金周结束后,各地要做好对当前安全生产形势的分析,对四季度,特别是对10月份安全生产工作做好部署。要针对本地区的重点问题和薄弱环节,采取切实有效监管措施。要督促各企业积极组织安全生产教育工作,进一步强化管理人员和操作工人的安全意识,加强安全生产,彻底消除事故隐患。

三、各地建设行政主管部门要对上半年发生的生产安全事故加紧处理结案,对有关责任单位和责任人进行严肃处理,并将处理结果在近期集中通报。

江苏省和云南省建设行政主管部门要督促南京市和昆明市建设行政主管部门进一步

加强安全监督管理工作,并将有关整改措施于 10 月 31 日前报我部质量安全司。

建设部(公章)
二〇〇四年九月三十日

【要点评析】

　　这是份重大伤亡事故的情况通报。标题用"紧急"两字,说明所通报情况的重要程度。

　　正文共三个部分,其一,直述两家公司在建筑施工时发生的重大伤亡事故,作为通报的缘由;其二,通过回顾 7 月份以来全国建筑施工共发生的事故与去年同期相比下降的数据,以及 9 月份发生的这两起重大事故,总结教训,提高防范的意识;其三,针对事故的发生,提出三条加强安全生产管理工作的要点,防患于未然。

　　结尾以对两事故单位的地方主管部门提出要求收结。

思考与练习

一、简答题

1. "通知"的适用范围在哪些方面?
2. "通报"的适用范围在哪些方面?
3. 在表彰性和批评性的通报中,各应对哪些方面作侧重评析?
4. 在通报的写作中,应当注意哪些方面的问题?

二、检查以下通知的标题写得是否正确,为什么

1. A 市人民政府转发××县卫生局关于《加快农村卫生改革与发展若干意见》的通知

2. A 县人民政府办公室转批 A 县卫生局关于《加快农村卫生改革与发展若干意见》的通知

3. B 省人民政府办公厅关于批转省财政厅关于全面推进依法理财意见的通知

4. B 省人民政府关于转发省建委制定的《B 城市节约用水管理暂行规定》的通知

5. A 市人民政府办公厅转发市公安局关于加强 2005 年元旦春节期间禁止燃放烟花爆竹工作意见的通知

三、给以下各段公文片段的提示拟写标题

1. A 市人民政府(　　　　　　　)的通知

各区、县人民政府,市政府各委、办、局:

　　市政府同意市建委、市物价局、市财政局、市经委、市市容环卫局制订的《A 市单位生活垃圾处理费征收管理暂行办法》,现转发给你们,请按照执行。

2. A市人民政府（　　　　　　　）

各区、县人民政府，市政府各委、办、局，各高等院校：

　　现将建设部、国务院住房制度改革领导小组《关于加强出售公有住房价格管理的通知》（建房字〔××××〕第××号）转发给你们，并结合我市实际情况作如下补充通知，请一并贯彻执行。

3. A市财政局关于（　　　　　　　）沪财会〔2005〕7号

××文化广播影视集团、文汇新民联合报业集团、××文广新闻传媒集团、解放报业集团、世纪出版集团，各区县财政局，财税六分局：现将《财政部关于印发〈电影企业会计核算办法〉的通知》（财会〔2004〕19号）转发给你们，自2005年1月1日起在已执行《企业会计制度》的各电影企业执行。执行中如有问题，请及时函告我局。

4. （　　　　　　　）的通知京政办发〔2004〕59号

各区、县人民政府，市政府各委、办、局，各市属机构：

　　做好困难群众冬季生活保障工作，是贯彻落实十六届四中全会精神，提高执政能力建设的具体体现，也是当前各级政府的一项重要工作。为切实做好困难群众冬季生活保障工作，经市政府同意，现就有关事项通知如下：

××市人民政府办公厅（公章）
二〇〇四年十二月一日

四、指出下例通知、通报中存在的问题

1. ××市财经纪律检查组关于禁止用白条子报账的通知

×××：

　　在财务大检查中，我们发现一些单位，特别是集体建筑企业中，用白条报账的现象极为严重，其中大都是经各单位领导同志签字批准的，少则几百元，多则上万元，甚至数十万元。这种做法不符合会计手续，是一种严重违反财经纪律的现象，必须杜绝。

　　特此通知

××市财经纪律检查组（章）
××××年×月×日

2. 关于对范××同学考试作弊问题的公告

　　范××，女，1983年8月出生，江苏省××县人，计算机工程系00信网51班学生。该生纪律观念淡薄，在上学期期末《计算机网络》课程考试过程中，试图将写好的答案纸条传给他人，被监考老师发现。该同学非但不认识错误，还与老师顶撞，影响了其他同学的考试，在班级造成了较坏的影响。经学院研究，决定给予范××同学记过处分。

3. 关于××市民政事业费管理使用问题的通报

　　××市任意挪用、占用和滥用民政事业费的问题，是非常严重的。民政事业费是体现党和国家对广大优抚、救济对象生活疾苦的关怀，任何人挪用、侵占民政事业费，都是党纪国法所不容许的。凡是××市挪用和占用的民政事业费必须限期如数追回。为了严明党纪国法,对挪用、占用民政事业费的有关人员,要按党纪政纪严肃处理,并将处理结果报省人民政府。

各地要把××市的问题引为借鉴,加强民政事业费的管理,进一步加强民政事业费管理体制的建设,杜绝××市的问题再度发生。

××省人民政府
二×××年×月×日

五、阅读下列通知,回答文后的问题

共青团合江县委关于开展学习雷锋系列活动的通知
××〔2004〕××号

各乡镇、学校团委,城区直属单位团组织、青工委:

为继承和发扬雷锋精神,倡导"奉献、友爱、互助、进步"的时代新风,推动社会主义精神文明建设,团县委要求全县各级团组织在2004年3月集中开展学习雷锋志愿服务活动,现将有关事项通知如下:

一、指导思想

以邓小平理论和"三个代表"重要思想为指导,大力弘扬雷锋精神,推动学雷锋活动和青年志愿者行动深入开展,促进公民道德素质和社会文明程度的不断提高,加强社会主义精神文明建设。

二、活动安排

1. 开展青年志愿者"献爱心,送温暖"活动。各级团组织要成立青年志愿者服务队(站),组织一次以慰问孤寡老人、残疾人、特困户、军烈属、困难下岗职工为主要对象的慰问活动,开展敬老服务、访贫问苦等内容丰富、形式多样的志愿服务活动。

2. 组织青年志愿者开展一次"助耕助农"活动。

3. 开展"志愿服务,美化家园"城市卫生活动,组织发动青年志愿者在城区、街道、校园等地方开展清除垃圾活动。

4. 举办"青年志愿者服务咨询台"便民利民活动。各乡镇团委要利用节假日组织青年志愿者开展一次青少年维权、法律、公民道德、卫生等咨询活动。

5. 开展"造绿护绿"活动,组织青年志愿者开展一次植树活动。

三、活动要求

1. 各乡镇、学校团委,城区直属单位团组织和青工委要加强领导,精心组织,周密部署。要结合自身实际,积极开展富有特色的活动,力求在3月份掀起纪念雷锋活动高潮。

2. 纪念活动要立足实际,不拘形式,注重实效。充分发挥青年志愿者的主动性和创造性,在青年志愿者行动中,要做到有旗帜,有徽章或绶带,有标语。

3. 注重舆论宣传。各级团组织、青工委要充分借助电视台、报刊等新闻媒体,集中宣传青年志愿者的先进事迹,营造学雷锋、学先进、讲奉献的良好氛围。

4. 各乡镇、学校团委,城区直属单位团组织、青工委将开展活动的情况,于2004年4月底前书面上报团县委办公室。

(　　　　)

共青团合江县委
2004年3月8日

1. 下面对本通知种类概括正确的一项是(　　)
A. 指示性　　　B. 批转性　　　C. 发布性　　　D. 知照性
2. 正文中通知的主旨是_____,文章结构用的是_____式。
3. 上文结尾处画线的括号内应该填写的约定结尾语句是_____。
4. 上文在撰写中有两个疏忽处,一处是_____,一处是_____。

六、根据下列材料,写出通报的标题

_____

近几年来,全国建设系统各级纪检监察机构和广大纪检监察干部,在建设系统各级行政主管部门党委(党组)领导下,认真学习邓小平理论和"三个代表"重要思想,坚决贯彻落实党中央、国务院和中央纪委、监察部的决策部署,积极推进党风廉政建设和反腐败斗争,为加强党的建设,维护改革、发展、稳定的大局努力工作,涌现出一批爱岗敬业、秉公执纪、成绩突出的先进集体和先进工作者。

为表彰先进,弘扬正气,鼓舞斗志,推进党风廉政建设和反腐败斗争深入开展,建设部党组决定:授予A市市政工程局纪委等50个单位"全国建设系统纪检监察工作先进集体"称号;授予宋××等101名同志"全国建设系统纪检监察先进工作者"称号;对吴××等180名同志予以表扬。希望受到表彰的先进集体和个人继续保持奋发有为、积极向上的精神状态,与时俱进,不断创新,在党风廉政建设和反腐败斗争中做出新的成绩。(发文单位:中华人民共和国建设部)

七、根据下列所给的两份材料,择写一份通报

材料一:学校××年级××系×××同学,平时学习不认真,经常旷课,缺交作业,上课或者与人讲话,或者打瞌睡。在×月××日"财务会计"的期末考试中作弊。当时情况如下:该同学将事先准备好的字条放入铅笔盒中,乘打开铅笔盒时偷看。该生不断地开、关铅笔盒的情况引起监考老师的注意。当老师要检查他的铅笔盒时,他执意不肯交出,后又迅速将字条揉成一团塞进口袋,并称老师无权搜身,不肯承认自己作弊行为,态度极为恶劣,还影响了其他同学的考试。根据学校有关规定,对考试作弊的同学,取消其该门课的考试成绩,考试成绩为零分,并不得参加正常补考。如果态度恶劣,还可给予行政记过处分或开除处分。

材料二：有一同学是××学院 A 系 B 专业××级学生。10 月 15 日晚上 10 点多钟，该同学在从教室看书回宿舍的路上，捡到一个黑色的小包。他打开一看，里面有现金 2 000 多元以及三张银行卡、身份证、电话 IP 卡、饭卡等。虽然他家里经济状况并不好，上大学时欠了别人许多钱；但他在没有别人发现的情况下，毫不犹豫地将钱包交到了学院保卫处。经保卫处根据身份证上的地址联系，钱包是经济管理系×××教师的。×××教师对他十分感激，当即拿出 200 元钱给他，他坚决不要，并说："这是一个大学生应当做的"。经过院学生工作指导委员会研究决定，对×××同学通报表扬，并给予一定的奖励。

写作中，要根据通报的写作要求补充相关内容。要求事件叙述清晰，观点明确，格式正确。

第十一章 报告、请示和批复

报告和请示在公文中属上行文,批复为下行文,在公文往来中应用十分普遍。根据《国家行政机关公文处理办法》和《中国共产党机关公文处理条例》规定,报告适用于向上级机关汇报工作,反映情况,提出建议,答复上级机关的询问。作为党政机关公文的报告与一些专业部门从事业务工作时所使用的"报告",如"调查报告"、"评估报告"、"审计报告"等,是不同的概念,不能相混淆。请示适用于下级机关向上级机关请求指示或批准。批复则适用于答复下级机关的请示事项。上级机关对于下级的请示,无论是否同意或批准,都应作出明确的批示意见,不能不作答复。

第一节 报 告

一、知识概述

(一)报告的概念与性质

报告,是下级机关按制度规定,应上级要求或自己主动向上级机关汇报工作、反映情况、提出意见或者建议、答复上级询问的公文。

报告属陈述性上行文,具有汇报性。报告的行文目的是向上级达情献策,提供信息。

(二)报告的特点

1. 行文时间以事后行文为主,也可事前或事中行文。提出建议,多是事前行文;反映情况多是事中或事后行文;汇报工作,多是事后行文;答复询问,事后或事中行文较多。

2. 行文起因有主动行文、被动行文、半主动半被动行文并存。应上级要求而答复询问,为被动行文;按制度规定行文,可谓半主动半被动行文;既无上级要求,又无业务制度规定,凭责任感自觉向上级汇报工作、反映情况、提出建议,为主动行文。

3. 无论何种形式的报告,都是上级机关所需要,为上级更好地作出决策和指导服务的。汇报工作、反映情况、提出建议、答复询问,都是为使上级机关了解下情,作决策参考。

(三)报告的分类

根据不同标准,报告有多种分类。

1. 按报告的内容可分为:

(1)工作报告。工作报告是向上级领导或权力机关汇报工作进展情况,总结工作成绩及经验教训，反映工作中出现的情况和遇到的问题，提出今后工作意见或建议的报告。

（2）情况报告。情况报告是向上级领导或权力机关反映工作中和社会生活中出现的新情况、新动态、新问题以及处理意见的报告。它以反映情况为主，尤其着眼于重要情况和特殊问题。

（3）建议报告。建议报告是通过汇报工作或反映情况，向上级领导或权力机构提出建议和设想的报告。

2. 按报告内容的含量可分为：

（1）综合性报告。综合性报告是将全面工作或一个阶段许多方面的工作综合起来写成的报告。它在内容上具有综合性、广泛性，写作难度较大，要求较高。

（2）专题性报告。专题性报告是针对某项工作、某一问题、某一事件或某一活动写成的报告，在内容上具有专一性。

3. 按报告的性质可分为：

（1）例行性报告。例行性报告是按照制度规定定期主动向上级领导或权力机关汇报工作、反映情况的报告。

（2）临时性报告。临时性报告是为工作中临时出现的情况、问题或所提的建议而写的报告，如灾情报告、疫情报告等。也称非例行性报告。

（3）回复报告。回复报告是用于答复上级的询问或汇报所交办事情办理结果的报告。回复报告往往是对一些重大事项的答复，对一般性事项用函作答即可。

二、写作指要

（一）报告的写作方法

1. 标题。报告的标题一般由报告单位、事由加文种三项构成，报告单位有时可省略。如《关于2003年上半年工作情况的报告》、《××大学教务处关于2003年度教学工作情况的报告》。有些专题报告标题通常不用"关于"的介词结构，如《政府工作报告》。

2. 主送机关。报告的主送机关一般只写一个，并力避越级主送。不可主送同级机关或不相隶属机关。

3. 正文。

（1）开头。报告的开头一般概括说明全文主旨即说明写报告的理由、原因，或总括报告主旨，概述一定时间内各方面工作总的情况，对整个工作的估计、评价等，以点明主旨。

（2）主体。报告的主体内容要丰富充实。作为正文的核心，将工作的主要情况、主要做法，取得的成绩和经验、问题与教训，今后的设想和打算等，分段加以表述，要以数据和材料说话，内容力求既翔实又概括。

综合性报告一般以总分式结构为主，因果式、综合式等为辅。专题报告可采用"三段式"结构法。以反映情况为主的专题工作报告主要写情况、存在的问题、今后的打算和意见;以总结经验为主的专题工作报告主要写情况、经验,有的还可略写不足之处和改进措施;因工作失误向上级写的检查报告主要写错误的事实、产生错误的主客观原因、造成错误的责任、处理意见及改进措施等。

(3) 结语。报告的结语一般用报告习惯用语,如"以上报告妥否,请指示"或"请审阅","特此报告"等。

4. 署名和日期。正文右下方写明发文机关与发文时间,发文机关要写全称或规范化简称,发文时间也要写完全,年月日的数字必须用汉字书写。

(二) 报告的写作要求

1. 写综合报告应注意抓住重点,突出主要矛盾和矛盾的主要方面。在此基础上列出若干观点,分层次阐述。说明观点的材料要详略得当,以观点统领材料。

2. 专题报告,要一事一报,体现其专一性,切忌在同一专题报告中反映几件各不相干的事项和问题。

3. 切忌将报告提出的建议或意见当作请示,要求上级指示或批准。

三、示例与简析

示例1

吉林省人民政府
关于省十届人大一次会议代表建议批评和意见办理情况的报告

(发文字号略)

省人大常委会:

现将省十届人大一次会议期间,转交省政府的代表建议、批评和意见的办理情况报告如下:

一、基本情况

今年"两会"后,省政府收到省十届人大一次会议提出并转交的代表建议、批评和意见(含议案转建议,以下简称建议)94件。按建议内容分类:财税经贸方面18件;教科文卫方面20件;粮农林水方面22件;城交环保方面15件;劳动人事、公安司法等其他方面19件。全部建议由省政府36个部门和长春、吉林、四平市政府分别办理。截止10月底,省政府及各承办部门根据国家有关法律、法规和政策规定进行了认真办理,并作了书面答复,办复率达到100%。其中,会上办结8件,会后交有关部门办理86件。这些建议中所提问题和建议得到解决或采纳的有42件,占总数的45%;纳入计划和议事日程正在解决落实的有37件,占总数的39%;因条件不具备暂时不能解决而向代表作出说明解释的有15件,占总数的16%。从反馈的情况看,代表对省政府各承办部门的办理工作方式和办理结果总体上是满意的,满意率和基本满意率达到96%。

二、主要做法

今年是新一届人大、政府的开局年,为使代表建议办理工作起好步、开好局,省政府及各承办部门在认真总结近年来办理工作经验,充分听取省人大常委会和人大代表意见的基础上,着重分析研究新形势下代表建议办理工作的特点,坚持把办实事、求实效作为办理工作的着眼点,努力提高办理质量和效率,促进办理工作由答复型向落实型转变。

(一)主要领导高度重视,基础工作扎实细致。(略)

(二)联系实际,把办理代表建议与推进部门工作紧密结合起来。(略)

(三)加大力度,努力提高建议办理速度和质量。(略)

三、存在的主要问题及改进措施

今年以来,省政府各承办部门按照省政府的总体要求和安排部署,不断改进工作作风和方法,努力提高建议办理的质量和水平,较好地完成了今年的办理任务。但部分建议的办理结果与代表的期望和要求还有一定差距。一是(略)。二是(略)。三是(略)。

针对存在的问题,省政府及各承办部门将认真研究,加大力度,采取措施,在今后的办理工作中妥善加以解决。主要做好以下几方面工作:

第一,不断深化认识,切实加强对建议办理工作的组织领导。(略)

第二,加大督促检查力度,把办理的代表建议真正落到实处。(略)

第三,努力改进办理方式,进一步完善办理机制。(略)

第四,严格依法办理,切实提高依法行政水平。(略)

第五,加强对承办人员的业务指导和培训,努力造就一支高素质的承办队伍。(略)

吉林省人民政府办公厅(公章)
二〇〇三年十月三十一日

【要点评析】

这是一份专题工作报告。标题属完整式标题,事由概述简明,突出其专一性。

正文开头部分开门见山,概述收到建议情况,处理情况,以及反馈情况,使省人大常委会对这些情况先有个整体把握和了解。

主体为三段论结构,将工作的主要情况、主要做法、存在问题改进措施,分段加以表述,以翔实的数据和材料说话,主旨集中,重点突出,层次井然。结尾以改进措施收结全文,省略结束语。署名与日期完整规范。

示例 2

国家工商行政管理局关于加强工商行政管理工作的报告

(发文字号略)

国务院：

　　为了更好地贯彻党的××届×中全会精神，在治理整顿期间，工商行政管理机关应充分发挥监督的职能，强化完善各项监督管理措施，为深化改革，促进社会主义经济持续、稳定、协调发展创造良好的条件。根据国务院赋予工商行政管理机关的职能，应进一步拓宽监督管理的广度，增加监督管理的深度，强化监督的力度，把工商行政管理工作提高到一个新的水平，为此，今年全国工商行政管理局长会议进行了专门研究，对下一步工作提出以下意见：

　　一、进一步依法加强对生产资料市场的监督管理，不断提高集贸市场的管理水平。（略）

　　二、加强对国营和集体企业的监督管理，积极支持企业集团的建立和发展。（略）

　　三、切实加强对个体、私营经济的监督管理，引导它们健康发展。（略）

　　四、严肃查处制造、经营伪劣商品和刊登虚假广告的行为，切实维护国家和人民群众的利益。（略）

　　五、强化经济合同管理，维护社会经济秩序，保证国家计划的完成。（略）

　　六、依法保护注册商标专用权，加强商标领域中的国际合作。（略）

　　七、加强廉政建设，提高工商行政管理队伍的素质。（略）

　　以上报告如无不妥，请批转各地区、各部门执行。

国家工商行政管理局（公章）
××××年×月×日

【要点评析】

　　这是一份建议性报告。标题要素完整规范。"加强"二字突出建议意图。

　　正文开头写明报告的缘由和目的。主体部分陈述报告的事项，即对下一步工作的具体意见。每条意见首句都是各条意见的段旨，即具体意见的内容，这样写纲目清楚。结尾用"以上报告如无不妥，请批转……执行"这一请求批转的惯用语结束。落款按惯例写明发文机关和发文日期，书写规范。

第二节 请　　示

一、知识概述

（一）请示的概念与性质

请示，是下级机关就自身无法解决、无权决定或无力办理而需要上级做主、支持的事项，请求上级机关决断、指示、批示、批准、支持并明确答复的公文。

请示是请求性上行文，具有要求回复的性质。请示的行文目的是请求对本机关单位权限范围内无法解决的重大事项以及工作中遇到的无章可循的疑难问题给予答复。

（二）请示的特点

1. 行文时间的事前性。请示必须是事前行文，请示的是尚未进行和有待指示的事项。

2. 行文目的的请决性。请示要求上级机关对本机关的请求事项给予答复，帮助解决，而且上级机关无论同意与否，都应表明态度，即具有要求和急盼回复性。

3. 写作内容的单一性。请示必须是一事一请。如果一份请示提出几个请求事项，要求解决几个问题，就不便于上级机关处理、批复，不利于提高请示的效率。

（三）请示的分类

请示一般依据行文内容分类，大体可分为五大类。

1. 请求指示类。这类请示，是请示者自身对上级的方针、政策、指示精神等理解、领会不太清楚明了，或在执行政策时遇到困难或出现新情况，需要变通，或对某事项认识不统一而无法办理，或对有关问题虽有明确的认识，对处理有关事项也有明确的意见，但因情况特殊或关系重大不敢擅自做主，请求上级加以明确地阐释、指导，作出指示。

2. 请求批准类。这类请示，是请示者不仅对有关问题有明确认识，对处理有关事项有明确意见，而且强烈希望并要求能按自己的意见行事，但无上级同意、批准不得办理，故特请求上级机关给予认可。

3. 请求支持类。这类请示，是请示者对有关事项既知如何办，也有职权办，但是在人、财、物方面有困难，需要上级给予帮助解决的，向上级提出支持请求，希望满足需要。这类请示是最常见的。

4. 请求审核类。这类请示是对自己所提办法、所定规定、所拟发的文件是否合适可行，需要上级给予审核的请示。

5. 请求批转类。这类请示是对涉及全局性的问题而要求其他地区、部门、单位贯彻执行的意见、办法，需要上级批转。

二、写作指要

(一) 请示的写作方法

请示的结构包括标题、主送机关、正文、署名和时间等部分。

1. 标题。请示的标题由请示机关、请示事项和文种三部分组成,也有请示机关省略,由请示事项和文种组成的。请示事项即请示的具体内容,一般不使用"申请"、"请求"一类词语,避免与文种"请示"在语意上重复。事由部分都用"关于"起头的介词结构来表述。

2. 主送机关。请示的主送机关一般为直属上级机关,即只报送一个主管的领导机关。受双重领导的机关向上请示,应根据请示的内容,确定负责答复的上级机关为主送机关,另一个则用抄送形式。

3. 正文。请示正文通常包括三部分内容。

(1) 请示原由。请示开头要写明原因、背景、依据、目的等,以说明请示的重要性、紧迫性与合理性。有的请示事项较重大或复杂,往往会用稍长的篇幅,分几个层次或从不同角度加以说明。不论篇幅长短,都必须把原因说清楚,为请示事项提出充足的事实依据。请示理由之后,常用"现将……请示如下"等语过渡到下文。

(2) 请示事项。请示事项是请示的中心部分,要写得具体、明确、清楚。提出请示事项要详细,阐述说明道理要充分,提出意见要切实可行,只有这样才能使有关领导心中有数,便于批示。有些情况简单、有条文和规定可依据,只是出于组织原则报上级知道而写的请示批准的请示,请示内容部分只需提出请示事项即可,不必阐释道理。

(3) 请示结语。请示的结尾一般用"以上请示,当否(妥否,可否等),请批复(批示,指示,审批,批准等)",结语是向上级机关提出的肯定性要求,也是自己愿望的表述和对上级机关尊重的表示,因此要写得恳切而谦和,不宜用"即请从速批复","请尽快解决"之类的请求语。

4. 署名和时间。与以上介绍的其他公文写法相同。

(二) 撰写请示的注意事项

1. 坚持一事一请示,请示事项必须明确、具体、可行。

2. 不可越级请示。个别需要越级请示的,常采用两种方式:一种是转呈式,既可避免越级,又明确主送机关;另一种是在越级请求的同时,把请示抄报给主管部门。

3. 除领导直接交办的事项外,请示不要直接送领导者个人,或既写主送机关,又同时主送、抄送给主送机关领导人。

4. 请示和报告不可混用。不得在标题中出现"请示报告"连缀使用的字样。

5. 请示的语气必须谦恭,不能以决定的口吻说话,在写请示事项时,只能写"拟"怎么办,不能写"决定"怎么办。

三、示例与简析

示例 1

××区科学技术协会关于制订
××区科普经费管理办法的请示

（发文字号略）

××区人民政府：

　　按照区委、区政府《关于进一步加强科协工作意见》的要求，我区的科普经费已列入当年财政预算，并保持每年都有一定比例的增长，为管好、用好这一资金，更好地发挥其作用，区科协草拟了××区科普经费管理办法，并建议以区科普工作联席会议名义下发。

　　妥否，请批复。

　　附：××区科普经费管理办法（草案）

××区科学技术协会（公章）

2004 年 5 月 20 日

【要点评析】

　　这是一份请求审核类请示。标题属完整式标题，事由概述清晰明确。正文部分请示缘由清楚：为管好科普经费，发挥其作用，提出管理办法；请示事项即请求上级审批管理办法，并建议下发，表述简明。请求批准的文件草案以附件形式出现，简化了正文。落款注明发文时间，例文若用汉字书写更显规范。

示例 2

关于成立自治区环保局团委的请示

（发文字号略）

区直机关团工委：

　　我局近年来人员结构发生较大变化，年轻人逐年增多，截止 2003 年底全局共有 35

岁以下青年133人,其中团员72人。按照我局2003~2005年人才储备计划,我局利用3年时间从高校毕业生中每年招聘50名本科生或研究生,这样,青年同志的比例还会有较大提高。因此,团总支已不能适应形势发展和工作需要。针对我局目前实际情况,区直机关团工委向我局机关党委建议我局成立团委,机关党委向主管局领导汇报了区直机关团工委建议,6月11日局党组会议同意成立自治区环保局团委,根据机关党委的意见,按照团组织的程序,现特向区直机关团工委提出成立自治区环保局团委的请示。

妥否,请予批示。

××××自治区环保局团总支委员会(公章)
二〇〇四年六月十六日

【要点评析】

这是一份请求批准类请示。标题由事由加文种组成,省略了发文机关。

正文写清请示缘由,提出了机构设置需要调整的原因,并说明了此调整已获得相关部门的同意,事因清楚,理由充分;请示事项简洁明确,即成立自治区环保局团委。

结语使用请示惯用语。落款完整规范。

示例3

关于要求给予资金补助的请示

(发文字号略)

××市人民政府:

根据中办发[2002]17号《中共中央办公厅、国务院办公厅关于转发〈国家信息化领导小组关于我国电子政务建设指导意见〉的通知》、云办发[2003]1号《中共云南省委办公厅、云南省人民政府办公厅关于转发省发展计划委员会〈云南省电子政务实施意见〉的通知》和市政府对全市电子政务建设的意见及市政府办公厅厅发[2003]6号《关于积极做好云南省电子政务一期工程建设的通知》精神,我县完成了《元江县政府电子政务网建设方案》,组织实施了电子政务网一期工程,现已成立了信息中心,购置了设备,建立了网站,完成了县委、县政府办公大楼的局域网工程,县委、县政府计算机局域网与国际互联网100 M宽带接入等工程,工程总投资为70万元。由于我县基础薄弱,财政困难,资金十分紧张,无力承担,请求市政府给予补助40万元,其余部分县上自筹。

当否，请批示。

××县政府（公章）

二〇〇三年五月十九日

【要点评析】

这是一份请求支持类请示。标题为事由加文种组成。正文首先提出请示事由：充分陈述了申请资金补助的背景与原因，即县政府电子政务工程建设是贯彻落实上级文件精神，而组织实施时又存在资金短缺问题；其次表明请示事项：要求上级机关给予部分资金上的帮助支持。

结语使用请示惯用语。署名为发文机关和发文时间，完整规范。

第三节 批 复

一、知识概述

（一）批复的概念与性质

批复，是上级机关对下级机关请求指示、批准、同意或回答的问题、事项表明态度、进行指示的准驳性公文，为下行公文。批复是应下级来文的请求而行文的，是被动行文。

（二）批复的特点

1. 权威性。批复代表着上级机关的权力和意志，对请示的单位有约束力，特别是那些关于重要事项或问题的批复，常常具有明显的法规作用。

2. 指示性。批复的目的是指导下级机关的工作，因此批复在表明态度以后，还应当概括地说明方针、政策以及执行中的注意事项。

3. 针对性。批复必须是针对下级机关请示事项而发，内容单纯，针对性强。

4. 准驳性。批复主要用于批准或不批准、同意或不同意下级机关做什么和怎么做。它的指示性特点要以其准驳性为基础或前提。

二、写作指要

（一）批复的写作方法

批复一般都较短小、简明，但都有比较完整而稳定的结构。

1. 标题。批复的标题一般都用完全式。其中有两点需要特别强调：

（1）关于发文机关。批复的发文机关即行文主体，既不能不写，也不能随意略写或简化。要讲究规范，简化机关名称要与其他文件中的提法一致。如国务院、民政局人事部等。

(2) 关于事由。批复的事由大致有两种写法,一种是用表示关联范围的介词"关于"加上请示或批复的事项来表述,如《国务院关于1991~2000年全国治沙工程规划要点的批复》;另一种是在"关于"和请示或批复事项中间再插入一个表态动词"同意"来表述,如《国务院关于同意开放×××航空口岸的批复》。

2. 正文。批复的正文有比较稳定的结构,一般由三个部分组成。

(1) 批复引语。批复的开头通常要引述来文作为批复的依据,如"×年×月×日《关于……的请示》收悉"。

(2) 批复内容。这是批复的主体,一般包括批复表态和批复说明两方面内容。批复表态,即对来文的请求表明态度,是批准还是不批准,同意还是不同意都要确切写明。批复说明,即说明表态理由,或对来文某一内容加以强调,或阐明有关原则或注意问题以作指导,或对来文未讲到的事项加以补充等等。批复请示事项针对性要强,明确具体,简明扼要,表达要准确无误。

(3) 批复结语。这是批复正文的最后部分,它的写法有三种:第一种是换行写"此复"或"特此批复";第二种是写希望和要求,给执行请求事项的答复指明方向;第三种是"秃尾",即请示事项答复完毕文章便结束。

(二) 批复的注意事项

1. 批复前要核实请示缘由的真实性,研究请示所提意见或建议的可行性,有些情况应先作调查研究。

2. 凡请示事项涉及其他部门或地区的问题,批复前都要与有关部门或地区协商,取得一致意见。

3. 及时批复,以免贻误工作。对不按行文的正常渠道办理或一文多头的请示,应予以纠正,以免误事。

三、示例与简析

示例1

国务院关于渤海碧海行动计划的批复

(发文字号略)

天津市、河北省、辽宁省、山东省人民政府,国家发改委、科技部、财政部、建设部、交通部、水利部、农业部、国家环保总局、林业局、海洋局:

环保总局《关于申请批准渤海碧海行动计划的请示》(环发〔2001〕57号)收悉,现批复如下：

一、原则同意《渤海碧海行动计划》（以下简称《计划》），请你们认真组织实施。要提高认识，加强宣传，扎扎实实地开展工作，确保到2005年，渤海海域的环境污染得到初步控制，生态环境破坏的趋势得到初步缓解，陆源COD入海量比2000年削减10%以上，磷酸盐、无机氮和石油类的入海量分别削减20%；到2010年，渤海海域环境质量得到初步改善，生态环境破坏得到有效控制，陆源COD入海量比2005年削减10%以上，磷酸盐、无机氮的入海量分别削减15%，石油类的入海量削减20%；到2015年，渤海海域环境质量明显好转，生态系统得到初步改善。

二、《计划》是渤海和环渤海地区水环境保护、生态环境保护和海洋资源保护工作的重要依据。……

三、渤海环境保护的主要责任在四省市人民政府。四省市人民政府要将《计划》目标和措施纳入省、市、县长目标责任制，切实加强对碧海行动的领导。……

四、国务院有关部门要根据各自的职能分工，切实履行职责，加强对《计划》实施的指导和支持。……

五、四省市及北京市、吉林省、内蒙古自治区、山西省、河南省人民政府要根据《计划》中对入海河口氮、磷等主要污染物的总量控制要求和陆海统筹兼顾的原则，对有关流域水污染防治规划作进一步完善。

六、要多方筹集污染防治和生态建设资金。……

七、加强对渤海流域水污染防治和生态保护工作的执法检查。……

国务院（公章）

二〇〇三年十月九日

【要点评析】

本则"批复"在完整式标题之下，不仅写明了主送来文机关，而且将该主送批复事项涉及的其他各机关也一并写全。

正文中引语部分引述来文及其发文字号，在明确了批复的针对性的同时又点出批复事项。

这是一份既表态又有指示的批复。文中在明确批复表态之后，对实施来文作了进一步补充说明和具体指示，以便主送机关提高对《计划》的认识，明确各自的责任，并对各单位如何组织实施作出了具体指导，确保《计划》能够完成。

结语事尽言毕，省略惯用结束语。落款书写规范。

示例2

文化部关于同意上海××有限公司
设立为经营性互联网文化单位的批复

（发文字号略）

上海市文化广播影视管理局：

　　你局《关于要求将上海××有限公司设立为经营性互联网文化单位的请示》沪文广影视〔2004〕1824号收悉。

　　经研究，同意上海××有限公司从事互联网文化经营活动，核发《网络文化经营许可证》。

　　此复

文化部（公章）
二〇〇五年三月九日

【要点评析】

　　这个完整式标题，在表述事由时加入了表态动词"同意"。引语部分引述来文作为批复依据。批复事项仅一句话，表明态度，简洁明确。结语使用"此复"惯用语。落款完整规范。

思 考 与 练 习

一、判断题

1. 请示的内容必须是属于本机关职权范围之内的事。　　　　　　　　（　）
2. 工作报告应在工作开始之前写，以求得上级领导的指导。　　　　　（　）
3. 批复同请示一样，也应一文一事。　　　　　　　　　　　　　　　（　）
4. 为减少发文，在向上级机关呈送的报告中，可附带请示问题。　　　（　）
5. 为使上行文能得到及时的处理，应在文中多标注几个主送机关。　　（　）
6. ×市×区职工大学是受区政府和市成人教育局双重领导的单位。该职工大学就2004年需增加教育经费一事，特向两个上级机关请示。　　　　（　）

二、单项选择题

1. 下列"请示"的结束语得体的是（　　）。

A. 以上事项，请尽快批准。

B. 以上所请，如有不同意，请来函商量。

C. 所请事关重大，不可延误，务必于本月10日前答复。

D. 以上所请，妥否，请批复。

2. 答复上级机关的询问，使用（　　）。

A. 通报　　　　　B. 请示　　　　　C. 报告　　　　　D. 通知

3. 撰写请示，要求（　　）。

A. 主送一个主管的上级机关　　　　B. 主送上级机关的领导人

C. 受双重领导的机关主送两个上级机关　　D. 主送主管的与有关的上级机关

4. 撰写批复，开头应写明（　　）。

A. 上级机关的指示　　　　　　　　B. 国家的有关法规

C. 下级机关的工作情况　　　　　　D. 所针对的请示的标题与文号

5. 写请示必须（　　）。

A. 用"请示报告"这个文种　　　　　B. 一文一事

C. 注明办理期限　　　　　　　　　D. 用"报告"这个文种

三、给下面标题填写文种

1. ×××大学关于报送××省教育厅今年招生工作情况的_____。

2. ××省财政厅关于解决××县广播、电视设备投入问题的_____。

3. ××研究所关于要求改变拨款待遇的_____。

四、修改下列标题

1. ××制药公司解决生产名贵中成药所需虎骨来源的请示

2. ××总公司组建×实业公司的请示报告

3. ×市人民政府就企业改革问题的答复

4. ××交通局××局水电站施工期间严重影响我们水运的情况报告的汇报请示

5. ××省交通厅关于国家安全部、交通部两部贯彻国家安全法有关规定文件中有关问题的请示

6. 中共中央《关于在职工中开展读书活动的请示》的批复。

五、指出下列公文文稿的错误之处，并根据公文写作与处理的要求，改写为一份正确的公文

1. 关于区教育局校办企业管理科更名的请示报告

区委、区政府、区经委：

　　经局务会议讨论通过，决定将局校办企业管理科更名为××区校办工业公司，原该科科长老张同志任总经理。

　　以上请求如无不当，请即批复。

××区教育局
2002年12月28日

2. 关于200×年招生计划的申报

市教育委员会：

教委(×发[200×]×号)文件《关于申报200×招生专业计划的通知》已收到，我们对文件的精神进行了认真学习，大家一致表示要落实教委的意见，积极发展高等职业教育，办好社会所需要的各种新型专业。经我校各院系研究，决定200×年申报25个专业，招收本专科学生共3000名。特申报给你们。

附：招生计划表。

×××大学
二〇〇×年×月×日

六、写作题

1. 某机关欲在夏季来临之际，安装中央空调，以改善办公环境，所需资金××万元，请你根据所给材料写一份请示，再写一份不予批准的批复。

要求：格式正确，用语恰当。请示、批复均在100～200字之内。

2. 根据下列材料撰写一篇公文。

某单位进行技术改造，这项技术是其所在局属大部分企业所用的核心技术，影响各单位的技术更新进程，进而影响他们实现全年的生产指标和利润。虽然主管单位已拨一定量款项，但缺口较大，而且改造过程中又出现了新的技术难题，需增新设备，以保证按期完成改造任务。请帮该单位向其主管部门写一份要求增拨资金的公文。

3. 分析下则批复的不规范之处，并改写成规范批复。

××市日日旺食品公司
关于××食品店请示给予××行政记过处分的批复

××食品店：

你店报来关于给××行政记过的请示已收悉。

××，女，二十八岁，一九九六年参加工作，现任××食品店营业员。××于二〇××年六月九日晚，乘售货之机将顾客给的一张一佰圆人民币装入自己口袋内，当场被售货组长抓住。

关于××再次贪污销货款问题，经公司经理办公会议讨论决定：同意你店意见，为再次给其改正机会，给予行政记过处分，免奖半年，以观后效。

二〇××年六月二十日

第十二章 函和会议纪要

根据国务院发布的《国家行政机关公文处理办法》和《中国共产党机关公文处理条例》规定,函通常用于不相隶属机关之间相互商洽工作、询问和答复问题;请求批准和答复审批事项等。会议纪要主要适用于记载和传达会议情况和议定事项。

第一节 函

一、知识概述

(一)函的特点

函的行文范围最为广泛,对上级、下级、平级及不相隶属的机关均可用函行文联系公务,集上行文、下行文、平行文功能于一身。

(二)函的种类

1. 商洽函。商洽函通常用于平级或不相隶属的机关事业单位之间商量洽谈有关事务时使用,多为平行文。

2. 询问函。询问函通常用于向有关单位查询、了解问题,上行、平行、下行均可使用。

3. 请求函。请求函通常用于向有关职能主管部门(如工商局、劳动局、卫生局、税务局、供电局、民政局等)请求帮助解决有关问题。上行、平行均可。

4. 告知函。告知函是就某些情况或要事需告知有关单位时所用,多为平行、下行文。

5. 答复函。答复函即针对对方来函所作的答复,上行、平行、下行均可使用。

另外,还有一种便函,常用于一般性的事务联系,写法类似书信,不列标题,不用专用的文件纸(一般的信笺纸即可),因其不具公文性质,在此不作介绍。

二、写作指要

(一)函的写作方法

1. 标题。函的标题由发函的单位、发函的事由和文种名称三部分组成,有时也可以省略发函单位名称。如果是答复性的函,文种名称则应写"复函"或"函复",如《中华人民共和国建设部办公厅关于环境工程设计资质管理有关问题的复函》。

2. 正文。函的正文通常由发函的缘由、发函的事项和结束语三部分构成。

(1)缘由。发函的缘由主要写明发函的事因或目的。如果是复函,缘由部分一般要先引用对方来函的标题和发文字号,以示慎重。这部分结束,常用"现予函复如下"、"现答复如下"等语句过渡到下文。

(2)事项。发函的事项是函的核心部分,主要写商洽什么事,解决什么问题,了解什么情况,答复什么问题等内容。发函的事项一定要写得具体、明确。作为答复性的函,则应做出针对性的答复;需要表态的,态度一定要明确,即使表示不同意,不批准,也应简述理由,而不能简单生硬地拒绝。

(3)结束语。函的结束语较多,较为常用的有"特此函商"、"专此函洽"、"敬请函批"等。在复函中常用"特此函复"、"特此函告"或者用"此复"等。

(二)函的写作要领和要求

1. 一函一事。函的行文应一函一事,便于对方单位及时处理,不宜一函数事。

2. 行文简洁。要开门见山,直陈其事。一般书信客套话用语,如"您近好"、"久未联系,十分想念"、"书不尽意,余言后叙"等,在公函中不宜出现。

3. 用语平和得体。由于函多在不相隶属的机关单位中使用,故互相之间发函必须有礼、得体、平和,相互尊重,切忌态度粗暴、口气生硬。

三、示例与简析

示例1

A市财政局、A市物价局
关于规范市劳动局部分收费项目的函

京财综〔2000〕117号

A市劳动局:

根据北京市人民政府《关于全面清理市级批准设立的行政事业性收费、集资、基金项目的通知》规定,你局收取的"因公负伤职业病劳动鉴定费"按照市政府办公厅〔1993〕厅秘字67号文件规范收费名称为"劳动鉴定费"。

你局收取的"蒸汽锅炉司炉操作证"和"热水锅炉操作证"合并为"承压锅炉司炉操作证工本费",具体收费标准另行制订。

请你局持此函到物价部门办理《收费许可证》变更手续,并使用财政部门印制的收费票据,将收费收入全额纳入财政专户管理,实行收支两条线。

A市财政局(公章)

A市物价局

二〇〇〇年一月×日

【要点评析】

　　这是一份告知函,标题由完整的三要素构成,发文事由简洁明了。正文开头以有关文件作为发函依据,告知对方必须规范收费项目。然后告知具体变更手续方法等其他应办之事。发函事项明确简要。结尾事尽言毕,自然收结,省略结束惯用语。

示例 2

关于本市注册建造师执业资格考试收费问题的复函

沪财预〔2004〕95 号

A 市人事局:

　　你局《关于 A 市职业能力考试院申请注册建造师执业资格考试收费的函》(沪人〔2004〕203 号)收悉。根据《国家发展改革委、财政部关于注册建造师执业资格考试收费标准及有关问题的通知》(发改价格〔2004〕2389 号)和本市对执业资格考试收费的有关规定,经研究,函复如下:

　　一、同意你局收取注册建造师执业资格考试费。执收主体为上海市职业能力考试院。收费对象为参加注册建造师执业资格考试的人员。

　　二、注册建造师执业资格考试报名费每人每次为 10 元,综合知识考务费为每人每科 55 元(共三个科目),专业知识考务费每人每科按 80 元(共一个科目)收取。

　　三、收费时使用市财政局统一印制的收费票据,收费票据由执收单位向市财政票据中心办理购印手续。

　　四、上述收费收入属于财政性资金,按规定收费实行"收支两条线"管理。即:收费收入按照规定分别缴入建设部、人事部人事考试中心(中央财政汇缴专户)和市财政国库。其中:每科目综合知识考试费中的 6 元上缴建设部,4 元上缴人事部,45 元上缴市级国库;每科目专业知识考试费中的 25 元上缴建设部,10 元上缴人事部,45 元上缴市级国库;支出由财政部门按批准的预算核拨。

　　五、请执收单位到市财政、物价部门办理《票据购印证》、《收费许可证》的注册登记手续。

　　六、收费单位要严格执行规定的收费项目、范围和标准收费,并自觉接受价格、财政部门的监督检查。

A 市财政局(公章)
A 市物价局(公章)
二〇〇四年十二月三十一日

【要点评析】

　　这个答复函标题是由事由加文种构成，以"复函"明确此函的种类。
　　正文开头直接引用对方来函文件作为复函依据，缘由写作规范清晰。函复事项一是对来函作明确表态；二是对执业资格考试收费的相关问题，以条款式做具体明确规定；三是对收费单位提出要求，明确职责，而不是简单批准了事。
　　全文前后连贯，条理清晰，考虑周全，行文规范。落款因是两单位联合行文，故应共同署名盖章。

第二节　会议纪要

一、知识概述

（一）会议纪要的特点

　　会议纪要主要反映一些重要会议和具有较大影响的会议的基本情况、重要精神和有关决定。它是根据会议记录、会议文件材料、会议活动情况等进行综合加工整理后形成的。它比原始记录材料更加精练、集中，更具有条理性，更突出会议的指导思想和精神。会议纪要一经形成，常具有情况通报、执行依据等作用。

（二）会议纪要与会议记录的区别

　　会议纪要不同于会议记录。会议记录是对会议情况和发言做如实的记录，内容详尽、具体、全面，它不属于公文，也不能作为文件上送、下达或印发。会议纪要则是在会议记录及与会议有关的其他资料的基础上，进行概括、加工整理形成的，它是选择会议要点、重点作反映，不作全面详尽的记载。

二、写作指要

（一）会议纪要的写作方法

　　1. 标题。会议纪要的标题相对其他公文的标题来说，写法较灵活些，一般由会议名称加文种构成，如《全国统战会议纪要》；也可以由主办单位、会议名称和文种三部分构成，如《××局财务工作会议纪要》；也可以由双标题构成，如《总结新鲜经验，繁荣话剧艺术——文化部和〈人民日报〉文艺部召开话剧创作座谈会纪要》；有些重大的会议还以开会的地点代替会议名称，如《北戴河会议纪要》。

　　2. 正文。会议纪要的正文通常由会议的基本情况、会议的主要内容和结尾三部分组成。

　　（1）会议的基本情况。会议的基本情况主要是对会议作简要的介绍，如会议的主办单位、召开会议的目的、原因、会议起迄日期、地点、与会单位和人员、会议的议程等。有的还简要介绍会议的成果、意义等内容。

(2) 会议的主要内容。会议的主要内容是纪要的主体部分,要将会议所研究的问题、讨论的情况、形成的决定、达成的共识、明确的任务、提出的要求等内容概要准确地反映。这部分内容要做到有详有略,突出重点和主要精神。在写法上可以采用横式结构,将各部分内容分条列项写明,也可以采用纵式结构,按会议的进程、发言的顺序分成若干段落反映。

在写作中,常用"会议提出"、"会议认为"、"会议要求"、"会议强调"、"会议听取了"、"会议讨论了"等习惯用语,放在每段的开头,领起各段内容。

(3) 结尾。结尾一般强调本次会议的意义,提出希望和号召等,也可以对大会作概括性的总结,也可以不写结尾,直接在主体部分结束。

(二) 会议纪要的写作要领与要求

1. 突出主旨、抓住"要"字。会议纪要的"要",既是指会议的"要旨",也是指写法上的"简要",即对会议的内容取其质、摘其要,把握反映会议的本质,对主要精神、有价值的观点或意见作报道。无需有闻必录,但切勿断章取义或随意取舍,对会议作不切实际的报道。

2. 概括全面,如实反映。写会议纪要要善于对会议的情况做全面完整的综合概括,同时,还要求真实准确,不能虚构、掺假、断章取义,更不能歪曲别人的原意。对没有取得一致意见的,一般不写入纪要。但对少数人意见中的独到之处,有价值的观点或建议,也应加以反映。

3. 条理清晰,脉络分明。在正文的写法上,对会议的内容要适当地分条或分层次进行反映,做到条理清晰,主次分明,详略得当,语言概括力强,以便人们更好地把握会议的精神要点。

三、示例与简析

2004年北京注册会计师协会专业指导委员会第一次例会会议纪要

2004年4月7日上午,北京注册会计师协会召开了本年度专业指导委员会第一次例会。参会委员应到25人,实到22人,缺席3人。×××秘书长简要通报了最近秘书处的工作情况,并就大家关心的问题做了说明。会议由×××主任主持,讨论了以下主要内容:

一、会议讨论了《专业指导委员会专项业务研究课题管理办法》(试行)、《专业指导委员会专项业务研究课题经费管理办法》(试行)、《专业指导委员会专项业务研究课题检查、鉴定和验收办法》(试行),并责成专业指导部根据委员提出的建议修改后,报协会秘书处。

二、会议讨论决定在5月中旬召开有关2003年专业指导委员会各专业小组提交的课题鉴定和验收会,并责成专业指导部负责具体承办会议事宜。

三、会议研究确定了今年专业指导委员会的工作重点是:

1. 初步确定今年专业指导委员会各专业小组的课题研究方向、题目及主要负责人。

2. 讨论决定了今年研讨会的主题内容、组织形式和时间,并已责成部分委员着手准备工作。

3. 继续做好专家咨询服务,开展多种形式的咨询活动。责成专业指导部会后做好会员提问的统计、分类、汇总工作,就会员提出的普遍技术问题、操作中的政策把握问题协同有关部门召开小型研讨会,为会员提供交流学习和技术援助服务,以达到共同提高的目的。

二〇〇四年四月七日

【要点评析】

标题由会议名称加文种组成。正文开头介绍会议概况,会议的时间、出席人数、近期工作情况、主持人。用"讨论了以下主要内容"过渡到下文。主体部分主要介绍了会议的议题,综述会议讨论的问题,明确提出今年工作的重点。主体结构采用条文式,条理清楚,主旨突出。

结尾提出今年专业指导委员会工作重点的3项工作,事尽言毕,自然结束,不另结尾。

思考与练习

一、简答题

1. 简述在哪些情况下适用于函的写作?
2. 公函在写作中应注意哪些问题?
3. 会议纪要和会议记录主要有哪些不同?
4. 会议纪要在写作中应当注意些什么问题?

二、给下列公函填上标题,并对正文作分析,如有不当请指出并作修改

1. (   )

B县政府办公室:

从报上得知,你们县的乡镇企业办得很有起色,成绩显著,而我县的乡镇企业却刚刚起步,所以我们拟于本月25日至28日派一些主管乡镇企业的干部到你县学习、取经。望大力予以接待。

A县政府办公室
一九九×年×月×日

2. (　　　　　　　　　　　　　　　　　　　　)

××县政府办公室：

　　4月5日的函悉。承蒙对我县乡镇企业的赞誉，我们的工作还存在不少问题，正在努力探索解决。贵县来参观一事，一是这里无经可取，二是我县正在筹备"农民运动会"，无力量接待，所以请贵县千万不要在近两三个月内派人来参观。

　　现寄上有关我县乡镇企业情况的几份材料，请提意见。

　　敬礼

××县政府办公室
一九九×年×月×日

三、请根据以下材料，拟写一份会议纪要的标题和会议的基本情况

　　教育部高等教育司在北京市召开第九次全国大学英语四、六级考试总主考会议。出席会议的有来自全国27个省、自治区、直辖市的四、六级考试总主考、副总主考代表，还有高教司和全国大学英语四、六级考试委员会的代表，总共有71人。会议时间是两天，从4月3日至4日。这次会议的中心议题主要有两个，一是根据《大学英语课程教学要求（试行）》，研讨大学英语四、六级考试改革；二是要严肃四、六级考试考风考纪，加强考务管理。教育部高教司司长张××、副司长刘××在会上作了重要讲话，全国大学英语四、六级考试委员会主任委员杨××教授作了关于四、六级考试现状的报告。随后，代表们分成三组召开座谈会，在座谈会上他们围绕司长讲话进行了充分热烈的讨论，同时提出很多有益的意见和建议。

四、根据班级或学校近期组织召开的会议，或搜集学校内有关会议的记录、报道等资料，试写一份会议纪要。要求写明会议的主办单位、与会单位和人员、会议的目的、起讫时间、地点、会议的议程、主要内容、讨论的情况、形成的决定等

第四编　经营活动文书

　　经营活动指的是策划、管理社会经济运行、企业发展及市场营销等方面的活动。它所涉及的是市场调查、市场预测、可行性研究、意向书、合同书、商业广告及商品说明等方面的问题。

　　经营活动文书是在经济活动中形成和发展的、为现实生活服务的、具有特定惯用格式的应用文书。它记载和反映了国家、企业、个人的经营活动信息，是经营活动中的重要凭证，也是沟通经济信息、分析经营活动状况、促进经济效益提高的管理工具。

　　经营活动文书具有四个特点：

　　1. 专业性。以国家经济政策、法律、法规和经济科学理论为指导，在客观实际基础上总结现实经营活动的规律性。

　　2. 真实性。真实地反映客观经济情况，为经济管理服务，所使用的材料切忌主观臆测，更不能伪造。

　　3. 时效性。经营活动文书是为决策层提供经济信息和决策依据。经济信息要及时、有效地反馈给决策部门，以便快速应对。

　　4. 针对性。经营活动文书涉及国家经济政策、企业经营管理等各个方面。撰写时要针对经营活动的特定对象。

　　经营活动文书可分为三大类：

　　1. 报告类：包括市场调查报告、经济活动分析报告、市场预测报告、可行性研究报告等。

　　2. 方案类：包括经济决策方案、商业计划、财经工作总结、商业广告、商品说明书等。

　　3. 契约类：包括授权委托书、经济合同、合作意向书等。

第十三章 市场调查报告

调查报告是对社会现实进行调查研究,根据得到的结果写成的反映客观实际、揭晓事物本质和规律的书面报告。

市场调查报告是调查报告在市场活动中的运用。

第一节 调查报告的特点及种类

一、调查报告的特点

1. 真实性。调查报告是为决策服务的,因此,它的基础是真实的客观事物。只有深入实际,反映出事物的真实面貌,才能为决策者提供有效依据。如果调查报告反映的是表面现象甚至是虚假情况,则会导致决策的根本失误。

2. 典型性。典型代表着事物的本质特征及其客观规律。选定的调查对象和使用的有关材料是否典型,关系着调查报告的成败。只有根据典型材料写成的调查报告,才具有普遍指导意义。

3. 分析性。有了真实的材料和典型的事例,并不等于有了一份调查报告,尚需对已掌握的各种材料进行"去伪存真、去粗存精、由此及彼、由表及里"的分析研究过程,才能形成一份高质量的调查报告。

4. 时效性。调查报告所承担的任务是回答当前迫切需要解决的工作问题,因此它的时效性就显得特别突出。只有抓紧时间,反映出最新鲜的事物和最紧迫的问题,才能使调查报告更具有现实针对性。

二、调查报告的种类

调查报告是根据它的作用来分类的。一般来说,调查报告具有以下几方面作用:①为领导部门的决策反映实际情况,提供重要依据。②扶持新生事物,传播典型经验。③揭露各种问题,克服官僚主义,培养求实态度,引起社会重视。由此,可以将调查报告分为三类:

(一)情况调查报告

情况调查报告是反映一些地区、部门、行业、单位的基本情况、运行状态的调查报告,涉及经济、政治、军事、司法、宗教制度、文化等各方面内容。这类调查报告对领导机构正确制订路线、方针、政策有重大意义。

（二）经验调查报告

经验调查报告主要反映社会实践中的典型经验，目的是推广先进事物，指导全局工作。

（三）问题调查报告

问题调查报告是从失误中总结教训的调查报告。通过调查，揭露不良倾向，点明问题实质，使人们吸取教训、提高认识。

第二节 调查研究的方法

进行调查研究，是撰写调查报告的必由之路。根据以往的经验，人们常用的调查方法有以下几种：

1. 普遍调查法，也就是普查。它是指对一定范围内的所有对象进行全面调查，以此获得完整、系统资料的一种调查方法，诸如人口普查就是采用这种方法。

这种方法的优点是资料全面、准确。缺点是耗时长、工作量大、操作困难。

2. 典型调查法。典型调查法是指从总体当中，选取有代表性的典型事件进行调查的一种方法。这种调查法的关键是选择典型。所选的典型必须具有代表性、普遍性，能反映出总体的本质特征和客观规律。否则，会以偏概全，将特殊性当成普遍性，无法反映事物的真实面目。

3. 抽样调查法。抽样调查法是指在整个的调查对象中，随机抽取其中的一部分进行具体分析，通过部分推测全体的一种调查方法。这种调查方法可以避免"找不准典型"的失误，同时，比较省时、客观、可靠。

4. 实地观察。实地观察就是直接深入到调查对象之中，充分体验各种实际情况，观察各种具体问题，从而掌握真实可靠第一手资料的一种调查方法。

以上所概括的是人们常用的四种调查方法。而在具体操作时，又可以采用以下几种具体做法：

（1）开调查会。召集知情人开会，充分听取人们的各种意见，做好会议记录。

（2）个别交谈。或者主动约谈，或者接待来访。将知情人所反映的情况记下来，然后整理成书面材料。

（3）现场考查。亲身到现场观察、体会，采集第一手资料。

（4）问卷调查。将要了解的问题以问卷的形式印制出来，发放或寄送给知情人，然后收回、归纳、整理，从中找到所需要的内容。

（5）查阅材料。通过查阅有关的文字材料，诸如计划、总结、档案、年鉴、报表、账目等等,可以从中采集到有价值的资料。

实际操作中,这些做法可以综合运用,相互补充,尽可能多渠道、详细地占有资料。

第三节 调查报告的写作

一、调查报告的写作方法

调查报告的结构一般分为标题、署名、正文三个组成部分。

1. 标题。调查报告的标题是标明调查报告内容的简短语句。它关系到这篇调查报告能不能引起人们注意,会不会使人产生阅读的兴趣。标题的拟写,一般要表达出该文的中心内容。常见的标题有这样几种形式:

(1) 公文式。公文式多用"关于……的调查报告"或者"关于……的调查"之类的句式。这种句式的前一部分表达内容范围,后一部分点明文体。

(2) 文章式。文章式就是像人们一般写文章所拟定的标题,例如:《提高职业的科学文化素质是当务之急》、《我市青年结婚费用支出情况》、《首都钢铁公司是怎样实行经济责任制的?》等。

调查报告的标题有单行的,即单标题。也有双行的,即双标题。如《一手抓物质文明,一手抓精神文明——广东几个市、县的调查》。正标题揭示主题,副标题指明调查的地点、内容和范围。副标题写在正标题下一行,前面加上破折号,如:《从社会需要出发——××牙膏厂提高经济效益的调查》。

总之,拟写调查报告标题的原则是切意、醒目、凝练、含蓄。

2. 署名。调查报告的署名要把作者的名字写在标题的下一行居中的位置上,这主要指单位的名称。个人署名可以写在文尾右下方;也可以写在标题下一行的右下方。

3. 正文。调查报告的正文有开头、主体、结语三个部分组成。

(1) 开头。开头也叫引言、前言、导语、总述。其作用是为主体部分的展开作准备。开头写法多种多样,有的介绍基本情况并提出问题;有的交代调查的对象、目的、范围、时间、地点、方法,并简要表明作者的观点;有的介绍调查的经过及有关情况;有的则将调查结果、收获或经验预先提示;还有的开门见山提出群众所迫切关注的问题等等。无论采取怎样的开头,都要言简意赅,触及实质,给读者一个总体概念。

(2) 主体。主体是全文主要内容的集中体现。要把调查内容、经过、问题、作者的看法详尽地阐述出来。一般是归纳成几个部分依次展开。每一部分都有自己的主要内容。可以加上序码或者小标题表示出来。而各个部分之间的内在逻辑联系要清晰,以利于读者准确把握中心思想。

调查报告内容的侧重点,根据所反映问题的性质和调查报告的写作目的确定。如果是反映典型经验和新生事物的调查报告,就以写成绩、经验为主;如果是反映综合情况的调查报告,就以写实际情况为主;如果是揭示问题的调查报告,就应以披露错误、分析原因为主。总之,无论是什么性质的调查报告,在撰写时一定要凭借事实说话,用材料表明观点。

(3) 结语。结语又叫结尾,是调查报告的结束语。其写法也是不拘一格的,可以总结全文、深化主题,加深读者印象;也可以对事情发展的前景进行展望,表明作者的看法;还可以点明存在的问题,提出相应的建议等。结语文字应当简洁有力富于启发性,给人信心和力量,使人得到鼓舞。

有时,调查报告还需要标明日期,日期可以写在文末的右下角。

二、调查报告的写作要求

1. 深入进行调查研究。这是撰写调查报告的前提,只有深入细致地了解实际情况,掌握第一手有价值的资料,才能写出高质量的调查报告。

2. 精心分析资料,明确主旨。对于搜集到的丰富的资料,进行精心分析,从中找出规律,概括出合乎事理的观点,使主旨自然呈现出来。

3. 促使观点和材料和谐统一。在以丰富的材料为基础进行写作时,要以观点统帅材料,以材料表明观点,使观点和材料和谐、有机地统一起来。

4. 以记叙为主,兼以简要说明和议论。调查报告靠事实说话,因而其主要的表达方式是记叙。有的时候对某些事例需要加以介绍,所以也要采用说明的方式。而对那些带有规律性的问题,或揭示出事物本质特点的问题,则需要穿插一些画龙点睛的议论。这样就使调查报告具有理论的深度。

三、示例与简析

"三个转移"转出新天地

—— 二〇〇五年上半年上海市职业培训状况调查

据上海市劳动和社会保障局公布的 2005 年上半年全市职业培训的总体情况,共有 11.4 万人参加各种职业培训,比 2004 年同期增长 11.7%。上半年全市职业培训出现三个新变化:

一、培训对象:向青年转移

数据显示,2005 年上半年在职人员接受培训人数略有上升,占培训总数的 29.6%,与 2004 年同期相比增长 1.3 个百分比。而失业协保人员参加培训人数有所下降,占培训总数的30.7%,与上年同期相比下降了6.6个百分比。

从参加培训人员的年龄结构来看,30岁以下占培训总量的57.1%,且以参加中高层次培训为主,中高层次比例占71.3%;而50岁以上只占总量的5.2%,且以初级培训为主,中高层次比例仅占培训总量的16.9%。

另外,随着新职业的开发,培训层次的提高,越来越多的高学历人群看重职业资格证书。上半年参加培训人员中大专以上学历的占29%,其中有468名研究生参加了职业技能培训。

二、培训层次:向中高级转移

数据还显示,初级培训大幅度减少,与2004年同期相比减少了18.6个百分比;中级培训明显增加,与2004年同期相比增加了16.4个百分比;高级及高级以上培训与2004年同期相比仅增加了0.5个百分比,由此可见,高级及高级以上的培训还有较大的增长空间。

中高层次培训以在职职工、高等院校毕业学年学生为主,分别占到84.8%和98.5%。高级以上培训主要以在职职工为主,占高级以上培训总数的76%。失业协保人员以初、中级培训为主,初、中级培训占85.2%。

三、培训项目:向"灰领"、新职业转移

从培训职业(工种)排行前20位看,IT技术培训成热点,前20位培训排行中IT技术培训占了7位,且培训量占前20位培训总量的40%。物流员、数码影像技术人员和计算机商业广告设计等新职业(工种)培训需求大增,挤入前20位。

从上半年开展培训的294个职业(工种)来看,培训项目分布在各行各业,主要分布如下:

*IT技术人员占18.6%。如多媒体作品制作员、网页设计制作员、计算机商业广告设计、数据库管理员等培训有较大增长。

*社会服务和居民生活服务人员占17.4%。除传统的家政服务、物业管理、美容美发培训外,心理咨询师、钢琴调律师等新的社会服务职业培训需求有所增长。

*物流、购销人员占12.5%。随着物流业的发展,物流人员的培训需求较大,其次商店营业员、营销员的培训也有一定的需求。

*机械加工人员占11.3%。包括机械制造加工、机械设备修理人员和电力设备安装、运行、检修及供电人员,仍有较大的培训需求。

【要点评析】

这篇调查报告,重在反映二〇〇五年上半年上海市职业培训的基本状况,文章篇幅虽不长,但在概述事物发展的基本特点以及安排结构层次方面,都能给人以清晰的感觉,堪称言简意赅的"微型调查"。

报告首段在扼要转述主管部门的统计数据后,即指出"全市职业培训出现三个新变化",之后分列三段述及"向青年转移"、"向中高级转移"和"向'灰领'、新职业转移"三个重要方面,反映了培训对象、层次和项目的基本特征和内涵,总分结构十分明显,既便于写,又利于读,颇值借鉴。

第四节 市场调查报告的概念和作用

一、市场调查报告的概念

市场调查报告是运用科学方法、有目的、有计划地对市场有关情况进行调查、分析之后,写成的反映调查结果、提出作者看法的书面报告。

狭义的市场调查,专指对顾客情况,诸如购买力、购买对象、购买习惯所作的调查。广义的市场调查除顾客情况以外,还包括调查产品、价格、需求量、销售环境、流通渠道,以及市场竞争情况等内容。

二、市场调查报告的特点

1. 针对性。撰写市场调查报告,是为了掌握市场行情、保障企业运营、有效指导消费、促进市场健康发展。因此,要从实际出发,有针对性地调查市场营销的各个环节,以期掌握瞬息万变的市场,为调查目的服务。

2. 时间性。市场调查报告必须快速反映变化着的市场,及时地为企业或主管部门提供决策时的参考意见。

3. 科学性。市场调查报告必须能够反映客观经济规律,因此,调查材料要求真实,分析市场现象要有敏锐的目光和独到的见解。

4. 实践性。市场调查致力于经济理论在商品流通领域中的实际运用,撰写的报告是否具有科学性,能否有针对性地解决实际问题,要靠市场实践的检验。

三、市场调查报告的作用

1. 有利于掌握市场供求现状,为决策机关制订供应总量计划和品种计划,合理组织市场供应提供可靠的依据。

2. 为生产企业提供有关市场需求情况的信息和数据,使企业能根据市场需要生产适销对路的产品,提高产品市场占有率。

3. 有利于制订合适的产品价格,增强产品的竞争能力。

4. 使企业经营计划更符合实际,生产目的更加明确,从而提高经营管理水平。

5. 有利于发展国内贸易和对外贸易。

四、市场调查报告的种类

市场调查报告从不同角度分类,可以得到不同结果,不同的分类又可以从不同方面加深对它的认识。

1. 按服务对象分,可分为市场需求者调查报告(消费者调查报告)、市场供应者调查报告(生产者调查报告)。

2. 按调查范围分,可分为全国性市场调查报告、区域性市场调查报告、国际性市场调查报告。

3. 按调查频率分,可分为经常性市场调查报告、定期性市场调查报告、临时性市场调查报告。

4. 按调查对象分,可分为商品市场调查报告、房地产市场调查报告、金融市场调查报告、投资市场调查报告等。

无论怎样划分,其实质都是调查报告的基本原理在市场领域的具体运用。

第五节　市场调查的内容和方法

一、市场调查的内容

市场调查的内容相当复杂,诸如市场环境调查、需求容量调查、销售渠道调查、销售方式调查、售后服务调查、顾客结构调查、消费行为调查、产品调查、价格调查、竞争对手调查等等。凡是影响市场经营、销售的信息情报都属于市场调查的内容。

限于篇幅,下面主要介绍四个方面的调查内容。

1. 市场需要情况。调查市场对某种产品的需求量,包括现实需求量和潜在需求量。通过调查,掌握社会商品购买力的构成及其变化。产品需求之外,服务、旅游、文化娱乐的等市场需求也属调查内容。

2. 用户和消费者的情况及购买心理。对用户情况的调查包括用户对象、数量、分布地区、经济实力、用户购买决定者的情况、用户使用者的情况、用户的购买动机、购买次数、购买时间和地点等。

对一般消费者的调查包括年龄、性别、职业、民族、居住地区、文化修养、消费习惯、消费水平(购买力)等。

用户、消费者的不同条件,会造成不同的购买动机。一般来说,购买心理具有主观、客观两种因素。主观方面包括理智动机和感情动机。客观方面指环境气候等外在因素。购买心理不断变化,需要掌握这种变化的原因。

3. 产品的有关情况、销售情况及消费者的意见。产品情况包括其形态各方面特性,产品在市场上的地位,占有的比率(上升还是下降),产品包装是否安全、轻便、美观、方便运输,商标是否引人喜欢、易于记忆。

销售情况指产品销售方式和销售渠道是否合理,如何减少中间环节,产品广告宣传效果怎样,影响销售的因素有哪些,还要专门征求消费者的具体意见和要求。

4. 竞争对手的情况。首先,调查生产同一产品的企业有哪些,它们各自的情况,拿它们与自己作比较以找出差异,发现自己的优势。其次,具体调查竞争对手的资金情况、技术设备、技术水平、判断其竞争能力。再次,调查竞争对手新产品的发展动向。最后,对潜在对手的情况进行摸底,做到心中有数。

二、市场调查的方式

市场调查的基本方式有五种:全面调查(又称普查)、抽样调查、间接调查、典型调查及重点调查。

全面调查是对调查对象无一例外地普查。这种方法的优点是可以获得全面情况,缺点是费时、费事、费力。

抽样调查是根据随机原则在全部被调查者中按一定规律抽取一小部分进行调查,从而推算出市场需求总量和平均水平的调查方法。这种方法使用广泛,是通过部分了解而掌握整体状况的可靠方法。它的关键在于准确选择有代表性的调查对象,以保证调查结果的可靠性。

间接调查是利用有关部门的资料、数据来分析、推测市场有关状况的调查方法。

典型调查是通过少数有代表性的典型对象的调查来认识事物本质和整体状况的一种调查方法。

重点调查是通过对少数主要对象进行调查以掌握基本情况的调查方法。

基本调查方法确定之后,需要选择具体的调查方法,常用的具体调查方法有以下四种:

1. 询问法。询问法是通过口头或书面询问的方式搜取市场信息资料的方法。可以召开各种形式座谈会了解有关反映,可以采用走访形式,当面向被调查者征询所需资料,也可以用信访的方法,邮寄调查表给被调查者以获得有关答复,还可以采用电话调查,向被调查者询问有关情况。另外,问卷调查也是一种简便易行的常用方法。

2. 观察法。观察法是由调查人员或用仪器设备(照相机、摄像机、录音机)在调查现场从旁观察,并将调查对象的行为言谈记录下来的一种调查方法。这种调查要在被调查者不知不觉中进行。一般有"顾客行为观察"、"橱窗及商品陈列观察"、"商标及广告效果观察"、"实际痕迹测量观察"等等。

3. 实验法。实验法是从影响调查的诸多因素中选出一两种,把它们放在一定条件下改变或变换,进行小规模实验,以检验、观察效果,从而作出恰当的决定。

某一商品在改变设计、包装、品质、价格、商标、广告等因素时,都可用这种方法进行小规模实验性推销,以了解顾客与市场的反映,从而采取相应的对策,作出生产与销售的决定。

人们采用的试销、试用的方法或展销、看样订货等样品征询方法,也属于实验法。一面推销商品,一面征询意见,使产销、产需直接见面,可以很快收集到市场反映,获得所需信息。

4. 资料研究法。资料研究法是利用企业、单位内外有关现成资料进行综合分析、得出某种结论的间接调查方法。可利用统计、会计报表、专业期刊、报纸有关文章、相关文件及业务函件等市场信息和经济情报资料分析研究。

这种方法能够弥补现场调查的不足,研究问题比现场调查更为广泛。

第六节　市场调查报告的写作

一、基本步骤

1. 命题。命题是撰写市场调查报告的第一步。据此命题确定调查的目标、对象和范围。也就是确定要写的内容。

2. 搜集资料、进行调查。命题后,要搜集现有的书面资料,包括各种统计资料、会计资料、经验资料、有关生产技术、原料供应、产品成本、价格、利润以及销售数量、流通渠道等企业内部资料,也包括企业外部的各种有关资料,如:上级文件、同类企业的生产和销售情况、经验介绍、已发表的科研成果、实验报告、国内外同类产品的技术指标、国际市场变化行情等。

在搜集书面资料的基础上运用一定的调查方法,进行现场实际调查,直接取得第一手资料。

3. 分析、整理资料。获得大量原始资料之后,需要进行认真整理和筛选,做到"去粗存精、去伪存真、由此及彼、由表及里"。通过分析、判断、综合、印证,用辩证观点筛选出有针对性、时效性、典型性的真实材料。

4. 提炼主旨,执笔为文。分析整理资料时,提炼主旨已在进行。对资料反复研究,提取精华,引申出主要观点,将其确立为主旨。提炼出主旨,选择好材料,就可以按照一定格式写出市场调查报告。

二、写作格式

撰写市场调查报告,就是将市场调查的情况以及获得的有关情报资料准确、清晰、真实地表达出来。

(一)市场调查报告的写作方法

1. 标题。标题要根据全文的主要内容来拟定。从形式上可分为两类：单行标题和双行标题。

单行标题有以下两种写法：

(1)公文式。常用介词"关于"引出调查内容、范围，再加"调查"或"调查报告"。如《××摩托车厂关于250型两轮摩托车产销情况的调查报告》、《关于当前微电脑在银行业务中运用情况的调查》、《天津自行车在国内外市场地位的调查》。

(2)一般文章式。一般是概括调查内容或提示调查结论，表明观点。如《皮革服装在济南市场畅销》、《辣椒市场由畅转滞》、《我市青年结婚费用支出情况》、《电子游戏机为什么如此热销？》。

双行标题是用两行文字来表示标题。上一行叫正标题，下一行叫副标题。

正标题用来概括文章的主旨或主要内容，副标题用来补充说明调查对象、地点、内容或指出调查对象的状况。副标题前应加破折号。

如：旅游服务业大有可为
　　——关于西安市旅游服务市场的调查

无论单行标题还是双行标题，拟定标题的原则是精炼、简洁、新颖、醒目。

2. 正文。

(1)前言。前言又叫引言、序言、开头、总述。这一部分是介绍基本情况和提出问题，为主体部分的展开作准备，使读者对全文有一个总印象。

具体写法并无定论。有的交待调查目的、对象、范围、时间、地点，说明采用的调查方法，并扼要阐明作者观点。有的概括介绍调查的背景、经过及相关情况。有的则将调查的结果、收获或全文的主要内容预先予以提示。总之，写法多种多样。

表达方式有叙述式，有议论式，有夹叙夹议式。

无论采用哪种方法开头，都要言简意明，尽快接触实质。

(2)主体。主体是市场调查报告的核心部分，要用调查中所得到的资料、数据和实例，反映调查结果，分析市场今后发展的趋势，并提出合理建议。重点应该放在反映调查结果上面。因为读者阅读市场调查报告，主要是想了解情况，掌握市场某一方面的现状。

主体一般由情况、分析、建议三部分内容组成。

情况是将调查中获得的各种事实、具体数据、相关资料，运用叙述、说明的表现手法，进行简要介绍，反映出调查的结果。诸如市场销售情况、市场需求、产品质量、价格反馈等，往往是市场调查报告的主要内容。在层次、段落的安排上，常用概括性的句子作为小标题或段落的首句，后面有条不紊地列出事实或数据，以此形成层次或段落。有时，用"一、二、三、四"等序号表明层次或段落。这样，将各方面情况分门别类地讲清楚，显得井然有序。

分析是对调查得到的材料进行分析研究,对市场发展现状作出准确判断,得出结论,要做到有理有据。

建议是在深入分析的基础上,提出应采取的措施。对于发现的不足之处,提出中肯的、切实的改进建议,以供读者参考。

3. 结尾。结尾对于全文起到归纳、收束的作用。可以照应前言,对某个问题予以强调,也可以对观点和结论作简洁有力的概括。

有的市场调查报告没有专门的结尾。主体部分写完后自然结束,或者在主体末尾写一句收束全文。

究竟要不要写结尾部分,根据内容表达的需要来决定。

(二)市场调查报告的写作要求

撰写市场调查报告除遵循以上写作格式外,还有以下事项须引起注意。

1. 深入细致地做好调查研究,这是前提条件。只有这项工作做好了,才会使市场调查报告的立论基础真实可靠。

2. 实事求是,尊重客观事实。撰写市场调查报告要从实际出发,原原本本地反映事物发展的真实面貌,不夸大,不缩小,不渗入作者主观感情,用真实、可靠、典型材料客观地反映市场情况。

3. 中心突出。在写作中紧扣主旨,抓住主要事实。善于选材,选用一些精当的事例,清晰地揭示出事物的本质和规律。材料必须有助于突出中心,而不能掩盖中心。

4. 语言简明、严谨、通俗、朴实。语言形式是为市场调查报告内容服务的。撰写市场调查报告所使用的语言,要求简洁明快、恰当贴切、通俗易懂、朴素实在。尽力消除晦涩费解、华而不实等词句。但同时还要注意语言的生动形象,富于感染力。

三、示例与简析

七城市居民家庭怎样理财

家庭理财对于中国城市居民特别是大城市居民来说,已不是一个陌生的概念。这一概念流行的背后是人们可自由支配收入的不断增长和金融市场化程度的逐渐提高。有人称,中国已进入大众投资时代。

那么,今日中国大城市居民家庭究竟是如何选择各种理财方式的呢?北京勺海市场调查有限公司前不久受中国工商银行总行储蓄部的委托,在北京、上海、广州、武汉、重庆、西安和沈阳等七城市范围内进行了一项题为《中国工商银行储蓄服务》的入户抽样调查,其中有关居民理财风格的调查,在一定程度上回答了这个问题。

上海家庭理财手段最多

七城市调查结果表明,在去掉基本生活费开支后,居民家庭可自由支配的月平均收入为874元。平均而言,每个居民家庭有2~3种理财方式,大大突破了过去银行储蓄"一枝独秀"的格局。

理财多元化程度最高的是上海人,平均有2~9种理财方式,而且拥有5种以上(含5种)理财方式的家庭比例最高,为7.8%。理财方式多元化程度最低的是武汉人和沈阳人,这两个城市的家庭平均理财种类不超过2种,低于总体平均水平。

存款占据六成份额

尽管可自由支配收入的蛋糕越做越大,各种理财方式从这块蛋糕上所切的份额却大不相同。调查显示,银行储蓄、股票、国库券、保险、其他债券等理财方式,在居民家庭中具有不同的"财政"地位。

七城市中几乎家家都有存款,不同城市居民家庭存款在家庭金融资产中所占的比例却不尽相同。存款所占比例最高的是沈阳,为75%,最低的是上海,为53%。

城市之间的差别,反映的是各地金融市场活跃的程度以及人们金融投资观念和投资技巧的差异。在金融市场比较活跃、居民投资知识丰富的地区,如上海,金融资产分流的趋势比较明显,居民银行储蓄比例相对于其他城市比较低;而在金融市场不够发达和活跃的其他城市,尤其是沈阳,金融资产仍然集中在传统的渠道,居民银行储蓄比例相对较高。

半数以上家庭青睐国库券

1995年开始,我国的国库券发行一改原有发行方式单一、券种单一的形式,进入市场化的发行交易形式。众多的券种、不同的发行期、忽高忽低的利率,使老百姓对国库券的高流动、高收益和低风险有了认识,国库券也由过去的"爱国券"形象变为"金边债券"。

调查结果显示,国库券已经深入到城市居民家庭,成为城市居民家庭理财的重要组成部分。在七城市中,57%的家庭拥有数额不等的国库券。

上海人拥有国库券的比例最高,武汉人拥有国库券的比例最低。两者相差达30个以上的百分点。

1/4家庭有股票

去年以来,国家取消保值储蓄及降低存款利率政策的出台,对各地老百姓的储蓄和投资行为产生了比较大的影响,而股票及其遍及全国的迅速增值传说吸引了老百姓的眼光。

本次调查结果表明,七城市有将近四分之一(24%)的居民家庭拥有股票。上海家庭拥有股票的比例高达40%,大大高于其他城市。广州近邻我国另一个股市中心——深圳，又是我国改革开放起步较早的城市之一，家庭拥有股票的比例仅次于上海。作为首都的北京只有11％的居民家庭持股。

1/4 家庭买保险

保险是1996年我国经济改革力度最大、最活跃的市场，当年相继有8家全国性和2家区域性保险股份公司宣告正式开业，各种国有、合资和外资保险公司数目达到20多家。保险的观念正为越来越多的城市居民所熟悉。在七个城市中，26％的居民家庭已经拥有不同类别的保险。

上海再一次显示出家庭金融资产多元化的特点。41％的居民家庭拥有保险，位于七城市之首，广州和西安其次，北京和重庆第三，而武汉与沈阳则明显低于平均水平，处于最后。

【要点评析】

这是一篇市场调查报告。对七个城市居民的收入、消费、投资等情况进行了重点分析和对比说明。事实清楚，观点明确，语言通俗，行文流畅。

思 考 与 练 习

1. 调查报告有哪些特点？在写作时尤其要注意的什么？
2. 常见的调查方法有哪些？假设要进行一次校园课外读书情况的调查，用哪些方法比较合适？
3. 调查前一般都会列个调查提纲，其中主要的应列入哪些项目？

第十四章 市场预测报告

一、市场预测报告的概念、作用和分类

(一) 市场预测报告的概念

所谓预测,就是根据过去和现在推断未来。市场预测,是根据市场调查获得的材料,运用经济理论和科学方法进行分析研究,测算估计未来市场变化发展趋势,为生产和经营决策提供科学依据。将市场测算估计的结果写成书面报告,就是市场预测报告。

市场预测和市场调查密切相关。市场调查是市场预测的基础。而这两者又有着明显的区别。市场调查反映的是市场现状,市场预测则是对市场发展趋向的估计和预见,并提出针对性的措施和建议。

(二) 市场预测的作用

市场预测的作用表现在以下四个方面:

1. 使管理者具有战略性眼光,能做出科学的恰当的决策,制订出切实可行的计划,在满足市场需要、参与市场竞争中获得优势,为企业开拓市场、扩大经营提供服务。
2. 为决策部门编制经济发展计划、商品流通计划及企业生产计划提供依据。
3. 有利于促进商品的供需平衡。
4. 有利于提高企业的经济效益和社会效益。

(三) 市场预测报告的分类

根据不同的分类标准,市场预测报告可分为不同的种类。

从预测范围来分,可分为宏观预测报告和微观预测报告;按预测方法来分,可分为定性分析预测报告和定量分析预测报告;按预测期限来分,可分为长期(5年以上)市场预测报告,中期(1~4年)市场预测报告和短期(1年左右)市场预测报告。

二、市场预测的内容和方法

(一) 市场预测的内容

市场是国民经济的综合反映。市场的变化涉及生产、需求、资源、供应、价格、外贸、政治形势、社会风尚等多种因素的变化。由此决定了市场预测的主要内容:市场季节变动预测、商品需求量预测、产品寿命周期预测、销售状况以及市场占有率预测、消费者及其购买心理变化趋势预测,以及技术发展预测等等。

此外,还要对国际市场发展情况、产品在国际市场竞争前景以及影响国际市场变化的种种因素做出预测。

(二) 市场预测的方法

市场预测方法主要有两种:定性预测和定量预测。

1. 定性预测。定性预测是在缺少历史数据的情况下,依靠专家们的经验和分析能力做出预测的一种灵活的方法。它适用于预测市场形势的发展变化,商品产、供、销的发展趋势,新产品的试制和展销,企业的发展方向和经营方针等。

定性预测在实际操作中,具体表现为经验判断预测和调查研究预测两类方法。

(1) 经验判断预测。经验判断预测也称主观估计预测,是指依靠熟悉业务、具有经验和综合分析能力的人员来进行预测的方法。常用的方法有三种:经理评判法、专家预测法和销售人员估计法。

(2) 调查研究预测。在实际调查的基础上,对取得的各种信息资料进行整理、加工、分析和研究,结合以往经验来判断、推测未来市场的发展方向和变化趋势。

调查研究预测的具体方法有典型调查法、抽样调查法、问卷调查法、展销调查法和结构分析预测法等。

2. 定量预测。定量预测也叫统计预测。根据已掌握的完备历史统计数据,运用数学方法进行加工整理,揭示出变量之间的规律性联系,预计、推测未来市场的变化、发展情况。

定量预测可分为两种:时间序列预测法和回归预测法。

(1) 时间序列预测法。时间序列预测法也称动态数列预测法。记录以时间顺序排列的某项统计指标数据,依照从过去到现在的数据变化,把未来作为一个历史的延伸,分析推测市场某一方面的发展方向和变化程度。

这种方法的优点是简单易行,缺点是只考虑时间关系而未考虑因果关系,因而对预测精确度会产生负面影响。

(2) 回归预测法。它是预测客观现象的因变量与自变量之间的一般关系而使用的数学方法。选定的因变量指需要求得预测值的那个变量,即预测对象;自变量是影响预测对象变化的、与因变量密切相关的那个变量。

根据反映现象之间相互关系的大量资料,可以找出反映变量之间相互关系的数学表达式,即回归方程。将已知现象的自变量数值代入方程,便可推算出因变量的数值。

定量预测的前提是各种条件比较稳定。当条件发生变动时,预测的结果会偏离实际。因此,要使预测结果更为准确,应将定性分析预测和定量分析预测结合起来。

三、市场预测报告的写作格式

(一) 市场预测报告的写作方法

1. 标题。市场预测报告的标题包括四个要素:预测范围、预测时间、预测对象和文体名称。如《沈阳市2001年至2003年啤酒需求量的预测》。拟写标题,可以采用这种各要素完备的形式,也可以省略其中一二个要素,如《上海市家用汽车销售趋势预测》。有的标题,"预测"二字也可省略,如《我国手表工业发展趋势》。但是预测对象不能省略。

2. 正文。市场预测报告的正文由三个部分组成。

(1) 开头。开头也称"前言"或"引言"。市场预测报告的开头可以运用具有典型意义的材料对预测对象的历史和现状进行简要的说明,作为预测分析的基础;或者交待写作的目的和动机;或者初步揭示预测结论;或者介绍预测方法和过程;也可以开门见山,直陈其事。

(2) 主体。主体是整个市场预测报告的核心部分。首先,具体介绍预测对象各方面的现状,所使用的资料是对市场未来发展趋势有直接影响的。然后,对已有的材料及相关数据进行分析、研究和计算,经过判断、推理,找出其中变化的规律,从而准确预测未来的发展趋势。

(3) 结语。结语是建议部分。根据分析、预测的结果,提出切实可行的建议。这种建议将成为上级机关作决策时的参考。提出的建议应有针对性,具体、明确;还应有可操作性,便于实施。最好具有突破性,显示创新意识。

3. 结尾。这是预测报告的最后部分。可以将正文的"结语"用作全文的结尾,也可以概括全文,用结论性的句式作结尾。

(二) 市场预测报告的写作要求

1. 明确目标,突出重点。只有明确预测目标,才能有针对性地搜集资料,选用预测方法。根据目标需要,突出重点。一篇预测报告,只能回答一两个重点问题。

2. 掌握市场变化的内在联系。市场的变化是多种因素相互作用的结果。只有经过深入分析、掌握市场变化的规律性,才能准确判断、推测市场发展趋势,写出高质量的市场预测报告。

3. 语言朴实、准确、简练、明白。市场预测报告的语言要准确无误,简洁明快,朴实无华,流畅自然。切忌堆砌华丽的辞藻,否则将损害内容的表达。

三、示例与简析

汽车租赁业走向整合

在西方发达国家,汽车租赁业已盛行60多年,并形成了健康、完善、稳定的市场规模,而中国的汽车租赁业还属于"朝阳产业"。然而,对比汽车销售的大幅下滑,我国大部分的汽车租赁企业却依然满足于稳扎稳打,究竟何处才是我国汽车租赁行业的出路?

出路之一:整合,联动达至多赢

以上海为例:一方面,以安飞士、赫兹为首的国际品牌纷纷抢滩登陆,展开规模化、网络化、规范化的经营与服务。另一方面,以大众、锦江等为代表的汽车租赁企业也充分利用自身地域优势,在本地业务上做得绘声绘色。但是,对比目前国内汽车的1600多万辆拥有量和4000多万驾驶执照的人数,现下租赁业却平缓行进。究其原因,业内分析师指出:产业关联性差是目前国内租赁业最大的缺陷。汽车租赁与航空机场的陆空联动合作便是资源与服务整合的最佳典范。以安飞士来说,Avis的创建地便是在底特律的一家机场,时至今日已与国际上95%的航空公司建立了业务合作,日前,安飞士汽车租赁继与东方航空公司、上海航空公司之后,已正式与南方航空公司确立机场业务合作,将机场接送等业务深耕植入。安飞士正为迎接中国汽车租赁业真正的觉醒而提示了一个方向,那就是由整合资源、规模经营而达至的互利多赢。

出路之二:网络,规模成就服务

对于在国际上仍属微利行业的汽车租赁,最终依靠的是规模经营来获取更大利润。我国的本土汽车租赁公司数量多、规模小、实力弱,难以抵御市场风险和竞争。然而根据业内人士的分析,今后走"规模联合"之路必将成为国内汽车租赁公司的努力方向。完善的网络体系才能成就周全的人性服务,市场占有率领先的安飞士的网络是全球化的,174个国家、5000多个网点(其中机场网点达1500个)、55万辆各类租赁用车,为超过800万的客户提供汽车租赁服务。"得网络者得天下",此话用在汽车租赁业是再贴切不过了。

【要点评析】

这是一篇行文简洁、结构明晰的市场预测,能让人实实在在地领略"微型"报告的读写技巧和借鉴价值。

文章开头寥寥数语,即"点击"了我国汽车租赁市场与国外的差距。随后笔端一转,便触及了"究竟何处才是我国汽车租赁行业的出路?"

文章主体有两大段构成,小标题分别指示"出路之一"和"出路之二",既是献计献策,又是对今后开辟新路向的预测——这无疑是基于调研和经验的科学分析,对有关部门形成科学决策不无裨益。

作者通观市场现状,预测未来走向,语言概括力强,无论是写作思路还是行文技巧,都值得学习、借鉴。

思 考 与 练 习

1. 市场预测报告与市场调查报告有什么相同点和不同点？
2. 市场预测的方法主要有哪些？请联系实际予以说明。
3. 联系所给示例与分析，说说市场预测有哪些特点？

第十五章 可行性研究报告、意向书

第一节 可行性研究报告的概念、作用和分类

一、可行性研究报告的概念

可行性研究是针对项目成功的可能性而进行的研究。无论是立项、新建、还是改建或扩建过程,在立项投资决策前都要进行可行性研究。

可行性研究报告是针对准备开发的新项目、新技术,分析其必要性、可能性、客观条件与未来前景的书面报告。

二、可行性研究报告的特点

1. 科学性。可行性研究报告是项目开发前的必要工作步骤,是项目开发的决策依据。因此,必须以科学理论为指导,进行广泛深入的市场调查,获取大量真实材料,对材料的分析要客观、冷静、实事求是。

2. 综合性。可行性研究报告涉及市场需求、技术上的可能性、资金的预算等多方面的内容,大型项目更为复杂。因此,其研究具有综合性,在撰写中需要多方面人员的合作。

三、可行性研究报告的作用

1. 可行性研究报告是经济开发、工程建设的首要环节,是避免投资失误,提高经济效益的重要手段。
2. 可行性研究报告为本单位的决策和上级主管部门的审批提供科学依据。
3. 可行性研究报告为银行或其他金融机构的投资提供决策依据。
4. 可行性研究报告为编制、设计任务书提供了可靠依据。

四、可行性研究报告的分类

从不同角度分类,可行性研究报告大体分为以下几类。

从性质上分可以分为:工程项目可行性研究报告;技术(产品)项目可行性研究报告;技术改造、技术引进可行性研究报告;中外合营可行性研究报告。

从规模上分可以分为：一般（小规模）项目可行性研究报告和大中型项目可行性研究报告。

从研究阶段上分可以分为：投资机会可行性研究报告；初步可行性研究报告；最终可行性研究报告。大型可行性研究报告要经过多个研究阶段。

第二节 可行性研究报告的基本格式和写作要求

一、可行性研究报告的写作方法

1. 标题。可行性研究报告的标题由三个部分构成：项目单位名称、项目和文种。如《××大学"211"工程建设项目可行性研究报告》、《××省关于发展生态农业的可行性研究报告》。

2. 封面页。封面页包括项目名称、单位名称、法定地址、法人代表姓名和职务、主管单位名称。有的报告还有项目负责人和主要参加人员的署名。

3. 目录。可行性研究报告的大型项目涉及面广泛，内容太多，需要分章节撰写，所以要有目录。

4. 正文。正文内容可归纳为五大部分：

（1）总论。总论又称前言或概述，简述项目提出依据和范围，以及项目单位有关情况的简介；技术开发后主要经济指示对比及研究结论。

（2）对项目基本情况的调研。对项目基本情况的调研主要包括市场调查和需求预测，技术可行性分析，产品及技术开发论述，技术成熟性论述，产品可靠性论述，引进技术、装备的来源及技术水平。

（3）项目实施方案。方案内容包括技术方案论述、工程流程论述、绘制生产线布置图等。还要简述生产过程中"三废"处理措施，公用工程，厂址选择，项目准备，生产人员培训，项目实施计划，资源、材料来源，环境保护，劳动安全等。

（4）投资估算、资金筹措。①项目投资估算：按项目投资总额、投资方向调节税和建设期间利息等分别估算。②资金筹措：按资金来源渠道分别说明。利用贷款的要说明贷款条件、利率和偿还方式。③投资使用计划：考虑项目实施进度和筹资方式，编制投资使用计划。对申请科技贷款部分，需开列贷款使用明细表，说明还款资金来源和计算依据，编制贷款还本付息计划。④投产后流动资金估算：计算项目建成后所需流动资金的增加额，说明筹资方式、计算依据。根据计算结果，编制流动资金估算表。

（5）经济、社会效益分析。①估算生产成本和总成本：按预测的产品销售和生产能力，逐年计算销售收入，多种产品分别计算后合成总销售收入，将计算结果列表。②财务分析：对项目的获利能力、债务偿还能力进行分析。③不确定性分析：进行盈亏分析和敏感性分析,了解不确定因素对项目经济评价指标的影响及项目抗风险能力。④社会效益分析:分析该项目对提高地区经济发展水平的影响,合理利用自然资源的影响,对保护环境的影响以及对节能的影响。

5. 结论。结论部分是整篇报告的概括和总结。作者要对论证的提议和项目表明自己的态度,对重点问题及关键性内容再次强调,以证实报告的可行性。

另有一些辅助资料作为正文的论据,主要有相关政策文件、调查资料、统计图表、设计图纸等,归入附录部分。

二、可行性研究报告的写作要求

1. 材料真实准确。可行性研究报告论证的项目是投资决策的重要依据,也是未来开展工作的基本依据,因而要保证材料来源真实、可靠、全面、准确。资料的来源有国家的相关文件、历史档案、市场调查、专家意见等。

2. 论证全面深入。可行性研究报告是企业向上一级管理机关报批的资料,也是企业为项目募集资金的依据,所以,分析应当有理有据,对论证的问题不能出现遗漏,主要问题的论证不但论据确凿,而且要有一定深度。

三、案例与简析

关于筹建××加油站的可行性分析报告

××公司领导:

遵照上级公司指示精神,为了尽快在××市及其周边地区再新建一批比较现代化的加油站,以利发挥××公司石油经营的整体优势,进一步扩大成品油自销量,实现批零销售网点的良性循环,我公司特抽出精干力量组成专门班子,经过两个月时间的调研与考察,已初步选定××县××区××镇××村为新建加油站站址,筹建××加油站,为此作了如下可行性研究和效益论证,现报告如下:

一、选址简况

该站地处A地至B地的国道旁,是××省及××省通往××省运输的必经之路,汽车从A地开往B地,进入××市第一站是收费站,而收费站一过就是该站,往前走××米就是××加油站(现代化的大型加油站),再往前还有四、五个大型加油站(如××加油站等),据初步考察,途经这条国道的汽车流量每天都在20 000多辆(次)以上,如有1%汽车在该站加油,每天就有200多辆汽车需要加油,平均每辆车每天加油××升,那么一年要加油×万多升。

在××村建站还有其他一些有利条件:

1. 经协商已达成购买一家个体户开办的旧加油站的协议,该加油站占地×亩,作价×万元(分期付款,直至新站建成开业止才付清),价格合适;

　　2. 合作方××村村委很有诚意合作,经双方协商一致,同意新征土地××亩,续征地手续同该村协作并提供一切方便条件;

　　3. 我公司与××村签订土地租用合同,每亩地年租金为×万元,承租期15年,每5年按第一年的租用费递增8%。从租金价格看,我方是比较合算的,××村还负责供电,我方只需每月据实交付电费;

　　4. ××站距本公司××公里,运输费低,我公司既可保证供应成品油,又能确保油罐车运输等等。

二、建设规模构想

　　纵观近年来加油站经营状况,尽管××站所处地理位置优越,但市场竞争日趋激烈,实践证明中小型加油站是缺乏生命力的,要能同现代的大型加油站抗衡,我们必须要建造形式新颖,加油大厅宽敞明亮,电脑计量,车辆进出方便,经营品种齐全,配套服务健全的更现代化的大型加油站,才能立足竞争激烈的市场而处于不败之地。我们初步构想在×亩土地上建造一座加油楼(地上两层,地下一层),包括拥有××台加油机的加油大厅,还附有汽车小修、副食品店、快餐店、洗手间、休息间、保管室等。这座楼长×米,宽×米,为混凝土框架结构,用坚固的专用篷布做屋顶,在加油大楼后面建造一座宽××米,深××米的三层(地上两层,地下一层)办公楼,润滑油经营部设在地上一楼,除办公室外,还设有保管室、休息室。预计投资总额为×××万元,初步预算如下:

　　1. 收购旧加油站一个,价值××万元;

　　2. 续新征用土地×亩(顷)的手续费用×万元;

　　3. 两栋三层楼房土建费用×××万元;

　　4. 消防设施、防爆设施、油罐、加油机、水电安装费共计××万元。

　　投资的资金来源是上级公司拨款。

三、经营范围及经营资金运算

　　××站经营范围:经营汽油、柴油及××牌润滑油的销售,冲洗汽车,经营副食行、浴室、餐厅。以成品油销售为主营业务。轻油计划设×个油罐(品种有70#汽油、90#汽油、93#汽油、0#柴油等),计划储存量为×××吨。润滑油为听装销售。

　　预计经营成品油需要的流动资金××万元,由上级公司借用,油站每月按银行贷款利率计付贷款利息。

四、经济效益测算

　　(一)经济效益测算的依据:

　　1. 加油站按预计,日平均销油量为15吨;

　　2. 人工工资及福利费按×××人匡算;

3. 固定资产按××万元计算,使用期平均×年;
4. 使用土地租金每年暂按×万元计算;
5. 综合毛利率按××%计算;
6. 销售税金及附加参照经济效益较好的××站的实绩计算;
7. 经营费用、管理费用参照加油站的平均水平;
8. 财务费用的应计利息,按年息××%计算。

(二)效益测算表:(略)
1. 商品销售收入……
2. 商品销售成本……
3. 销售毛利……
4. 毛利率……
5. 销售税金及附加……
6. 经营费用……
7. 管理费用××
8. 财务费用××
9. 本年计划利润××

(三)投资回报率为×

(四)投资回收期:×年

如果××站每天平均销油量达到××吨,即如果较计划多销×吨,一年则可多销××吨,按每吨毛利××元计算,可增加利润××万元(假定费用不变,则净利增加××万元),那么,投资回收期只需×年,如果××站日平均销油量达到××吨,则两年半就可收回全部投资。

(五)即便投资回收期为×年,我们认为成绩仍是显著的,因为:

1. 该加油站可为本公司分流富余人员××人,这本身就是效益;

2. 多开辟一个零售渠道,为上级公司一年多销××吨油,如果××站日平均销量能达到××吨,一年就可销油××吨,相当于××年前上级公司销油量的总和。

五、在效益测算中,有的费用打得偏紧(如人工工资及福利费、修理费、业务招待费、其他费用等),但可用某些收入弥补,如全年销售润滑油收入预算××万元左右(按每日销××××升,一年××吨,每吨盈利××元计算),此外,油站办的附属经营的业务如汽车小修、餐厅、浴室、便民商店收入,可以达到以副养副的目的。

以上报告,供领导决策时参考。

××公司(盖章)
××××年×月×日

【要点评析】

这一份可行性分析报告对筹建加油站的可行性作了具体分析,从选址、建设规模、经营范围、资金预算到经济效益预算等几个主要方面都进行了深入、具体的分析。理由充足,建议有说服力。

第三节 意 向 书

一、意向书的概念、作用和特点

（一）概念

意向书是记述初步合作意图及设想的文书,是当事人经过平等协商对合作事项达成原则性意见后签订的备忘文件。

（二）作用

意向书的主要作用有两点:其一,体现当事人前一阶段协商的成果,为最终签订协议书奠定基础。其二,遇到彼此对合作事项尚未完全了解、需要进一步调研时,可以先签订意向书,然后再进行深入了解。

（三）特点

意向书不具备法律效力,只是对立约各方的信誉起到约束作用。它有三个特点:

1. 临时性。意向书表达的只是谈判的初步成果,为下一步签订合同作铺垫。一旦项目谈成,确定了当事人各自的权利和义务,意向书的使命也就结束了。

2. 概括性。意向书的内容大都是轮廓式的,只是将当事人议定的合作领域、共同目的、合作项目、项目规模等等记下来。不涉及具体问题。

3. 灵活性。由于当事人尚需进一步商谈详细方案,因而,意向书的内容就比较灵活,在文字上常常用一些不确定的词语,诸如"拟"、"将"、"望"、"加强合作"等。

二、意向书的写作

意向书由标题、正文和落款三个部分组成。

1. 标题。意向书标题的写法并无一定之规,可以简洁明快地只写"意向书"三个字;也可以在此三字前面写上合作内容和项目,如《合资兴建××加工厂意向书》;还可以把当事双方的名称写上去,如《深圳电子有限公司与××大学联合开发××产品意向书》。

2. 正文。意向书正文部分由"引言"和"主体"构成。

（1）引言。引言分为三个层次。首先,写明签订意向书各方的名称,在名称后面加括号注明"简称甲方"、"简称乙方"以便于行文。其次,简要介绍签订意向书的缘由、目的、依据以及遵循的原则。最后,用"现达成以下意向"或"经友好协商,特就……事宜签订本意向书"等语句,过渡到主体部分。

（2）主体。主体部分以条文形式表述合作各方所达成的具体意向,逐条将协商一致的意见列举出来。一般还要写明未尽事宜的洽谈方式及大致的日程安排等。最后要写的是意向书的份数、存执情况和必要的说明。

由于意向书不具备按约履行的法律效力,因此语言相对比较平和,不写违约责任,也不写有效期限。

3. 落款。落款部分所包括的是意向书当事各方的名称、代表人签名并加盖印章,注明签署日期和地点。

三、示例与简析

意 向 书

2000年3月3日至5日,香港云氏研究所（简称甲方）云先生,与西北远望公司（简称乙方）李先生,就双方共同合作生产压缩机事宜,进行了洽谈。双方达成以下共识:

双方对进一步探讨在甘肃兰州地区建立压缩机生产基地的可行性深感兴趣。

双方商定,乙方负责为该合作项目寻找厂址,甲方负责提供压缩机的最新技术。

双方同意于2000年5月5日至8日在西安进一步探讨投资的方式和比例,利润的分享,双方的权利与义务等问题。

甲方:×××（签字）　　　　　　　　乙方:×××（签字）
香港云氏研究所所长　　　　　　　　西北远望公司总经理
　　　　　　　　　　　　　　　　　　　　2000年3月5日

【要点评析】

这份简短的意向书是按照意向书的固定格式写成的。正文中的"引言"交待了签订意向书的缘由和目的,主体部分三项条款列出协商一致的意见,简洁明快,一目了然。

思 考 与 练 习

1. 可行性研究报告的主要特点是什么?

2. 撰写可行性研究报告主要应遵循哪些事项?
3. 可行性研究报告与市场预测报告的联系与区别是什么?
4. 意向书的作用和意义是什么?
5. 撰写意向书一定要把握的要领是什么?

第十六章 合 同

第一节 合同的概念与作用

一、合同的概念

合同是两方面或几方面在办理某事时,为了确定各自的权利和义务而订立的共同遵守的条文。《中华人民共和国合同法》第二条规定:"合同是平等主体的自然人、法人、其他组织之间设立、变更、终止民事权利义务关系的协议"。

合同中最常用的是各类经济合同。它是当事人为达到一定经济目的而签订的明确相互权利义务关系的具有法律约束力的协议。

二、合同的作用

《中华人民共和国合同法》第一条指出:"为了保护当事人的合法权益,维护社会经济秩序,促进社会主义现代化建设,制定本法。"这规定了合同的根本作用。具体地说,合同的作用主要表现在以下五个方面:

1. 有利于保护合同当事人的合法权益。
2. 有利于规范市场交易活动,维护社会经济秩序,促进经济效益提高。
3. 有利于加强国家对企业的管理和监督。
4. 有利于企业加强经济核算和经济管理。
5. 有利于发展国内贸易和对外贸易,促进经济技术交流合作。

第二节 合同的种类及订立合同的原则

我国"合同法"根据合同的内容和性质,将合同划分为15种基本类型。

1. 买卖合同。买卖合同是出卖人转移标的物的所有权于买受人,而买受人支付价款的合同。
2. 供用电、水、气、热力合同。该类合同是指供电人向用电人供电,用电人支付电费的合同。供用水、供用气、供用热力合同,参照供用电合同的有关规定。

3. 赠与合同。赠与合同是赠与人将自己的财产无偿给予受赠人,受赠人表示接受的合同。

4. 借款合同。借款合同是借款人向贷款人借款,到期返还借款并支付利息的合同。

5. 租借合同。租借合同是出租人将租赁物交付承租人使用,承租人支付租金的合同。

6. 融资租赁合同。融资租赁合同是出租人根据承租人对出卖人、租赁物的选择,向出卖人购买租赁物,提供给承租人使用,承租人支付租金的合同。

7. 承揽合同。承揽合同是承揽人按照定做人的要求完成加工、定做、修理、复制、测试、检验等工作,交付工作成果,定做人给付报酬的合同。

8. 建设工程合同。建设工程合同是承包人进行工程建设、发包人支付价款的合同。包括工程勘察、设计、施工合同。

9. 运输合同。运输合同是承运人将旅客或者货物以铁路、公路、水路、航空运输等,从起运点到约定地点,旅客、托运人或者收货人支付费用的合同。包括客运合同、货运合同和多式联运合同。

10. 技术合同。技术合同是当事人就技术开发、转让、咨询或者服务订立的确立相互之间权利和义务的合同。包括技术开发合同、技术转让合同、技术咨询合同和技术服务合同。

11. 保管合同。保管合同是保管人保管寄存人交付的保管物,并返还该物的合同。

12. 仓储合同。仓储合同是保管人储存存货人交付的仓储物,存货人支付仓储费的合同。

13. 委托合同。委托合同是委托人和受托人约定由受托人处理委托人事务的合同。

14. 行纪合同。行纪合同是行纪人以自己的名义为委托人从事贸易活动、委托人支付报酬的合同。

15. 居间合同。居间合同是居间人向委托人报告订立合同的机会,或者提供订立合同的媒介服务,委托人支付报酬的合同。

第三节 合同的写作

一、合同的结构形式

合同拟订的形式有条文式、表格式和综合式。

条文式是用文字分条逐项表述合同条款的格式;表格式是利用表格标示合同内容的格式;综合式是将条文与表格结合使用的格式。无论哪种形式,其基本结构都是由标题、约首、正文、约尾四部分构成。

1. 标题。标题就是合同的名称。标题的位置在合同首页上方中间。标题的作用是提示合同的性质和种类。标题的写法有下列五种：

（1）直接以合同种类名称作标题。如：《借款合同》、《租赁合同》、《仓储合同》。

（2）以经营范围或标的加上合同种类名称作为标题。如《农副产品买卖合同》、《建筑施工物资租赁合同》。

（3）以时间期限加上合同种类名称作为合同标题。如《2002年融资租赁合同》、《2002年第三季度货运合同》。

（4）以签约单位名称加上合同种类名称作为标题。如《××××公司××××研究所技术开发合同》、《××××厂××××公司出口合同》。

（5）将以上四种写法结合起来作为标题。

2. 约首。约首位于标题之下，包括签订合同当事人的名称、合同编号及签订时间、地点等。为使正文叙述方便，当事人名称分别用"甲方"、"乙方"、"供方"、"需方"等代称。当事人名称可以左右并列，亦可上下分列。签约地点和时间写在当事人名称下方。

3. 正文。正文包括开头和主体两部分。开头也叫引言，点明签约缘由、根据、目的等。用"为了……"、"根据……"及承接语句"经过双方充分协商，特签订本合同，以资共同遵守"，将文意引入主体。开头力求简明扼要。

主体部分也叫基本条款部分，或具体内容部分。表述的是当事人协商一致的内容，形成合同的正式条文。每条都要另起一行书写。

4. 约尾。约尾一般包括五项内容：

（1）合同的有效期。

（2）条款未尽事宜的处理办法。

（3）合同的份数和保存方法。

（4）合同的附件（表格、图纸、资料、实样等）。

（5）署名落款。注明签约当事人各自单位全称，代表人姓名（签字），加盖印章。

此外，还要写上各签约单位详细地址、电话号码、邮政编码、开户银行和账号等。

二、合同的基本条款

这是合同正文主题部分，包括三方面内容：一是合同应具备的条款，即《合同法》中所列出的8个项目。二是某种类型合同特有的必备条款。如供电合同中的"设计、安装、试验与接电条款"；技术合同中的"侵权和保密条款"；仓储保管合同中的"货物损耗标准和损耗处理条款"，以及建筑工程承包合同中的"防止污染条款"等。三是当事人一方要求规定的条款或经双方协商其他条款。

《合同法》中所规定的8项条款是：

1. 当事人。此项条款如实写明当事人的名称或者姓名和住所，反映在约首和约尾中。

2. 标的。标的是指合同中权利和义务所指的对象,包括货物、劳务、智力成果等。

3. 数量。数量是标的具体化,体现了合同双方权利、义务的大小程度,要明确规定标的数量、计量单位和计量方法。

4. 质量。质量表明标的特征和优劣程度,是标的内在质量和外在质量的综合指标。

5. 价款或报酬。价款或报酬是有偿合同中接受标的一方当事人以货币形式向另一方当事人支付的价款。标明支付的货币名称、数额、计算标准、结算方式、支付时间、方式等。

6. 履行期限、地点和方式。期限指合同当事人完成合同所规定的各自义务的时间界限。地点指合同当事人履行合同义务的具体地点。如交货地、施工地等。方式指合同当事人履行义务的方法,一般它包括标的交付方式、价款或报酬结算方式,以及运输方式、计量方式、验收方式等。

7. 违约责任。违约责任是指当事人由于自身过错而未履行合同义务,依法所应承担的责任。

8. 解决争议的方法。为解决在履行合同过程中可能出现的纠纷,应将解决纠纷的方法明确写入合同中。如发生纠纷,首先协商解决,解决不了,可以调解、仲裁或诉讼。

三、合同的写作要求

合同写作的基本要求是遵循法规、符合政策、依照原则。此外,还有以下三项要求:

1. 条款完备、具体。合同必备的构成部分不能缺少,合同内容的各项条款不能遗漏。诸如产品规格、计量单位、包装标准等,都要具体写明。

2. 表述准确、严密。合同文字表述力求准确、严密,遣词造句认真推敲,切忌语义不明,要避免歧义。

3. 字迹清楚、文面整洁。合同订立,一经签字盖印,即具有法律效力。合同文面必须整齐洁净,字迹要清晰工整。一般不能涂改。如果要有涂改,应在修改处加盖双方当事人印章。

四、示例与简析

商品房买卖合同

(合同编号:)

合同双方当事人:

出卖人:―――――――――――――――――――――――――――

注册地址：_____

营业执照注册号：_____

企业资质证书号：_____

法定代表人：_____ 联系电话：_____

邮政编码：_____

委托代理人：_____

邮政编码：_____ 联系电话：_____

注册地址：_____

营业执照注册号：_____

法定代表人：_____ 联系电话：_____

邮政编码：_____

买受人：_____

【本人】【法定代表人】姓名：_____ 国籍_____

【身份证】【护照】【营业执照注册号】_____

地址：_____

邮政编码：_____ 联系电话：_____

【委托代理人】姓名：_____ 国籍_____

地址：_____

邮政编码：_____ 电话：_____

根据《中华人民共和国合同法》、《中华人民共和国城市房地产管理法》及其他有关法律、法规之规定，买受人和出卖人在平等、自愿、协商一致的基础上就买卖商品房达成如下协议：（简要纲目）

  第一条 项目建设依据

  第二条 商品房销售依据

  第三条 买受人所购商品房的基本情况

  第四条 计价方式与价款

  第五条 面积确认及面积差异处理

  第六条 付款方式及期限

  第七条 买受人逾期付款的违约责任

  第八条 交付期限

  第九条 出卖人逾期交房的违约责任

  第十条 规划、设计变更的约定

  第十一条 交接

  第十二条 出卖人保证销售的商品房没有产权纠纷和债务债权纠纷。属出卖人原因,造成该商品房不能办理产权登记或发生债权纠纷的,由出卖人承担全部责任。

第十三条　出卖人关于装饰、设备标准承诺的违约责任

第十四条　出卖人关于基础设施、公共配套建筑正常运行的承诺

第十五条　关于产权登记的约定

第十六条　保修责任

第十七条　双方可以就下列事项约定:(略)

第十八条　买受人的房屋仅作＿＿＿＿＿＿＿＿＿＿使用,买受人使用期间不得擅自改变该商品房的建筑主体结构、承重结构和用途。除本合同及其附件另有规定外,买受人在使用期间有权利共同享用与该商品房有关联的公共部位和设施,并按占地和公共部位与公用房属分摊面积承担义务。

出卖人不得擅自改变与该商品房有关联的公共部位和设备的使用性质。

第十九条　本合同履行过程中发生的争议,由双方当事人协商解决;协商不成,按下述第＿＿＿＿种方式解决。

提交仲裁委员会仲裁。

依法向人民法院起诉。

第二十条　本合同未尽事宜,可由双方约定后签订补充协议(附件四)。

第二十一条　合同附件与本合同具有同等法律效力。本合同及其附件内,空格部分填写的文字与印刷文字具有同等效力。

第二十二条　本合同连同附件共＿＿＿＿页,一式＿＿＿＿份,具有同等法律效力,合同持有情况如下:

出卖人＿＿＿＿份,买受人＿＿＿＿份。

第二十三条　本合同自双方签订之日起生效。

第二十四条　商品房预售的,自本合同生效之日起30天内,由出卖人＿＿＿＿＿＿＿＿申请登记备案。

出卖人(签章):　　　　　　　　　　　　买受人(签章):
法定代表人:　　　　　　　　　　　　　法定代表人:
委托代理人(签章):　　　　　　　　　　委托代理人(签章):
　　　年　　月　　日　　　　　　　　　　　年　　月　　日

【要点评析】

该房屋买卖合同属于固定式合同,按照《合同法》规定,对买卖双方的权利和义务作了详细的约定。

思 考 与 练 习

1. 合同与意向书有什么区别?
2. 合同的主要条款是什么?
3. 联系合同的特点,说说"违约责任"条款的意义与作用。

第十七章　商业广告文案

第一节　商业广告概述

一、商业广告的性质

《中华人民共和国广告法》对商业广告下了这样的定义：商业广告"是指商品经营或者服务提供者承担费用，通过一定媒介和形式直接或者间接地介绍自己所推销的商品或者所提供的服务。"

广告的基本要素是广告主、信息、广告媒介、目标受众。

1. 广告主。广告主是指广告的发布者，即商品经营者或者服务提供者。
2. 信息。信息是指通过广告所要表达的内容，包括商品信息、服务信息等。
3. 广告媒体。广告媒体是指广告主将广告信息传达给目标受众的信息载体，包括报纸、杂志、广播、电视、路牌、传单等。
4. 目标受众。目标受众是指广告主根据自身的广告战略目标所选定的广告信息的接受者。目标受众的不同，直接影响着传播媒介、信息的选择。

二、商业广告的作用

1. 传播信息，指导消费。商业广告向消费者介绍优质产品，宣传新产品的使用知识和保养方法，为消费者选择适合自己的商品提供指南。
2. 沟通产销，促进消费。广告主将产品信息传递到消费领域，让消费者了解商品概况，采取购买行动，形成生产、流通、消费相互促进，良性发展。
3. 促进竞争，繁荣经济。企业要想成功，就得让消费者了解自己的优质产品和优质服务。行业之间也都为实现此目标而充分运用广告效能。由此促进竞争，使市场经济走向繁荣。
4. 美化环境，陶冶情操。优质广告既可以获得良好的宣传效果，也可以美化市容改善环境。成功的广告不仅是有力的竞争工具，而且也是一件魅力无穷的艺术作品，给人以艺术熏陶和美的感染。

第二节 商业广告的特点和种类

一、商业广告的特点

1. 真实性。广告的生命,在于真实。广告宣传应当遵守诚实守信的原则。《广告法》明文规定:广告应当真实、合法、符合社会主义精神文明建设的需求。不得含有虚假内容,不得欺骗和误导消费者。

2. 思想性。广告不仅是一种经济现象,同时也是一种文化现象,是社会意识形态的组成部分。应当通过健康、生动的文字、画面介绍商品,宣传服务,决不能采用消极、颓废的宣传手段引诱、毒害消费者。

3. 艺术性。广告综合运用语言、声音、画面等艺术表现形式给人以美的享受,同时激发消费者的购买欲望,促进销售。

4. 科学性。广告的设计、制作,都必须运用科学的分析、研究方法,只有这样,广告才有坚实的基础,充满新意,出奇制胜。

5. 创造性。广告应在借鉴前人经验的基础上,推陈出新,独具特色,以不断开拓进取的意识来引导消费者。

二、商业广告的种类

1. 根据广告的内容,有企业形象广告和商品广告。企业形象广告,着重展示企业实力,企业经营理念,经营目标,员工素质,以增强消费者对企业的了解。企业形象广告注重长远效益而不是短期经济利益。

商品广告是为了在短期内推销某种商品,及时传播该商品的有关信息,引导消费者实现购买行动。

2. 按传播媒介分,有报纸广告、杂志广告、广播广告、电视广告、邮政广告、户外广告等。用得频繁的"四大媒体"是报纸、杂志、广播、电视。它们各有特点:

报纸广告覆盖面广阔、灵活、及时,读者稳定。但其寿命短暂,内容庞杂,美感不足;杂志广告印制精美,针对性强,传播率高,持续时间久,但周期太长;广播广告覆盖面大,传播迅速,费用低廉,但声音稍纵即逝,信息难以把握;电视广告丰富多彩,集音乐、舞蹈、文字、美术于一体,生动形象,易于理解,便于记忆,有利于感染观众,但成本较高,目标受众选择率较低。

第三节 商业广告文案的写作

一、商业广告文案的一般写法

一幅完整的广告文案,包括以下四个要素:标题、正文、广告语和随文。

1. 标题。标题是广告主旨或者基本内容的集中表现,被誉为广告的灵魂。它是一则广告中最能引起观众兴趣的信息,在全文中起统领作用。

标题从结构上看可以分为直接标题、间接标题和复合标题。

直接标题用简明扼要的语言开门见山,直截了当地点出广告的主要内容,如"活力二八,沙市日化"。

间接标题以委婉的言词,用暗示的手法,把信息传播给消费者,引起消费者的好奇心理,产生购买兴趣。如美国眼镜广告标题:"眼睛是灵魂的窗户,为了保护它——您的灵魂,请给窗户安上玻璃吧!"

复合标题是直接标题和间接标题的综合运用,通常以双行或多行标题的形式表现出来。它一般包括引题、正题、副题。可以是引正式标题,可以是正副式标题,也可以是完整的三行标题。引题是广告正题的引言,起到引起话题的作用,通常不包括重要信息。正题是标题的主体部分,往往集中了文案中最重要的信息。副题是对正题的补充,起到进一步丰富正题的作用。

从表现形式上看,常见的广告标题有陈述式、故事式、询问式、祈使式、炫耀式等。

陈述式广告标题通常是陈述既成事实。如柯达傻瓜相机广告:"您只要按一下快门,剩下的由我们来做。"

故事式广告标题与陈述式标题的不同之处在于陈述式标题只是体现一种客观平实的叙述,而故事式标题虽然也是一种陈述,但它具有一定的情节性。如小雨点饮料标题:"紧急寻找小雨点。"

询问式广告标题通过设问或者反问的形式诱导消费者到正文中寻求答案。它能迅速引起"受众"的注意,如伊莱克斯冰箱的标题:"新鲜落谁家?"

祈使式广告标题使用祈使语言说服观众采取某种行动。它包括三种类型:提请型,如"使用电冰箱请注意。"建议型,如"请让母亲重温年轻的梦。"命令型,如"此地严禁吸烟,连皇冠牌香烟也不例外!"

炫耀式标题以自豪、赞扬的语气直接说出产品或服务的优点。如"小鸭圣吉奥"广告标题:"历尽艰险,方显英雄本色。"

2. 正文。正文是广告的核心部分,对广告标题进行解释和阐述。在标题引起消费者兴趣以后,正文通过对广告内容的详细解说,促进消费。它主要用来介绍产品性能、特点、用途、实效、用法、价格、服务及企业历史、现状和其他内容。

广告正文的写法多种多样,常见的有以下六种:

(1) 陈述型。陈述型是用来陈述有关产品的事实,如产品的功能、特点、规格、用途、价格等。

(2) 证书型。证书型是借助权威机构的验证即获得荣誉称号或消费者的语言,来介绍产品、企业,证明产品上乘的质量和企业一流的服务。

（3）诗歌型。诗歌型是通过诗歌的形式介绍产品或企业,利用诗歌句式整齐、富于韵律、便于记忆等特点进行宣传。还可将诗句谱成歌曲演唱。

（4）故事型。故事型是以构筑与产品相关的情节性内容介绍产品,给消费者留下深刻印象。

（5）问答型。问答型运用一问一答的形式表达商品的有关信息,激发人们迫切了解商品的心情。

（6）抒情式。抒情式即运用抒情语言进行情感诉求,给人一种情感体验,打动消费者。

3. 广告语。广告语又叫广告口号,广告标语。为了加强受众对企业、商品或服务的印象,在相当长一段时间内,反复使用的固定宣传语句。一般而言,每则广告都要有标题,却可能没有广告语;每一则广告的标题都可能不同,但广告语却能够在一段时期内重复使用,具有稳定性和持续性。

广告语按其不同职能,可以分为产品形象广告语、企业广告语、服务性广告语等不同类型。

（1）产品形象广告。产品形象广告语是体现产品特性、功能、树立产品优势的广告语。如"飘柔"洗发水的广告语:"头屑去无踪,秀发更出众。"

（2）企业形象广告语。企业形象广告语是根据企业的纲领、方针、宗旨、历史、现状等情况,确立企业地位的广告语。如"长虹"彩电广告语:"长虹以产业报国。"

（3）服务性广告语。服务性广告语是根据企业服务的形式、质量和特色,作出服务承诺的广告语。如美国"运通"信用卡的广告语:"一卡傍身,世界通行。"

4. 随文。随文是广告中次要的、附加的信息说明,主要包括企业名称、地点、电话、邮编、传真、网站、地址等。

二、商业广告的写作要求

1. 内容真实健康,语言生动活泼,通俗易懂,简洁明快。
2. 新颖独特,能抓住目标消费者。
3. 适当作出利益承诺,吸引消费者。
4. 形式多种多样,主题鲜明突出。

三、示例与简析

现代化的工具　　高考竞争者的得力助手
全国第一家研制生产
GZ—A 型多功能记忆学习器

河北省献县××电子仪器厂研制生产的"多功能记忆学习器",经中华人民共和国电子工业产品质量监督检验中心鉴定,产品质量合格,该机性能技术指标符合国家标准,定为国内首创新产品。

该厂生产的"多功能记忆学习器",是将电学与大脑生理学原理相结合,通过视觉——读者——刺激大脑的知觉神经——记忆中枢这个原理研制而成的,与其他类似产品的原理截然不同。该产品投放市场后,得到了全国各地广大用户的一致好评。调查反馈表明,该产品适合在学习各种科目时使用,尤其是适合于学习外语、记忆数学公式和物理化学原理。该产品能有效增强记忆,提高使用者的学习成绩。

该厂备有现货,欢迎个人或经销单位购买,购买者可到当地邮局汇款购买,批量购货也可银行汇款,按收款先后次序发货,每套售价 87.50 元,购买 50 套以上按出厂价,每套 78 元。该厂免费包装邮寄,不另收费,附有使用说明书。

汇款及联系地址:河北省献县××电子仪器厂供销科

开户银行:献县支行城关营业所

账号:×××××××××

电报挂号:××××

【要点评析】

这是一篇说明体广告。其标题"现代化的学习工具,高考竞争的得力助手"抓住家长望子成龙的心理进行促销;"全国第一家研制生产",告知社会在生产该类产品方面,自己有权威,暗示质量好、效果好。全文以第三人称叙述,目的是增强可信度。第一段告知社会该产品经权威部门鉴定,质量有保证。第二段用原理和事实说明其功效。第三段介绍购买方式和价格。

思考与练习

1. 商业广告的特点有哪些?
2. 商业广告文案主要有哪些项目构成?
3. 撰写一份商业广告应遵循哪些注意事项?

第十八章 商品说明书

第一节 商品说明书概述

一、商品说明书的概念

商品说明书是以说明为主要表达方式,用平易、朴实、通俗的语言向用户介绍商品的性能、特征、用途、使用和保养等知识的文书材料,也称使用说明。其目的是使消费者由不懂变为明白,由不会使用变为应用自如。

二、商品说明书的特点

1. 解说详尽。商品说明书的写作目的是准确地对商品作科学介绍,把该产品的有关知识或操作原理、使用方法说得清楚明白。采用的是说明文种。它按生产过程或用户认识产品的递进程序逐条说明。让用户依照一定顺序了解产品性能,以便正确操作使用。

2. 形式多样。商品说明书的形式不拘一格。商品说明书的印刷和纸质比较讲究,装帧形式更是灵活多样。有的说明书还用图画、照片配合文字说明,对内容作生动又形象的示意,把商品外观、构造直接展现给读者,给人以新颖、活泼的感觉,便于掌握说明书的内容。

3. 语言通俗。商品说明书的使用者文化水平参差不齐,为了照顾各个文化层次的消费者,在写作说明书的时候,尽量使用浅显易懂的语言,适当使用专业术语,以便用户准确理解所说明的事项。

三、商品说明书的作用

1. 指导用户。商品说明书可以指导用户了解商品的构造和性能,知道其用途,掌握操作、使用和保养的方法,并且还是用户安装、调试和维修的依据。通过商品说明书,用户可以避免因不熟悉商品可能带来的损害。

2. 宣传促销商品。企业产品进入市场即刻成为商品。要想推销商品,就要通过详细、认真的介绍,激起顾客的购买欲望。商品说明书比广告更富有科学性、知识性,不但告诉人们各种真实的技术指标,而且还告诉人们可能产生的负面作用。正因为如此,它在宣传促销方面,比广告效果更好。

3. 交流商业信息。商品说明书已成为企业了解相关商品信息的有效资料。它不仅是介绍商品的工具,还充当了交流信息、互通情报的工具。一些企业借助其他企业的商品说明书改进自己的产品,进行技术创新,研制新产品。商品说明书的价值越来越受重视。

四、商品说明书的类型

由于商品推销的目的、方式不同,商品说明书可以分为以下四类:

1. 梗概型商品说明书。它运用简明的文字,扼要地说明商品的主要特征,使消费者在瞬息之间就能了解商品的基本情况。如雀巢咖啡说明书:"雀巢咖啡用百分之百纯咖啡豆精制而成,只需放一茶匙咖啡于杯中,注入沸水,搅匀,酌量加糖、加奶至适味,即成为一杯香浓味美、称心满意的雀巢咖啡。"

2. 描述型商品说明书。它运用流畅、优美的文笔,介绍渲染商品的特征,以加强其形象性、个性化。如××冰箱的说明书:"您可能在朋友家中看过这么一种现象,他想将冰箱换个更适当的位置,或移动清洁一下地板,于是,全家上下就协力忙碌起来了……现在,您完全可以相信以下的事实,无论老人还是小孩,都能轻而易举地自由移动并固定重逾百斤的冰箱。""只需将调节脚往上旋,就可以将冰箱轻易地移到目的地;然后将调节脚下旋,并向可立即固定下来。"

3. 说明型商品说明书。它运用说明的方式,对商品各方面情况进行分类介绍。抓住消费者心理,适应他们的需要,对商品进行了全面介绍。如香港××企业有限公司和深圳××食品罐头实业有限公司联合生产的××营养八宝粥说明书全部内容为:"成分:红豆、花生、桂圆、花豆、薏仁、绿豆、麦片、糯米、砂糖。生产日期标于罐底。保存期限:2年。"

4. 析疑型商品说明书。它运用说明和议论相结合的方法,对商品作出恰如其分的解释和评价,对商品价值和社会影响作出鉴定。有些新产品刚问世,未被人们认识。对其性能、功用有疑惑。商品说明书有目的地加以解释,消除人们的疑虑。如广西柳州牙膏厂推出"两面针"牙膏时,绿色膏体令众多消费者望而却步,唯恐牙齿被染绿。说明书上重点剖析了"两面针牙膏为什么是绿的"这一问题,解除了疑点,为引导消费者起到了应有的作用。

第二节 商品说明书的写法

一、商品说明书的写作方式

从写作角度看,商品说明书有三种写作方式。

1. 概述式。概述式即用一两段文字，简明扼要地对商品作概括介绍。

2. 条款式。条款式是将商品说明分成若干部分，将商品的规格、构造、主要性能、指标参数、保养方法、维修方法等，分条列项，向读者作详细介绍。

3. 图文综合式。图文综合式既有详尽的文字说明，又有照片和图式解说，辅之以电路图、构造图、分子式等。这种说明书往往印成小册子作为商品的附件。

二、商品说明书的格式

简单的商品说明书只有一段文字。比较复杂的说明书结构分为六个部分：封面、标题、目录、概述、正文和封底。

1. 封面。封面需写明产品的商标、规格、型号、名称、图样以及"说明书"字样。

2. 标题。标题包括商品的名称和文种。文种指"说明书"或"使用说明"。商品名称要写上商品的全称，还要加上商品的品牌和型号，使顾客知道介绍的是什么商品。

3. 目录。商品说明书目录主要列出说明书的内容、条目，方便用户查阅。

4. 概述。概述部分主要是概括叙述产品的特点、性能、原理、使用范围、产品发展史及制作方法等。

5. 正文。正文因不同的商品，说明的内容也不同。有的说明商品的用法，有的说明商品的功能，有的说明商品的构造，有的说明商品的成分。

如药物重在说明成分、基本功能及用量；电器重在说明使用和保养方法；食品重在说明成分和食用方法；图书重在说明内容；机械重在说明构成原理。

商品说明书正文一般包括五个方面的内容：

（1）产品概况（名称、产地、规格、成分、发展史、制作方法等）。

（2）产品的性能、规格、用途。

（3）安装方法和使用方法。

（4）保养方法和维修方法。

（5）附件、备件及其他需要说明的内容。

正文的写法多种多样：说明文式、条文式、对话式、表格式等。

6. 封底。封底主要写明生产厂家、经销单位的名称、地址、电话号码、邮政编码等。这是对消费者负责的标志。

三、商品说明书的写作要求

1. 内容实事求是。商品说明书必须准确反映产品的使用价值、详尽介绍产品的使用知识，对产品负责，对用户负责，严肃求实，决不虚构、夸张、欺骗消费者。

2. 语言通俗易懂。商品说明书的文字要力求能被用户理解，表述准确、解说清晰、详略得当、文字规范、浅显易懂、朴实自然。

四、示例与简析

××牌电热杯使用说明

我厂电热杯生产历史悠久，式样新颖，美观大方，质量优良，安全可靠，经济实惠。

该杯可加热各种食物，立等可取。特别适用于加热牛奶、咖啡、开水、泡饭、黄酒及小孩奶糕等食物。

一、本电热杯使用220V的交流电源，耗电功率为300W。

二、使用时首先将电源线插座一端插入杯子插座处，再插上电源插头，用完后先拔掉插头，以免触电。

三、电热杯容量为1000ml，使用时不要灌得太满，以免煮沸时溢出杯外。

四、饮料煮沸倒出后，杯中应加入少量冷水（因为杯底温度较高），不然要影响杯子寿命。

五、请勿随意打开底部的加热部件，以免损坏。

六、自出售之日起，一年内，如因材料或制造工艺不当而损坏，本厂负责退换，或免费修理。但不包括因使用不当而造成的损坏。

七、本产品经中国家用电器工业标准化质量测试中心站鉴定合格。

编号：92—1—HC—78

欢迎您提出宝贵意见。

本厂宗旨：质量第一，用户至上，销往全球，永久服务。

本厂地址：中国云南昆明市××路××号

电话：××××××　　　电报：××××××

【要点评析】

此则说明书是对电热杯的介绍。先说明电热杯的用途，再分项介绍有关电热杯的各种信息，最后表明企业服务宗旨。

思考与练习

1. 择要说明商品说明书与商业广告文案写作的区别。
2. 商品说明书有哪些特点？请联系所给示例说明。
3. 撰写商品说明书应注意哪些事项？

综合练习

一、基本概念练习

（一）填空

1. 经营活动文书的特点体现在_____、真实性、_____和针对性这四个方面。

2. 市场调查报告和市场预测报告的作用体现在：_____、_____这两个方面。

3. 市场调查还经常采用：询问调查法、直接调查法、_____和_____。

4. 可行性研究报告是针对拟定开发的新项目、新技术分析其_____、_____、客观条件与未来前景的书面报告。

5. 根据《合同法》，合同应具有以下的条款：①当事人的名称或者姓名和住所；②_____；③_____；④_____；⑤价款或者报酬；⑥_____、地点和方式；⑦_____；⑧解决争议的方法。

6. 根据《合同法》，委托人将承担_____所发生的法律后果。

（二）选择题

1. 长期预测报告中的长期预测时间一般是_____。
   A. 1年以上　　　　　　　B. 10年以上
   C. 5年以上　　　　　　　D. 3年以上

2. 当企业在做出重大经济决策时要对相关问题作分析，这种分析属于_____。
   A. 综合性经济活动分析　　B. 专题性经济活动分析
   C. 简要的经济活动分析　　D. 定期经济活动分析

3. 经济活动分析报告与市场预测报告都是以市场调查为基础的，但经济活动分析报告侧重_____。
   A. 未来分析　　　　　　　B. 过去和现在
   C. 反映现实及未来　　　　D. 预测未来

4. 市场预测报告的标题形式有_____。
   A. 公文式　　　　　　　　B. 提问式
   C. 新闻式　　　　　　　　D. 单标题式

5. 经济合同的签订人之间的关系必须是_____。
   A. 平等的法律主体
   B. 平等的自然人、法人
   C. 国家与下级机关的计划任务关系

D. 权利、义务对等

二、模拟写作练习

1. 下面是牙膏市场调查资料。请根据下述资料写一份市场预测报告(预测至2005年)。

表1 1998～2002年牙膏市场统计

千万盒(每盒20支)/年

序号	年份	高露洁	中华	宝洁	蓝天六必治	两面针	竹盐	黑妹	洁银	其他	销售量
1	1998	0.24	0.13	0.11	0.10	0.04	0.01	0.02	0.03	0.09	0.77
2	1999	0.28	0.11	0.14	0.11	0.05	0.02	0.01	0.03	0.10	0.85
3	2000	0.34	0.12	0.15	0.09	0.09	0.04	0.03	0.03	0.07	0.96
4	2001	0.36	0.13	0.13	0.12	0.10	0.03	0.04	0.04	0.09	1.04
5	2002	0.38	0.14	0.16	0.14	0.12	0.06	0.03	0.04	0.11	1.18

表2 1998～2002年牙膏市场占有率

序号	年份	高露洁	中华	宝洁	蓝天六必治	两面针	竹盐	黑妹	洁银	其他
1	1998	0.31	0.17	0.14	0.13	0.05	0.01	0.03	0.04	0.12
2	1999	0.33	0.13	0.16	0.13	0.06	0.02	0.01	0.04	0.12
3	2000	0.35	0.13	0.16	0.09	0.09	0.04	0.03	0.03	0.07
4	2001	0.35	0.13	0.13	0.12	0.10	0.03	0.04	0.04	0.09
5	2002	0.32	0.12	0.14	0.14	0.10	0.06	0.03	0.03	0.09

2. 根据下面的材料写一份合同。

华盛茶叶公司法人代表王志勇和红叶茶场法人代表蔡德熙于1998年3月10日签订了一份茶叶购销合同,具体货物是红叶特级绿茶,数量为500千克,每千克价格为64元,1998年6月20日之前由茶场直接运往公司,运费由茶场负责,检验合格后,公司于收货10天之内通过银行托付货款。茶叶必须用大塑料纸袋内装,外用纸箱或麻包装袋,包装费仍由茶场负责,茶场地址为××省常清县城北区,开户银行是常清县农业银行,银行账号:0354,电话:2749883,茶叶公司地址为海口市××路××号,开户银行为海口市工商银行,账号:667806,电话:××××。合同签订后,如双方不能履行,在正常情况下拒不交货或拒付款都须处以货款20%的罚金,迟交货或迟付款,则每天罚万分之三的滞纳金,数量不足,按不足部分的货款计赔,即按这部分货款的20%赔付。质量不合格,则重新酌价。如遇特殊情况,则提前20天通知对方,并赔偿损失费10%。本合同由常清县工商行政管理所鉴证。

三、简答题

1. 调查报告在写作前应该做哪些准备工作？
2. 常用的调查方法有哪些？如何做问卷调查？
3. 调查报告的写作重点是什么？为什么？
4. 调查报告常见的标题形式有哪几种？试举例说明。
5. 简述市场调查的内容。
6. "询问法"包括那几种形式？
7. 简述市场调查报告主体部分的写法。
8. 谈谈市场调查和市场预测的关系，并分析两者的异同点。
9. 简述市场预测的内容和方法。
10. 应怎样拟写市场预测报告的标题？
11. 市场预测报告的正文一般由哪几个部分组成？

四、评析题

1. 认真阅读下面这则广告"柔馨窗帘广告"，评析其意境。

正文：静谧的夜晚，星光点点，是它——柔馨窗帘，伴着轻柔的晚风带给你一个温馨的梦！想装潢居室吗？它——柔馨窗帘，将以柔美的风姿飘然而至！柔馨窗帘，质地考究，色调柔和，美观大方，它会为你的生活更添风采！别忘了温馨的家少不了柔馨窗帘。

2. 阅读下面这则美国阿姆特拉克铁路公司的广告，评析其写作特点及对消费者产生的心理效应。

标题：这次旅行将穿越沙漠、山岭、森林和隧道。

正文：这是一列火车。在车上你会感到非常舒服，并为窗外的景象振奋不已。在车上你可以读点书，聊聊天或稍稍休息。用餐时可享受到我们为您准备的美味佳肴及我们热情周到的服务。乘我们的列车，可到达 500 个目的地中的任意一个。在车上你可享受其他任何一种陆地旅行所具有的快乐。订票请打电话给你的旅行社，或打电话给 Amtrak—800—USA—RALL。

广告语：都来乘坐 Amtrak。

3. 认真阅读下面小雨点饮料的系列广告，分析它是哪种类型的广告，这样写作有什么好处？

（一）

标题：紧急寻找小雨点

正文：小雨点，身高 19 公分。籍贯：黑龙江。小巧玲珑，甜美纯洁。身穿红色衣服，戴一顶小红帽。

小雨点出生在纯净美丽的牡丹江边。据说最近曾经有人在北京发现小雨点的踪迹，小雨点的"父母"特从东北赶来北京,拜托北京的父老乡亲们,谁发现小雨点的下落,请立刻与小雨点的"父母"联系。小雨点的"父母"将以东北人特有的方式,拜谢每一位提供线索的朋友。拜托了!

小雨点"父母"在北京的电话:××××××××

(二)

标题:北京正在找她

正文:近日有不少古道热肠的北京乡亲,向小雨点的"父母"提供了许多关于小雨点的线索,但经过证实后,都不是我们要寻找的小雨点。

拜托大家再留意一下:小雨点,身高 19 公分。籍贯:黑龙江。小巧玲珑,甜美纯洁。身穿红色衣服,戴一顶小红帽。据说最近曾经有人在北京发现小雨点的踪迹,小雨点的"父母"特从东北赶来北京,拜托北京的父老乡亲们,谁发现小雨点的下落,请立刻与小雨点的"父母"联系。小雨点的"父母"将以东北人特有的方式,拜谢每一位提供线索的朋友。拜托了!

(三)

标题:小雨点找到了

正文:小雨点找到了!

灵芝饮料小雨点,来自东北大山林里人迹罕至,远离污染的冰天雪地,采灵芝原汁,融天然纯水,每一滴都是大自然所赐。

近日小雨点已在北京街头闪光亮相。

在此,小雨点谢谢北京的父老乡亲们!谢谢了!

每一位曾经提供线索的朋友将收到小雨点集团的礼品一份。

五、写作实践题

1. 为本专业的毕业生写一则人才自荐广告。

2. 用故事型广告为你所熟悉的产品写一则广告。

3. 实地采访一家企业的产品,为该产品写一份广告策划书。要求结构完整,语言简洁,条理清楚,操作性强。

第五编　企业策划文书

　　企业策划文书指的是在企业经营活动过程中对未来事态的发展与绩效作出最大利益化的设想方案。它重在"运筹帷幄",综合调查报告、预测报告、计划,有时甚至还包括广告文书等特点及手段,提出有针对性和可行性的方案,供决策用。

　　企业策划文书主要发生在企业求发展和追求利益最大化之时,常见的有营销策划、广告策划、公共关系活动策划、会展活动策划以及文体、庆典等专题活动策划。撰写企业策划文书应具有较好的市场经济知识基础、较宽泛的相关经济学科知识以及一定的实践活动经验。

第十九章 经营策划文书

第一节 营销策划文书

一、知识概述

营销策划文书,是对企业经营活动事先做出策划的针对性很强的应用文书,其基本的作用是借助于书面材料向决策人提供自己对某一个营销问题的意见乃至创意,最终达到说服决策人接受自己意见、有计划和有效地开展营销活动、实现企业经济利益的目的。

营销策划报告与市场预测报告相比,其区别主要是两个:从用途上说,营销策划报告分析市场情况,对市场营销完成导演任务;市场预测报告分析市场发展趋势,为经营活动决策提建议。从文书的内容要旨上说,营销策划报告侧重于为决策人周密谋划、提供行动构想;市场预测报告说明现状,推测未来发展趋势。

营销策划预测报告具有目的性、效益性和可行性特点:

1. 鲜明的目的性。凡事要有目的,而营销尤其要讲究目的,因为花费了一定的财力、物力和人力是一定要有相应的结果的:于什么时间、在什么地点、由什么人做什么样的工作,都应该紧紧扣住营销策划的目的以及具体目标。

2. 诱人的效益性。有营销目标,还只是必要的第一步,因为在有限的市场机会中能否创造条件获取最大利益,是可以通过比较来鉴别的。这种比较,可以是事先的,也可以是事中和事后的,但是事先的比较是可以及时化作营销策划一部分的,而事中、事后的比较则往往会留下或多或少的遗憾甚至引以为失败。所以,在营销策划文案中,应该提出诱人的效益,即努力寻求最大经济利益。

3. 潜在的可行性。策划者的思想应当有一定的前瞻性,但是不应当脱离企业或市场实际。策划者的责任是把目前还不够明朗的事项抽丝剥笋地告知于决策者,但不能为了哗众取宠而欺骗决策者。评价营销策划文书的优劣,最终是要落实到可行性之上的。

营销策划是一个大概念,其中因具体的对象不同而可以分出这些种类,例如,商品销售策划,促销活动策划,市场推广策划,新产品开发策划,商品布局策划,营销定位策划,网点布局策划等等。

二、写作指要

（一）营销策划文书的写作方法

营销策划书一般包含标题（策划主题）、正文、落款三个部分。

1. 标题。标题一般有单行式和双行式两种。单行式多为文章式，例如《郊区城镇连锁业发展的依据及思路》。双行式一般是在文章式标题之下用破折号带出××活动策划报告等，例如《郊区城镇发展连锁业大有可为——郊区城镇连锁网点布局的依据及思路》。

2. 正文。正文一般由以下内容构成：

（1）策划目的、基本内容、策划的过程等简要说明。

（2）策划内容的详细说明，如依据分析，营销设想，实施步骤，时间、人员、费用、操作等计划表。

（3）策划的预期效果。

（4）对相关问题的必要思考。

（5）可供参考的策划文书、文献、案例等。

（6）可供备选的方案概要。

（7）实施方案的注意事项等。

3. 署名和日期。在策划报告的标题下方或结尾下一行的右面写上作者名称。同时写上策划报告的完成日期。

（二）营销策划文书的写作要领和注意事项

1. 为谁而写。必须注意材料的准确性和说服性，观点的可行性和可接受性。

2. 完整周到。要交代清楚营销活动的来龙去脉，要充分陈述项目、活动的意义、作用及效果。应做到突出重点，忌面面俱到。

3. 要有创意。要充分注意决策人的思维习惯和接受能力，将与众不同的个性（创意）有效地传递给决策人。

4. 分清目的与目标之间的界线。目的是未来理想和价值观的努力对象，而目标是为了实现目的而设定的一个个具体对象。所以为了实现目的，行文应设定一个个具体目标。

5. 不厌其烦。策划者既要把文书写得通顺流畅，又要尽可能具体地让阅读者一目了然。

三、示例与简析

郊区城镇连锁业发展的依据及思路

王沂遥

随着整个社会城市化的发展，随着我国城区商业发展的饱和及商业集团对近郊城镇的关注,城镇商业的重要性便提到了议事日程。那么,作为中国现代商业的先进业态——连锁业如何在城镇商业发展中作出自己的贡献,并寻求到自己的新的增长点呢?我们有必要回顾一下××市近郊城镇连锁业发展的轨迹,分析一下城镇发展的需求,从而正确定位,理清连锁业在城镇发展的思路。

一、近郊城镇近年来连锁商业的发展轨迹

第一阶段:90年代中期起,中小超市纷纷进入近郊城镇,丰富了城镇商业的业态结构,打破了以供销社为代表的传统百货一统天下的时代。

- 以××、××为代表的中小超市,90年代中得到发展后,首先进入了城乡结合部中的城镇,如××,1996年就在浦东××镇以特许加盟的形式发展了6家门店。
- ×××1999年实行郊区战略,全面进入郊县城镇,布点到每个乡镇。

第二阶段:各类专业连锁店在中心城镇开设,以满足不同层次顾客的消费需求。如"××黄金"在浦东××、××两个中心城镇开设专卖店获得成功,××一店在××开设专店经营也取得了良好的经营业绩。同样,一些通讯信息家电店和家用电器专卖店在郊区城镇开设专卖,都获得了成功。

第三阶段:90年代末起,大卖场逐步进入城乡结合部,城镇商业出现了新格局。由于城乡结合部地价低廉、停车方便,最适宜大卖场、大型商贩店在此处生存,故×××、×××、××××、××等纷纷抢滩城镇,开设店铺,从××市目前40多家卖场看,有近20家落户到了城镇。大卖场的出现,既促进了城镇居民的消费革命,又带来了各类组合式的专卖店组群,给城镇商业增添了繁荣热闹。

二、城镇商业发展带来的新课题

1. 现代城镇功能的发展需要新的商业业态

郊区城镇位于城乡之间,为乡村之头首、城市之延伸,具有明显的边际增值效应。它应成为经济要素相对集中的地区,乡村人口转移的地区,具有一定经济文化辐射力的地区,社会生活由乡村型向城市型过渡的地区。因而,它必须具备以下四大功能:

(1) 经济开发集聚功能。……

(2) 人口的吸纳集中功能。……

(3) 信息的辐射传播功能。……

(4) 生活品质提升功能。……

由现代城镇功能的分析,我们可以清楚地看到城镇商业在城镇经济发展中的重要地位。也可以看到其对先进业态及综合性商业购物中心的需求。

2. 现代城镇楼盘建设的加快需要新的商业内容

随着近年来国民经济的持续稳定的发展和房地产的回升，城镇楼盘如雨后春笋般地发展崛起。××先在虹桥地区，近年又在浦东地区。××区××镇原是一个农村地区，但受机场经济发展影响，土地已开发殆尽。

楼盘开发形成新的城镇社区，社区建设要以人为本，必须筑巢引凤，开发商业、购物、休闲、餐饮、服务等功能缺一不可。按新型社区大小不同，其商业功能的开发和商业内容的引进应有所侧重。

（1）10~20万人以上的大型社区。如××、××两城，应建设社区型购物中心，提供购物、休闲、餐饮、服务一体化的高品质的商业服务。

（2）5~10万人的中型社区，应建设与之相匹配的配套商业，包括购物、休闲、服务及餐饮设施。

（3）2~3万人的小型社区，应建设一般的配套商业，如超市、小型服务社及小型餐饮设施。

3. 大卖场的加速发展需要众多商业配套

大卖场对近郊城镇的渗透及其自身的加速发展，带动了城镇居民的消费。城镇居民消费观念的变化使得他们开始不满足仅仅停留在"开门七件事"的超市、卖场商品消费上。特别是一部分收入较高的消费群，追求个性时尚消费的青年消费群，对市区百货商厦、购物中心、Shopping Mall 的向往越来越强烈。据我们在浦东××镇的调查，××××、××的调查，居民对百货商厦、专卖店的需求十分强烈，这就提供给了我们一个发展多样化商业的思路。

（1）大卖场已经集聚了人气，商业配套建设必须跟上。如××区××镇，老街已无法集聚人气，而××路的××，平时即可集聚1至1.5万，双休日更是集聚3万左右人。商业中心建设应该建设在大卖场的周边。配置百货商厦、专卖店组群，形成一个中型规模的购物中心。

（2）大卖场周边商业中心建设必须贯彻错位原则。一是业态错位，不要像过去超市一样，在中原地区并排连开七家超市，而应百货店、各类专卖店、餐饮休闲场所同步发展。二是商品错位，大卖场已有大路商品，要尽量错开，专卖店、百货店卖的应是个性化商品、中高档品牌商品。三是环境错位，百货店、专卖店营造的应是个性化人性化的温馨空间。

三、城镇居民目前的市场需求

1. 对业态业种的需求

上面我们已经就大卖场开设后商业的配套建设进行了讨论，其实，目前城镇居民对卖场的需求还尚未满足，以××镇2001年7月的调查为例：

类　　型	百分比(%)
小商品商店	19.33
文化用品商店	20.25
百货商店	23.77
信息家电商店	13.19
服饰专卖店	39.57
超市卖场	56.60

图1：某镇对发展乡镇商贸服务业的需求调查

从上图我们不难看出目前城镇商业的市场空缺在于：
- 超市和卖场。
- 设施良好的百货商店。
- 各类专卖店，如黄金首饰、服装、化妆品等。
- 符合精神文化消费的个性商店，如工艺品、画廊等。

2. 对商品的需求

由于大卖场的开设，城镇居民日常生活用品、副食品已不依赖于市区商业，而转向本地消费。但其中突出的现象为：
- 百货类商品市场空缺较大，如黄金首饰：在闵行区各镇的调查中，消费的外流极大，都在90%左右；而在浦东新区各镇的调查中，外流在60%～70%，原因是已有市区专卖连锁店进入。化妆品，消费的外流都在50%左右(见表1、表2。均略)。
- 品牌服饰及中高档服装鞋帽类商品空缺也大，如服装、中高档皮鞋，一般有50%左右外流市区购买，且主要是品牌服装和休闲服装，在××场及浦东新区××镇的最新调查中，消费者的呼声都相当高(见表3。略)。

四、城镇商业的连锁发展思路

1. 大卖场的布点发展思路

由于卖场的商品品种齐全，价格低廉，是城镇居民心目中的首选购物场所。在各类零售商业业态中具有极强的竞争力，因此，它们还有发展空间。如浦东的卖场，××××、××、×××等都集结在浦东西部，而东部人口密集的中心城镇，如××、××镇等，都未有建立。随着外资商业的全面介入，卖场的竞争更加激烈。因此，大卖场的发展战略，应合理布局，既可促进近郊地区商业的发展和人民生活质量的提高，又可加快实现卖场企业的发展战略。

2. 中小连锁业的组团发展思路

专业店、专卖店单家的布点开设已不利于目前城镇商业的合理规划和发展,必须走组团发展的道路。原因之一,是因为近年来,城镇发展都进行了中远期的规划,朝布局合理、功能齐全、设施完备的方向发展。原因之二,是因为周边城镇商业发展都在学习发达国家,开设组团式购物中心或商业街区。搞商业,要求大型商业集团整体租赁或合作经营。专业专卖店组团式发展思路适合目前××市郊区城镇商业的发展,可采取的方式有:

● ××、××等商业集团集各大业态携各品牌专卖开设购物中心。

××、××等商业集团以其××机场店、××阿拉上海街模式开设××路、××

● 名店名品一条街。

……

××××年×月×日

【要点评析】

本案例是一则营销网点布局策划文书,对城镇连锁企业发展的现状和思路做出了较为周密的剖析和提出了积极的设想。文中既阐述了较为宏观的城镇连锁企业总体布局的问题,也结合具体企业、具体环境区域阐述了较为微观的个体企业的布局及特色等问题。为了使自己的分析具体翔实而令人感到可靠信服,作者还使用了一定的数据表格和图文(编者注:编者已略去数据表格和部分插图)。标题、正文与落款完整;正文中举例具体可信,分析问题详略有致,具有一定的实际操作价值。

第二节 广告策划文书

一、知识概述

广告策划文书,是对企业的经营活动较为周密地进行宣传推广工作而做出策划的计划性很强的应用文书。广告是一项专业性很强、媒体特征明显以及费用相当可观的一种宣传形式。广告策划文书,不是对某一具体对象做广告的文书,而是对广告活动的整体规划,为决策者提出专家意见和创意,因此其内容的根本意义在于通过对广告活动的一系列策划工作,准确地把握广告活动的时机,独特地展现宣传视角,及时地提出建议、有效地适应公众诉求,从而开拓市场、促进销售,追求企业最大的经济利益。

广告策划文书与广告文案的主要区别是:前者重于提供制作广告的有效思路,即使出现一些重点的广告语段,诸如广告口号、涉及广告主题的正文主要片段等,那也是策划文书的一个组成部分,为了帮助说明广告制作的思路。而后者侧重于对某商品(产品)的生动和富有鼓动性的宣传推荐,旨在引导消费者树立具有时代特征的消费观念乃至产生消费行为。

广告策划文书,按内容性质划分可以分成广告总体策划书、广告主题策划书、广告事业计划书、广告项目书和广告费用预算书等类型;按其时限及其他标准划分,可以分成年度广告计划书、专题广告策划书等。广告策划文书具有独创性、经济性和战略和战略性等特点。

1. 独创性。广告文书的生命在于原创性,为此广告策划文书也应该具有独创性,否则人云亦云、拾人牙慧,广告宣传活动从一开始就会陷入困境,说服力不强,决策者不用,费时费力却没有好的效果。

2. 经济性。制作广告是花费较为昂贵的一项工作,强调经济性特点不是刻意节约,而是应尽量做得恰到好处,不奢侈浪费。要根据宣传对象的实际需要和财力、物力的实际可能性制订广告活动的规模,把钱花在点子上,花在刀口上。

3. 战略性。广告策划不是制订具体对象的广告文案,因此策划者应当具有一定的战略眼光,不仅要考虑到当前和以后一段时间的客观状况,还应该考虑企业的创业、发展或者是遭遇到问题、竞争等种种情况,应该根据企业的发展规划有一个相当一段时间内的战略构想,从而构思策划较为完整的广告理念思想,乃至系列广告主题。如此就不会在突发事情面前束手无策,就不会使不同阶段的广告主题散乱甚至自相矛盾。

二、写作指要

(一) 广告策划文书的写作方法

广告策划书一般包括标题(策划文书名称)、正文和落款三个部分。

1. 标题的写法。标题一般由广告类别名称加文种(策划书/方案)构成。例如《德恩耐(Day and night 漱口水)广告策划方案》。

2. 正文的写法。正文一般由以下内容构成:概述(背景、目的意义等);市场信息(策划的材料依据,尤其是同类商品或产品的比较等);本商品或产品的优势与不足;对广告对象的具体分析(年龄特征、心理诉求等);广告主题定位及方案举要;使用媒体的具体设想与比较;费用预算;广告市场预测。

3. 落款的写法。落款一般在正文的左上方写明作者和策划报告的完成日期。

(二) 广告策划文书的写作要领和要求

1. 量力而行。首先应考虑自身特点和企业的财力,从实际出发把创意落到实处。应提出若干可供选择的方案,对决策者而言,既可推敲其准确性、可行性,也有助于在量力而行方面有更多的选择。

2. 重点明确。目标与主题要写得越清楚、越具体、越理想越好。这不仅有助于决策者下决心,也将有助于后期工作者有条不紊和少走弯路。

3. 数据具体。策划工作是政策导向性很强的工作,如果有所失误,后果可能不堪设想。所以对涉及的市场信息要尽可能地用数字说话;对费用预算也应既留有余地,又不随意毛估冒算。

4. 精益求精。好的广告来自好的广告策划文案。市场调查要仔细,分析研究要认真,下判断要谨慎,用作比较的选样要有代表性。而且,在行文过程中应该不断倾听决策者及周围人们的意见,不断推敲修改。

三、示例与简析

德恩耐(Day and night)漱口水广告企划方案

名称:德恩耐(Day and night)漱口水行销与广告企划方案
企划单位:××广告公司
策划人:陈××
撰稿人:陈××
完成日期:19××年6月1日

一、前言

××地区的生活水准,随着经济的成长与社会形态的转型而大幅提高,享受品的消费需求也正日渐加大。漱口水的市场经"李施德霖"的开发,这两年已点燃了市场成长的火种。"速可净"以清淡的口味,在短短半年内成功地侵入辛辣的"李施德霖"占有的市场,并接受了被唤起消费欲又排斥"李施德霖"的全部市场。可见漱口水需求是很强烈的,而且成长率将以高速的形态扩张。

当然治疗性的漱口水是未来市场的主流,但在饱和期的来临前,享受性的漱口水依然在目前最容易被接受。因此在药用漱口水强大的"李施德霖"与保健用漱口水之新贵"速可净"之间,"德恩耐"漱口水要如何才能侵入漱口水市场占有一席之地呢?

(一)本建议主旨

1. 树立正确漱口水的观念:(1)漱口水要有效果但不伤口。(2)太浓太淡都不是漱口专用的漱口水。(3)漱口是一种生活上的享受;辣口是吃苦,没味道的没有漱口的享受。

2. 在漱口水成熟期未到之前先打击老牌"李施德霖"的地位,再抑制新贵"速可净"的发展,以建立第一品牌的地位。

3. 达成今年度之预定营业指标125 000瓶。

(二)本建议书建议实施期

19××年7月~19××年2月

(三)本建议书广告预算

以 NT＄6 000 000 为范围。

二、市场消息

(一)市场性

1. 据统计大约有 56%～70% 人有口臭,如果包括睡觉后醒来产生的口臭,几乎没有人例外。

2. 根据中医观点节气变化容易上火,会形成口苦、口臭、舌苔、口腔糜烂、牙龈发炎等口腔疾病。

3. 幼童嗜吃糖果,引起大量的蛀牙。

4. "李施德霖"之高幅度成长,市场普及率达目标(30～50 岁高阶层男性)之 5%。

因此漱口水的市场已发展到可开发的阶段,同时预计市场的起飞期(普及率 20%)将迅速来临。

(二)商业机会

1. 19××年度百业萧条,消费规模受挫甚巨。

2. 19××年度 2 月表面尚有少许复苏的假象,惟 4 月加值营业过程实施必定会使景气的恢复受到暂时性的抑制。较乐观的期望是 19××年下半年能转好就不错了。

3. 19××年药业成长下跌。药房营业负成长达三成以上;药商十有九家赤字。

4. 19××年广告量成长仅 2.59%,其中药业在电视广告费负成长 6.1%,在报纸广告费负成长 65.71%,在杂志广告费负成长 34.29%,而在电台广告更大幅的负成长。

因此,虽然 1、2 月药业有好转的现象,但在不甚稳定的时候新上市,应采取较保守的市场经营政策,使其能成功登陆。

(三)市场成长

1. "李施德霖"的良好业绩,可说明"德恩耐"导入市场的安全性。

2. "速可净"于 19××年 9 月问市受到普遍性的接受,说明了"李施德霖"的缺陷及漱口水市场规模的潜力。

3. 漱口水属家庭所有成员适用品。日后普及的市场量庞大,市场规模可观。

4. 生活水准的提升、中上阶层迅速增多亦显示了成长的将来性。

(四)消费者接受性

1. 消费者目前接受的是味道强烈的漱口水。

2. 强烈的味道连大男人都受不了何况妇孺。

3. 导入期如以妇孺为目标群必定事倍功半。

4. 因此"德恩耐"之口味应加重一点至少有 Scope 之水准,使舌头有麻感(消毒味),才不会有药力不足的错觉。

因此,"德恩耐"仍应以药品姿态之定位才能摒除接受的障碍。

三、商品分析

(一) 用途

1. 30 岁以上之男性：消除口臭（口腔清洁舒适感、事业交往之印象）。
2. 18～30 岁之男女性：消除口臭（谈恋爱）。
3. 4～10 岁之儿童：防蛀牙。
4. 综合用途：清洁口腔、牙齿保健，如舌苔、口苦、喉痛、牙龈发炎、口腔糜烂等。

(二) 命名

1. 定洋化之名字，以提高商品格调。
2. 英文名：Day and Night。中文名：德恩耐漱口水。

(三) 包装

采用有欧洲风味之设计。

(四) 颜色

接受大自然色——"绿"（树叶色）。

(五) 口味

以现有样品而言：(1)甜度不足感；(2)药力不足感；(3)舌头没有麻感；(4)凉爽度不足，持久不够。

(六) 容量

与"李施德霖"相仿——350C.C.。

(七) 价格

1. 零售定价 150 元；
2. 零售进价 120 元(8 折)；
3. 中盘进价 108 元(9 折)；
4. 厂价 27 元(400%)；
5. 预估利润：

项　　目	开　发　期	成　长　期
本	25%	25%
广告费	45%	30%
利息	8%	8%
费用	12%	13.5%
纯利	10%	23.5%

四、市场研究

(一) 设定对象

1. "0～3岁": 虽然容易蛀牙,但不会漱口,本层予以排除。

2. "4～10岁": 此年层处于乳齿转换永久齿之际,又是吃糖最多的年龄,蛀牙特别多,乃重要对象之一。

3. "11～17岁": 此层忙于升学考试,又牙齿亦长成,乃不易层次。

4. "18～30岁"未婚男女: 恋爱年岁对口齿之清香较注重,吐气如兰尤以女性较讲究,惟其开销在衣着玩乐,购买力减低,乃次要对象。

5. 已婚女性: 虽有许多爱清洁之妇女,但本层之消费欲不强,乃次要对象。

6. "30～50岁"已婚男性: (1)吸烟量大;(2)生活秩序不正常;(3)口臭严重;(4)生意往来注重外貌印象;(5)购买力强。因此本层为导入期之最大消费群。

7. "50岁"以上: 除了特殊身份(高级主管)外,其需要性大为减低了,因此本层亦不予计入。

(二) 市场预估

1. 导入期市场量: 以30～50岁男性为目标群,其中20%中上层为主要TARGET GROUP。

248万人×20%＝49.6万人

2. 成长期市场量: 加上4～10岁儿童为目标群。

280万人×20%＝56万人,56万＋50万＝106万人

3. 饱和期: 再加上18～30岁及已婚女性。

(505万＋250万)人×20%＝151万人

151万＋106万＝257万(人)

(三) 销售量预估

导入期以5%作基数,第二期实销以50%计算,即:

50万瓶×5%＝25 000瓶(7月)

25 000瓶×50%×8个月＝100 000瓶

(8、9、10、11、12、1、2、3月)

年度以25 000＋100 000＝125 000(瓶)为目标量。

(四) 竞争环境

1. 厂牌:

a. "李施德霖"在西药房已有深厚的基础,味道强烈,毁誉参半,乃最大竞争对象。

b. "速可净"19××年9月上市,口味淡,占据不爱辛辣味道的市场。

2. 广告力量:

a. "速可净"纯以印刷媒体从事广告。

9月 杂志 56 000
11月 报纸 77 350；杂志 52 000
12月 报纸 232 050；杂志 45 000
但19××年已展开大量的TV广告投资。
b."李施德霖"完全投入电视广告。
3. 竞争分析：
a."李施德霖"系先导品牌,自有其稳固的地位。
b. 本品仍处开发阶段(普及率仅目标群体之5％)。
C."德恩耐"如高水准的出现在开发期中很容易取得领导之地位(如沙威隆之与巴斯克林)。
4. 竞争品广告CF之表现：

片　长	"李施德霖"	"速可净"
20秒	与人亲近的时候,别让口臭成为你们的距离。 "李施德霖"漱口药水能除口臭,杀死细菌,确保口气清新。 "李施德霖"漱口药水消除口臭,确保口气清新 LISTERLINE。	年轻情侣约会跳舞拥抱篇。
30秒	有口臭的人自己多半都不知道,别人也不好意思说。 "李施德霖"能保持口气清新。 刷牙只能清洁口腔的一部分,用"李施德霖"漱口水,更能深入口腔,消除细菌,药效持久。 使你与人相处,口气清新,充满信心。 保持口腔卫生,早晚两次, "李施德霖"漱口药水。	这是新产品 速 这是新产品 速可 先漱一口再说嘛!! 嗯!谈吐要讲究,口气要清新。 这是"速可净"漱口水。 含一分钟可保持长时间的口气清新 这是新产品"速可净"漱口水。 嗯!口气清新多了 这才像话! "速可净"漱口水 SCODYL

(五) 销售季节

1. 以中医论：冬天火气较大，患口臭多，夏天多喝水，火气较小，口臭少。
2. 以活动量论：夏季男人商场交际活动量大，漱口需求较多。

因此淡旺季不明显，可以说一年四季都是旺季，但冬天应该比夏天稍大一点。

(六) 销售地域

1. 高水准的地区为主力，应深耕经营。
2. 市场人士众多之都会，××、××、××、××、××之比例应加重。

因此大型药房(指定店)外，高级区之铺货店数应较密。

五、营销通路

(一) 导入期之通路

......

(二) 成长期之通路

......

六、消费者研究

(一) 动机

1. 消除口臭，清洁口腔。
2. 表现男士高雅风度与谈吐。
3. 吸引异性有魅力。

(二) 性格

1. 炫耀心：地位、财富、名誉、爱情方面，都希望优越高人一等。
2. 广告免疫性高：不关心、短期间难以打动。
3. 生活秩序较乱：时间不太够用，交际多，生活起居不定，甚至吃药漱口也不会定时定次。
4. 疼爱自己的小孩。

(三) 习惯

1. 戒烟、戒酒、戒槟榔是很不乐意的。
2. 饮食后立即漱口之习惯很少。
3. 忙碌，睡眠不足。

(四) 使用频度

1. 有约会，或发觉自己有口臭时才使用。
2. 口臭大部分自己感觉不出来，因此使用频度需要宣传、提醒。

(五) 购买决定

1. 第一次购买必定是使用者本人。
2. 影响购买者：(1) 牙医；(2) 药房老板；(3) 广告。

(六) 购买因素

1. 必要因素：(1) 除臭味功能；(2) 香味；(3) 清凉度；(4) 清洁力；(5) 舒服性；(6) 品牌高级感；(7) 有刺激性……

2. 不必要因素：(1) 价格；(2) 杀菌力；(3) 无刺激性……

七、行销上之不利点与有利点

(一) 不利点　……

(二) 有利点　……

八、广告建议

(一) 广告概念

1. 漱口水在"李施德霖"的开发下日渐成长。

2. 辛辣的口味使消费者不得不忍受痛苦，勉强地使用。

3. 淡味的"速可净"填补了"李施德霖"的缺点，证明有效又不太刺激的漱口水是受欢迎的。

4. "李施德霖"以药剂之姿态在努力教育消费者。

5. "速可净"以卫生用品之定位在扩张市场占有。

6. 因此漱口水的市场位置，只有"有药品的效果，没有药品的痛苦"之定位，才能够在竞争中掌握胜算。

7. 消除口臭乃漱口水之主要使用动机。

8. 促成消费者使用漱口水因素为自我满足、爱情获得及亲情温暖。

9. 因此从消费者之基本欲望切入产品功效与特点最易引起共鸣。

10. "德恩耐"之处方已被肯定具有疗效。

11. "德恩耐"之口味远比竞争品优良，更会被使用者喜爱。

12. "德恩耐"之产品外观亦优于竞争者。

13. "李施德霖"仍占据绝大部分市场，有雄厚的广告力量。

14. "速可净"低价优势在于干扰新品牌的介入。因此，"德恩耐"如何才能突破困境一战成功呢？

(二) 设定战略

1. 为造成高的广告注目率(Attention)使用具杀伤力的否定攻击法。

2. 为诱发消费者需求之感性诉求法。

3. 为提高差异性及疗效肯定法。

4. 为增进广告记忆(Memory)，使用 Day and Night 之音效与字体之突出表现。

5. 为加速采取购买行动(Action)，使用利益及药房催促法。

(三) 广告主题

序 号	主 题
1	从白天到晚上 爸爸的口臭不见了
2	亲切愉快的30秒 满口新鲜的一整天
3	富有吸引力的口气 令人销魂(陶醉)30秒 口气新鲜一整天 消除口臭,预防口腔疾病 不会太辣,不会伤害口腔 不会太淡,效果没问题 消除你的口臭 请驾药房试一试"德恩耐"

(四) TV—CF 大意

1. 亲情篇:

父:来小宝爸爸亲亲
子:爸爸嘴巴臭臭,先漱漱口嘛!
父:哎哟!这么辣
母:那么试试这种
父:嗯!太淡了有效吗?
OS:新上市
　　不伤口腔又有效
　　"德恩耐"漱口水
　　不太浓不太淡
　　味道恰恰好效果没问题
　　消除口臭预防蛀牙口腔疾病
　　从白天到晚上
子:爸爸的口臭不见了
OS:"德恩耐"漱口水 Day and Night

2、情爱篇:

富有吸引力男人
应该富有吸引力的口气
吸烟、应酬火气大容易口臭
消除口臭预防口腔疾病
"德恩耐"漱口水
不会太辣不伤口腔
不会太淡效果没问题
令人销魂的30秒
满口新鲜一整天
从白天到晚上
富有吸引力的男人
富有吸引力的口气
"德恩耐"漱口水 Day and Night

(五) 媒体预算

1. 进度表(略)

2. 媒体预算比例

T.V. 3 800 000
N.P. 报纸 1 780 000
印刷 170 000
CF（广告影片）250 000
总计 6 000 000
各销售季比例（略）

【要点评析】

　　这是一则旨在开拓"德恩耐"漱口水营销市场的广告策划文案，写得极为详尽。除了对市场信息作出较为全面而有针对性的反映外，值得关注的是该文案阐述了广告制作的主旨、涵盖的诉求对象及其重点对象、广告制作的切入口、产品宣传的角度（包括商品的命名）、同类产品在市场上广告制作的特点、宣传本产品的策略及其依据、广告制作的形式（包括媒体利用）及其费用预算，还有可供选择的广告主题与文案若干。总体框架较为全面，可作为借鉴。

思考与练习

1. 营销策划文书有什么特点？其创意在营销策划文书中的意义与作用各是什么？
2. 营销策划文书的正文一般应包括哪些内容？其中哪些是主要的和不可或缺的？
3. 撰写营销策划文书应注意哪些事项？
4. 广告策划文书有什么特点？其战略性特点在策划书中有什么意义？
5. 广告策划文书与一般宣传类的广告文书有什么联系与区别？
6. 撰写广告策划文书有哪些必须注意的事项？

第二十章 公关策划及会展文书

第一节 公共关系策划文书

一、知识概述

公共关系策划文书,是对某一时期内企业开展公共关系活动做出计划与安排的应用文书。其旨在宣传企业形象,沟通各界关系,从而更好地为企业获取经济效益与社会效益。

公共关系策划文书,一般由企业的公共关系部门人员撰写,有时也请专门机构的专家参与策划与撰写。就企业发展而言,公共关系策划文书是极为常见、也是极为重要的一种应用文书。

公共关系策划,可以根据涉及时间的长短而分为长期公关策划和短期公关策划;还可以根据内容涉及面的宽窄分为专项公关活动策划和综合性公关活动策划。

公共关系策划文书的特点主要有:

1. 策划态度的严肃性。公共关系策划是一项非常严谨的工作。这是一项非常艰辛的劳动,它既要求策划者在构思策划时就应该考虑周密、创见新颖,又要求策划者在撰文时字斟句酌、规划合理,它还要求策划者在完成策划文书后的具体活动过程中不断地加以评估和修正方案。因为,在实施公共关系活动的过程中,人们的活动与场景都是较为公开或者是充分公开的,这时候的任何一个员工、任何一个工作环节都直接与企业形象息息相关。稍有不慎就有可能产生负面影响。

2. 具有强烈的针对性。公共关系策划,首要的工作是根据已经确定的目的来确定实际的目标群。公共关系活动是人们普遍参与的活动,其工作对象包括消费大众、社区人员、企业员工、商家厂家以及传播媒体等。离开了这些对象,就失去了生命之源,也就不能从根本上解决企业经营活动中必然涉及的组织与公众的双向活动中存在的种种问题或矛盾。目标群的确定,是根据公共关系调查的结果来选定的。

3. 媒体使用的广泛性与合理性。媒体是公共关系活动的舞台,是宣传企业形象的窗口,脱离媒体或者媒体面较窄都会导致活动的逊色乃至失败。在实际操作中,缺少媒体的支持将会耳目闭塞,事倍功半;对媒体运用不当则会得不偿失,甚至适得其反;只有对媒体合理地沟通与运用,才会做到锦上添花,事半功倍。

二、写作指要

(一)公关策划文书的写作方法

1. 标题。公共关系策划文书标题一般由项目名称加文种(策划书/方案)构成。例如:《××公司与××社区精神文明共建策划方案》。

2. 正文。公共关系策划文书正文一般由开头、主体和结尾三部分内容构成,重点在开头和主体两部分。

(1)开头。公关活动具有鲜明的目标指向性和功利性,因而策划书首先要重点阐述打算实施的公关活动的背景与意义。这不仅具有一定的统一思想的宣传作用,也是下文方案具体阐发的重要依据。

(2)主体。公关活动必然面临为什么、对谁、何时、干什么、怎样做等实际问题,而主体部分首先要设定目标和所针对的目标群,因为任何公关活动都应该是有的放矢、具有很强的针对性的。

其次,主体部分要较为详细地陈述公关策划方案的内容,除了活动内容、方法与步骤和原则与要求等一般事项外,还应策划活动的媒介、与媒体的沟通、公关活动的预算等事项。

此外,还必须有对活动方案的基本评价,例如经费预算是否合理,规模设置多大,可行性如何,成效、利弊怎样等。使方案设想成为具体可行的实施方案,则策划书的意义与作用也就彰显出来了。

3. 落款的写法。落款主要是署名和日期两个部分。一般在正文的左上方写明作者和策划报告的完成日期。

(二)公关策划文书的写作要领与要求

1. 依据客观准确。在概述部分要尽可能列举准确的客观材料,由此增强该公关活动的必要性。作为策划人员,在调研时就应该细致客观,要围绕企业发展的中心任务,重视横向的和纵向的比较,由"智囊团"的角度力求为决策者提供出有价值的策划方案。

2. 分清主次目标群。公共关系的目标群是多样化的,策划人员要依据选定的目标群的重要程度,有层次地依次展开,既要突出重点,又不要忽视整体的方方面面。

3. 突出公关理念。公共关系内求团结,外求发展。策划文书应能在活动安排上刻意宣传企业文化、企业精神。公关活动,既是对外宣传乃至树立企业形象的重要舞台,又是对内教育和增强凝聚力、鼓舞信心的良好契机。

4. 活动安排张弛有度。公关活动一般都是系列和交错进行的,要按排好主要来宾和主要媒体之间的活动侧重点,同时企业活动也能呈现出丰富多彩、交相辉映的景象。

5. 预算合情合理。是活动就有经费支出,而公关活动往往是与政府、与社区之间、与消费者之间的联系与沟通,往往伴随着较大型的活动,因而经费使用既不能一缩再缩,也不能无节制的滥用。

三、示例与简析

<h1 style="text-align:center">第×届城运会手拉手活动策划书</h1>

海××

一、背景

1. ××装饰城于××××年刚成立,知名度、美誉度相对较低,再加上装饰材料市场竞争十分激烈,装饰城的客户数量相对减少。企业领导者为了企业的生存与发展,决定进一步开拓市场。

2. "三城会"金秋十月即将在××举办,××人为了办好这次活动,在物质及精神方面作了充分准备。此时,正是大赛前的准备阶段,为把城运会办得圆满、成功,正需要企业的大力帮助和支持。

二、主题

"装饰城——三城会手拉手活动"。

三、目的

通过这次活动,把三城会办得成功、圆满,使人们更加深刻地认识到装饰城对体育事业的大力支持和倾注的极大热情。旨在活跃装饰材料市场,诚招天下客商,进一步提高装饰城的知名度及美誉度,获取更好的经济效益,从而使得装饰城能立于不败之地,开创一个新的局面。

四、可行性分析

1. 在激烈的市场竞争中,为了求得企业的生存与发展,获取更大的市场份额,提高其知名度及美誉度,装饰城领导及职员会大力鼎助城运会。

(1) 近年来,国内外装饰材料市场竞争日趋激烈,使装饰材料生意越来越难做,各个企业都在想方设法谋取市场份额,于是公共营销在企业中的地位日益重要。

(2) 不同行业、同一区域的企业竞争使装饰城需要搞这次活动。在装饰城附近,石材商场、金三角等企业的发展对装饰城提出了挑战。强手如林,装饰城不甘落后,要为自己的企业求得生存之路。

(3) 装饰城的客户数量相对较少,为广招天下客,这次活动迫在眉睫。

(4) 企业领导及员工积极、热情的支持。

2. "三城会"即将在××召开,使××获得一次极好的表现机会。为了胜利召开这次大会,三城会筹备委员会面临着许多现实问题,需要广大企业的帮助和××省人民的大力支持,并要宣传三城会,扩大"三城会"的影响范围。

(1) 如果社会对"三城会"表现出了关心和支持,会使目标的范围扩大。

(2) "三城会"筹备委员会需要企业大力鼎助。

(3) "三城会"需要做许多宣传广告,需要协办单位。

五、方案设计

1. 配制有关这次活动的宣传材料

通过新闻媒介将这次活动的主题、内容及形式迅速传递给目标公众。

(1) 选定的新闻媒介为《××晚报》或《××日报》、××之声广播电台、××省电视台等新闻机构。

(2) 召开一次小型记者招待会,传达该次活动的主旨及内容。

2. 举办"装饰城杯"征文活动

(1) 主题:如何对待××的脏、乱、差卫生状况及文明用语,树立××城市的形象。

(2) 征文对象:××各界人士。

(3) 时间:××××年6月30日~8月30日。

(4) 奖励办法:一等奖,颁发证书和给予"三城会"开闭幕式的入场券以及物质奖励(2名);二等奖,颁发证书和给予开幕式入场券及物质奖励(10名);三等奖,发证书和部分比赛的入场券及物质奖励(50名);鼓励奖,发开幕式入场券一张(100名)。

(5) 在《××晚报》上刊登获奖文章。

3. 组建"三城会"礼仪服务小组,开展针对性的服务活动

(1) 向企业推销"三城会"宣传标语。人员主要由公司职员组成,在7月~8月间,采用轮班制,每天坚持,并且让工作人员戴有装饰城标志的帽子,穿文化衫等。

(2) 在"三城会"期间,帮助交警做好交通工作,在人员聚集的地方,服务人员佩戴"三城会——装饰城"标志。

(3) 在主要的比赛和激烈赛事中,给每位体育迷发送一顶有"装饰城——球迷"字样的太阳帽。

(4) 组织大学生暑假做"三城会"宣传工作。针对大学生的特殊身份,提供他们一次实践的机会,并给予适当的物质补偿。

4. 聘请活动顾问

主要由社会名流来担任。"三城会"筹备委员会主席可以是××省省长、××市市长、××电视台台长等。

5. 举行捐款仪式

宣传××××年10月1日国庆节,这天捐赠人民币10万元,并召开记者招待会,让新闻界对此能有很好的报道。

六、在"三城会"的开闭幕式上由装饰城老总×××讲话

（略）

七、小结

在激烈的市场竞争中，××装饰城抓住这次有利的机会，尽可能地扩大影响，提高知名度及美誉度，让企业走上一条欣欣向荣的道路，争当装饰材料业的龙头老大，带领全国装饰材料行业进军世界市场，也给自己一个崭新的起点，成为名副其实的装饰城。

××××年×月×日

【要点评析】

标题清晰明了，活动项目明确，文种清晰。

正文使用条文式写作方法。开头提出企业需要社区居民来消费，社区需要企业支持城运会。互相需要，互相扶助，奠定了活动的背景，已经可见其活动的必要性。

主体部分阐述具体方案：主题、目的可行性分析以及考虑采用的方案设计等。目标群非常明确，可行性分析具有一定的说服力。

值得一提的是，方案设计中的细节比较周全，能够比较好地解决一些实际问题，使策划书更具操作性。另外对媒体宣传的重视。相关活动构成系列，主题更为突出了。

注：本案例是一份在老师指导下撰写的学生习作，主题明确，结构规范，其媒体选择面较广，职责与侧重点也较为明晰，所作思考及方案具有一定的实践性和合理性。其不足在于对可行性的分析尚不够具体，文字稍显粗糙。

第二节　会展策划文书

一、会展策划文书概述

（一）会展策划文书概念

会展策划文书，是指为了吸引一般公众和专业客户前来进行经贸洽谈、文化交流或旅游观光，由主办者、与会者或参展商以会议或展览为核心所做出的策划与营销的应用文书。例如，为了迅速提升企业产品（服务）知名度和企业形象，增加获得订单的机会，扩大市场销售渠道，会展策划文书就可以通过会展进行宣传，有效地沟通各界关系，从而更好地为企业获取经济效益与社会效益。

会展策划文书，一般由企业的公共关系部门人员撰写，有时也请专门机构（礼仪服务公司）的专家参与策划与撰写。就企业竞争力而言，会展策划文书是现代城市代表行业权威的极为重要的一种应用文书。现代企业的发展十分需要得到规模化的支持，会展策划

因而要涉及多个利益主体,某种程度上说,是联系买家和卖家的中介,因此会展策划成功与否意味着买卖双方的信息交换和交易成功的几率,所以会展策划文书要从吸引与会者或参展商角度出发,提供规范流畅的文字信息服务。

(二)会展策划文书的特点

1. 策划内容的严密性。在当今,会展业被称为"城市发展的引擎",所以会展策划具有拓展企业竞争实力的战略地位,它事关企业的机会和前景,事关企业的知名度和权威性。因此策划者在进行策划时要全面熟悉会展城市的市场定位和运作模式,熟悉参展企业的营销特点,尽可能详尽地掌握利益相关者的媒体对策,在策划、宣传资料和现场活动中既要仔细考虑自己的优势和劣势,同时要考虑竞争主要对手的优势和劣势,还要考虑专业客户可能会有的承销或咨询的各种要求。在构思策划时应该十分注意内容的严谨周密和服务导向,同时要求策划者在完成策划文书后的具体运作中时刻关注实际会展的特殊需要,随时补充修正策划文书的措辞和数据,使策划文书在会展中能收到最大的经济效益。

2. 策划细节的灵活性。会展策划照目前业内人士理解,包括立项策划、可行性分析、招展招商策划、宣传推广策划、管理服务计划、开幕撤展安排、会展危机处置方案等等,是涉及经济市场化国际化运作的重大商机行为。对会展策划以及策划人员来说,举办一个会展,每个环节上的策划都应该注意实际效果,譬如必须综合考虑所策划的文书对相关公司的适应性,会展主题是否保证让与会者产生兴趣,会展过程是否方便反馈和汇集各种信息,如何使媒体认识会展的新闻价值。所以策划文书时,有关人员除了掌握会展策划、管理的知识和技能之外,还要关心城市中各系统各要素之间的相互作用,要认识会展是现代城市规划的延续性管理,要积极调动策划活动的各个有利因素,在细枝末节上要充分灵活地激起各层面观众的贸易愿望和消费愿望。

3. 策划方式的多样性和新异性。会展策划其实是市场营销的推广需求,是资源综合利用的服务性过程,所以为了达到预期目的,会展策划的文书可以是广播电视报纸使用的文字宣传,可以是专业性会展策划杂志,可以是以公益广告或互联网为载体的案头文字,体现策划方式的多样性,使策划能在综合手段的运用中实现策划目的。会展策划的营销特征同时要求策划文书能体现新异独特的内容,以使人们能够留下深刻的印象,并触动激发潜在的参展购销愿望。

二、会展策划文书写作

(一)内容范围

会展策划文书没有固定的格式,但根据其服务和营销的性质,可以分为宣传资料、会展组织两大类文书。宣传资料以介绍情况提供信息为目的,会展组织则要介绍会展宗旨、组织机构、组委会成员、会展时间地点、特别活动、媒体宣传方式、观众组织、参展者名单、会务食宿、联系方式等。这两种文书都要充分体现安全、可靠、准确、实用的市场化运作特色。

（二）写作要求

1. 策划目标定位准确。这主要指会展策划文书要依据可行性分析和品牌形象，要针对会展的利益主体和营销对象确立策划目标，因为定位准确可以使策划文书体现最大经济功用。

2. 策划方案科学全面。策划形式的多样化决定会展方案必须做到科学全面，策划文书要精细谨严，注意树立参展单位的最佳形象，为实现适销对路提供富有创意的交流平台。

3. 策划态度规范稳实。会展策划的性质还决定相应文书的样式有一定的国际惯例要求，以促使会展能有效控制行业市场，因此规范、稳实的策划态度能积极突出专业主导方向，能迅速和国际接轨，提升会展知名度。

（三）写作步骤

1. 立项策划和可行性分析。
2. 实施招展招商的宣传策划。
3. 会展服务和管理策划。
4. 评估策划的创意性合理性。
5. 设计清晰而美观的版面。

三、示例与简析

2003年中国会展经济论坛

一、论坛组织机构

主办单位：

中华人民共和国商务部

《经济日报》社

中国国际贸易促进委员会

承办单位：

《经济日报》新闻发展中心

全国城市工业品贸易中心联合会

深圳优博国际展览有限公司

协办单位：

宁波市人民政府

长春市人民政府
香港展览会议业协会

支持单位：
大连市人民政府、青岛市人民政府、厦门市人民政府、南京市人民政府、广东现代国际展览中心、商务部国际贸易经济合作研究院、中国展览馆协会

组织委员会：
主　任：
冯×《经济日报》总编辑
张××商务部副部长
万××中国国际贸易促进委员会会长
副主任：
罗××《经济日报》常务副总编辑
邱××商务部商业改革发展司司长
高×中国国际贸易促进委员会副会长
秘书长：
杨×《经济日报》新闻发展中心主任
常务副秘书长：
徐×商务部商业改革发展司服务业发展处处长
全国城市工业品贸易中心联合会常务副会长
副秘书长：
任××国务院发展研究中心市场所副所长
单××深圳市优博国际展览公司董事长

二、时间、地点
2003年12月21～22日人民大会堂北京饭店

三、演讲嘉宾、参会人员
出席及演讲嘉宾：国家领导人、相关部委、行业协会领导、会展城市政府官员及相关专家学者。
参会人员：会展城市主管部门负责人；会展活动组织者、全国城市工业品贸易中心联合会的会员单位；中国展览馆协会的会员单位；地方会展行业协会组织负责人；展览服务体系企业负责人；会展界专业人士；报纸、电视、杂志、广播、网站等媒体记者。
会议规模：300人左右。

四、论坛主题及议题
1. 主题
会展与城市

2. 议题

会展业对于现代城市经济的意义

城市决策者如何培育会展环境

城市产业基础与会展活动的互动关系

展览业行业组织的机构和运行模式

会展业与区域经济发展

会展业如何建立规避风险机制

展览的标准化与品牌化、国际化之关系

展览场馆投资模式与区域布局

五、论坛议程

12月20日北京饭店

下午：会议签到

12月21日人民大会堂

上午：

开幕式，经济日报总编辑冯×同志致开幕词

国家领导人、主办单位致辞

组委会发布"中国展览城市办展环境评价"和"专业性展览会等级评定"结果

中午：午餐

下午：

市长论坛，主题"会展与城市"

中国会展城市市长发言

晚宴。

12月22日北京饭店

上午：

专家、市长、会展企业家对话

香港、新加坡会展业同仁介绍香港、新加坡会展业情况，经营及管理理念。

中午：午餐

下午：专题研讨活动

六、关于"中国展览城市办展环境评价"和"专业性展览会等级评定"两项活动

"中国展览城市办展环境评价"及"专业性展览会等级评定"（简称"双评活动"）简介：

1. "中国展览城市办展环境评价"的主要内容

由组委会组织主管官员、会展以及相关领域高层专家，共同组成专家组。根据《中国展览城市办展环境评价指标体系》，对参加评价的城市进行客观、公平、公正的评价。

该评价结果是城市发展会展业、寻找定位和制订发展战略的科学依据，同时也是大型

展览主办单位确定办展城市的重要依据。

2."专业性展览会等级评定"的主要内容

专家组根据原国家经贸委今年4月1日颁布实施的《专业性展览会等级的划分及评定》(SB/T10358—2002)文件,对参评的展览会进行客观、公平、公正的等级评定。

展览会评定分为:A级、B级、C级、D级。

各展览会自愿报名参加"专业性展览会等级评定"活动,不收取评定费用。

3."双评"的操作流程

(1) 今年9月29日,《经济日报》发布了"2003年中国会展经济论坛"的消息和公告,宣布本次活动正式启动,同时开始征集参加"双评"的城市和专业性展览会。

(2) 由参加"中国展览城市环境办展评价"活动的城市和参加"专业性展览会等级评定"的展览会,按照组委会制订的表格和要求,填写统计资料,形成文字材料,并及时将材料寄到论坛组委会"双评"办公室。

(3) 专家组按照评价、评定标准和程序,进行初评。初评结果分发给相关会展城市和展览会主办者,征求意见。

(4) 召开"双评"专家会议,推出《中国展览城市办展环境评价》及《专业性展览会等级评定》的评价、评定结果,并形成评价、评定报告。

4."双评"成果公布

"双评"成果将在"2003年中国会展经济论坛"上向社会公布。参加"中国展览城市办展环境评价"活动的城市领导和获得"专业性展览会等级评定"的展览会组织者将有代表作演讲;同时,组委会将向参评城市颁布评价报告,向参评展览会颁发等级评定牌匾。

七、会务收费标准

论坛参会代表可由组委会统一安排食宿,亦可自行安排,收费标准分别为:

1. 会展城市市领导接待标准:6000元/人

A. 住宿酒店:北京饭店

B. 标准:行政间(单床)

C. 住宿时间:12月20日下午报到,21日、22日会期

D. 包括:会议期间食宿;接待会务费用;资料费用等

2. 普通接待标准:4200元/人

A. 住宿酒店:北京饭店

B. 标准:普通双人间

C. 住宿时间:12月20日下午报到,21日、22日会期

D. 包括:会议期间食宿;接待会务费用;资料费用等

3. 北京地区及自行安排住宿代表接待标准:2400元/人

A. 21日、22日午餐、晚餐
B. 包括：接待会务费用；资料费用等

八、论坛办事机构

"2003年中国会展经济论坛"组委会办公室

联系人：宋×13691149664　　杨×13301197639　　邹×13321185196

联系电话：010—83546940/83546941；010—63559988 转 2144/2111

传真电话：010—83546941

联系地址：××市宣武区白纸坊东街2号经济日报社，100054

电子信箱：ccef@ced.com.cn

如欲下载论坛有关资料及表格，请点击 http://www.ce.cn/hd/ccef/index.jsp

2003年中国会展经济论坛组委会
2003年10月

【要点评析】

本案例是一份专业会展策划文书。该文书的主题是关于会展经济论坛的，写作时作者充分考虑到企业加入的可行性，借助于企业的支持深入讨论城市与会展经济的关系。本案例主题明确，结构规范，介绍了细分市场的多样需求，注重电子媒体作用，在组织安排上体现较周全的人性化服务，并为吸引专业人员的观摩和交流作了精心安排，确保会展的高品质形象。另外，这个会展策划是有政府支持的正规会展，规格很高，对参与者来说是极具吸引力。

思 考 与 练 习

1. 什么是公共关系策划文书？它有什么特点？
2. 公关策划文书的正文一般应包括哪些内容？其中哪些是应予着重表现的？
3. 公关活动的基本理念是什么？应当怎样在策划文书中予以表现？
4. 什么是会展策划文书？它有什么作用？
5. 联系自身实际，谈谈怎样才能实现策划内容的严密性？
6. 会展策划文书有哪两种类型？为什么这两种文书都要充分体现安全、可靠、准确、实用的市场化运作特色？
7. 为什么策划目标要求定位准确？

第二十一章 专题活动策划文案

第一节 专题活动策划文案概述

一、专题活动策划文案概念

专题活动策划文案,是某一时期内企业实现一定目标而开展特定宣传活动所做出策划与安排的应用文书。例如,宣传企业形象的专题活动,其主要意义在于沟通各界关系,从而更好地为企业获取经济效益与社会效益。

专题活动策划文案,一般由企业的公共关系部门人员撰写,有时也请专门机构的专家参与策划与撰写。就企业而言,这是极为常见、也是极为重要的一种应用文书。企业的发展都是有阶段性的,例如一般有初创、发展、巩固、品牌、保持、转型或再创业等阶段,因此专题活动策划,要根据企业发展阶段的特点和需要有计划、有针对性、有主题地进行。

二、专题活动策划文案的特点

1. 主题的明确性。专题活动必有一个明确的主题,整个方案都要围绕这个主题来构想制订。活动的内容当然是丰富多彩的,但是任何内容的安排都不能喧宾夺主,从而保证活动利益效果最大化。

2. 程序的周密性。专题活动短则一天、数天,长则一周数月,内容也随之会很多。即使短至一个晚会也会有很多节目。因此整个程序的设定一定要周密有序。尤其是一些可能出现的细节问题,也应尽可能事先考虑到,以防不虞。

3. 内容的灵活性。活动本身是一个充满变数的事物,其参与者(尤其是嘉宾或主角)临时有事,场地设施临时出故障,这些会引发活动内容的调整;就是在实际操作中有时也会主动根据新的形势去调整活动方案。因此,主题活动策划方案应留有一定余地。

第二节 专题活动策划文案写作

一、内容范围

专题活动策划文案一般包括标题(策划文案名称)、正文和落款三个部分。其中正文内容主要包括：背景概述；宣传目标和所针对的目标群；沟通的媒介；宣传活动的方式；宣传活动的预算；形象宣传的成效评估。

二、写作要求

（一）专题策划文案的写作方法

专题策划书一般包含标题、正文、落款三个部分。

1. 标题。标题一般由单位名称、事项和文种构成，例如《××公司开业20周年庆典策划书》。

2. 正文。正文一般由以下三方面的内容构成：策划目的、基本内容、策划的过程等简要说明；具体方案的构想，包括活动事项、时间地点、人物安排、经费开支和要求；注意事项及应急方案等。

3. 落款。落款主要包括作者名称和完成日期两个方面。在策划报告的标题下方或结尾下一行的右面写上作者名称。同时写上策划报告的完成日期。

（二）专题策划文案的写作要领

撰写专题活动报告的写作要领是：

1. 充分调研和征求意见。
2. 方案具体和写好细节。
3. 安排合理和兼顾主客。
4. 主题突出和形式丰富。
5. 适应变化和留有备案。

三、写作步骤

首先应明确目标与任务，在做好充分的准备工作的情况下，建立文案的框架体系；继而是整理并反映所收集的资料，其中很重要的是提炼出必要的观点及思路；然后推敲和评估方案的合理性和可行性；最后应重视设计清晰而美观的版面。

四、示例与简析

××周年厂庆活动策划方案

2000年×月×日是××厂建厂30周年的日子，经厂庆筹委会第一次会议讨论决定，举行以"再攀高峰"为主题的系列活动：

一、编印纪念画册（宣传资料）

由公关部负责，部长季××为主编。今年×月底前交提纲，×月底前交初稿，由汪×

×厂长审定后,×月底前付印。预算经费45000元。

二、以科室、车间为单位开展"迎厂庆、抓质量"生产竞赛活动

明年×月×日评定优胜单位及个人。奖金预算20000元。

项目负责人:副厂长田××(竞赛计划于本月15日前报筹委会)。

三、举行"再攀高峰"主题演讲比赛

时间:×月×日晚上7:30~9:30。　　　地点:礼堂

出席对象:全体职工。

各科室、车间以部门为单位推举演讲者参加比赛。经评委(另组)评选后,奖励优胜者6名、集体风格奖2名。

经费预算:2000元。

项目负责人:工会主席张××(比赛计划及实施细则于×月×日前报筹委会)。

四、厂庆日活动

1. 庆祝大会

时间:××××年×月×日9:30~11:00。　　　地点:礼堂

出席对象:全体职工;上级领导及来宾约25人。

用餐:庆祝大会后招待午餐。

筹备负责人:副厂长臧××(明年×月×日前将邀请名单和庆祝大会程序报筹委会)。

经费预算:8000元(含会场布置和午餐费)。

2. 新闻发布及产品推广会

时间:×月×日14:00。　　　地点:本厂展销部

经费预算:10000元(以计划来宾××人计,含礼品和晚餐)。

项目负责人:总经理郑××(将邀请名单于×月×日前报筹委会)。

3. 联欢晚会

时间:×月×日晚上7:00~10:00。

内容:文艺节目表演;游园活动;放电影。(文艺节目由工会文体部组织。)

经费预算:5000元。

项目负责人:工会文体部长肖××(将节目单及电影片名等于×月×日前报筹委会)。

以上经费总预算为10万元。经费筹措负责人为财务部长钱××(于×月×日前将经费筹措情况报筹委会)。

××厂厂庆筹委会
主　任:单××
2000年×月×日

【要点评析】

本案例是一则厂庆专题活动策划文书。主题是庆典,形式是系列活动,计有两个竞赛活

动作铺垫,一是生产竞赛,一是演讲比赛。围绕主题,前一竞赛是就厂发展而言,产品质量是最好的庆祝礼物;后一竞赛是就内部凝聚力、企业文化而言,塑造企业精神,明确奋斗目标再接再厉是主题庆典礼物,因此活动虽多,都紧扣庆典主题。一个主题下的三项活动构成系列,责任明确,细节交代清楚,有很强的可行性。鉴于活动正处在筹备阶段,因此许多具体的实施方案还有待落实,这也从一个侧面体现了留有余地(有些方案常用备用方案应急)。

思考与练习

1. 什么是专题活动策划文案?它有什么特点?
2. 专题活动策划文案的正文一般应包括哪些内容?其中哪些是着重应予以表现的?
3. 专题活动的基本理念是什么?应当怎样在策划文案中予以表现?

综合练习

1. 当前,餐饮业比较红火,但是有人也形象地说:每天有几十家饭店关门,每天又有几十家饭店开张。这是说餐饮业的红火之下也隐藏着危机。请到你家附近的一家中型或大型的饭店(酒店)作些调研,由此形成一份该店营销策略上的策划报告。

要求:根据所给材料提示,组织实地调研,并结合所学专业知识,撰写这则市场预测报告。(提示:注意相关饭店的经营情况作些横向比较、利弊比较。在此基础上把握写作重点,提出自己的观点和营销活动的设想。)

2. 当前市场上的手机款式众多,请选择一款你喜欢的,在做好一定的市场调研的基础上,就其广告宣传策略写一份策划文书。

要求:按3~5人分为一组,根据所给材料及要求进行市场调研;适当比照相关品牌,其中应包含若干可供选择的广告主题和至少一则20秒电视创意剧本(台词)。

3. 根据要求,撰写公关策划文书。

(1) 天羽冶金股份有限公司是一家占地500亩的大型企业。近日,其领导班子打算把公共关系活动经常化,其中拟每月开放厂区中的办公场所、娱乐活动场所和餐饮场所,使社区大众在共享周到的后勤服务的同时,也增进对企业的了解,使周边居民谅解钢铁企业给他们生活带来的一定的负面影响,增强对企业的美誉度,为企业的发展增添活力。请据此为其撰写一份"公关策划方案"。所需材料,根据你学习的专业知识或了解的程度酌情补充。

要求:围绕搞好社区关系的目的意义,联系企业发展的前景,做到内容符合情理;结构合理,符合公关策划文书的基本要求。

(2) 新世纪职业技术学院学生会打算与邻近的外国语大学和航运大学开展公关联谊

活动,请据此为其撰写一份"公关策划方案"。所需材料,根据你学习的专业知识或了解的程度酌情补充。

要求:围绕竞争与合作关系,联系学校发展的前景,做到内容符合情理;结构合理,符合公关策划文书的基本要求。

4. 仔细阅读下列材料,参照会展策划文书样式,以上海市漕河泾新兴技术开发区发展有限公司名义拟一份关于"漕河泾新兴技术开发区"招商的会展策划文书,可以合理补充相关资料。

漕河泾新兴技术开发区

漕河泾新兴技术开发区是上海高科技工业园区,位于上海市西南,距市中心11公里,距虹桥机场7公里,规划面积500公顷。

漕河泾新兴技术开开区是一个以开发、研究和生产计算机、大规模集成电路、光纤通讯、微电子技术、精密仪表、生物工程、机器人和航天技术及其产品为主的工业园区。由原漕河泾微电子工业区、仪表工业区和160公顷的备用地组成。

漕河泾地区具有良好的自然环境。开发区内有较好的电子工业基础,拥有电子元件、电视机、邮电通讯、仪器仪表等工厂35家。周围有20所大学和120多个研究单位,拥有一批先进设备和高级研究人员。

区内市政公用工程已完工,道路、桥梁、供水、排水、供电、煤气、电讯等基础设施已建成,还建设了一条长1公里,宽20米的绿化带,一幢面积达7000平方米的新苑大厦,为开发区内的企业提供办公、餐厅、会议、旅馆、银行、海关、保险、税务等服务。

上海市漕河泾新兴技术开发区发展有限公司可接受委托,承包区内各种工程项目的设计和施工;为区内企业提供仓储、运输、办公、培训、生活等各种服务;参与合作、合资兴办企业和兴建各种服务设施;为区内引进外资和技术提供咨询和代理等业务。

5. 大西洋广场由于前些时候决策失误而导致仓库积压了一批"靓靓"牌高级润肤膏,为了摆脱积压困境,拟撰写一份"促销活动策划方案"。

要求:结构合理,符合专题活动策划文案的基本要求;促销方式的选择要符合国家方针政策,也要符合实际情理。如有需要补充材料,请根据你学习的专业知识或了解的程度酌情补充。

第六编　交际事务文书

　　交际事务文书指人们送往迎来过程中常用的一些事务性文书,其中不少都具有礼仪性特点,诸如求职书信、文秘专用书信、迎送书信、经营事务书信、启事声明、演讲辞和导介词等。

　　交际事务文书是社会活动、经济工作中不可或缺的,它几乎是人们使用频率最高、涉及面最广泛的一类文书,其内容常反映社会的时代特色,其语言也常折射出时代的文化风貌。

第二十二章　求职专用书信

　　每个人都会面临着职业的选择，谋职的时候，求职者可以采用多种形式的求职手段。求职专用书信是一种便捷、有效的与用人单位进行沟通的方式。求职者可以主动去信投石问路，也可以针对用人单位的岗位需求去信毛遂自荐，甚至可以请权威部门或人士给用人单位去信推荐自己。这些专用书信不同于亲友间往来的书信，它是一种应用性很强的文书，有一定的写作格式，内容上也有严格的要求。

第一节　求　职　信

一、知识概述

　　求职信是向用人单位申请工作岗位时所写的请求信，这种信以让对方了解自己、录用自己为目的。一封好的求职信有助于求职者达到理想心愿，找到一份称心如意的工作。如果求职信写得不好，抓不住要点，有可能与所求职位擦肩而过。

　　求职信有两种：自荐求职信和应聘求职信。自荐求职信是求职者根据自己的条件和意向，写给用人单位的申请职位的书信；应聘信是根据用人单位的招聘信息写给用人单位的申请职位的书信。

　　求职信的特点：

　　1. 针对性。求职信是为了达到求职的目的，因此求职信的内容针对性很强。求职者要从用人单位的特点、求职岗位的要求、自身的条件等方面进行具体的分析和归纳，认真、客观分析自己的优势和劣势，突出重点，有的放矢加以表达，强调自己所具备的相关资历，与求职无关的话，一概不提。

　　2. 自荐性。要让一个对你一无所知的人或组织了解你、信任你，乃至录用你，在求职信中是一定要自我介绍、自我推荐的。求职者在自荐时要研究自荐过程中可能遇到的情况、问题，勇于挑战，竭尽全力地去竞争。自荐要实事求是，分清主次，把自己的长处和优势客观、清晰、充分地表达出来，既不夸大也不过谦，给用人单位留下一个良好的印象。

二、写作指要

　　（一）求职信的写作方法

　　1. 标题。标题可写上"求职信"，也可省略不写。

2. 称呼。第二行顶格处写称呼,如果不知道用人单位主管者的姓名,可以写上单位、部门主管者的职务称呼,如"尊敬的组织人事处负责人"、"尊敬的运营部经理"等。

3. 问候语。问候语通常用"您好"、"打扰了"等句子。

4. 正文。正文要写清楚求职的目的和原因,表达自己对所谋职位的兴趣以及介绍自己的最突出的能力和条件。比如所聘工作和自己的专业、经验、特长、能力等是否相吻合,本人对此项工作感兴趣的程度,自己任职后的工作目标等等。如果求职者对应聘职位没有太多的了解,可以特别表达一下愿意接受新挑战的愿望,强调自己在适应新环境、处理人际关系方面的能力。

5. 结束语。结束语再次强调自己对所谋职位有着很浓的兴趣,表现出希望对方给予答复的期盼。通常在结尾告知对方自己的电话、E—mail等联系方式。

6. 落款。求职信落款格式与一般书信的写法相同,署名写在结尾下一行右下方,字迹要端正、清楚。署名下一行写清楚日期。

7. 附件。求职信的附属部分,主要是个人简历,一般分为四个部分:个人资料、教育背景、工作经验(或个人专长)和其他方面。个人简历无固定写法,最重要的是要能充分显示自己的优势。个人简历后通常要附上有关证件和各类获奖证书复印件。如果有推荐人,还要附上推荐人的姓名、身份,以此加深用人单位的印象。附件的作用有时候比求职信的正文所起的作用更大,千万不可忽略。

(二)求职信的写作要领与要求

写求职信要注意选择好内容的侧重点。求职的最终目的是获得工作职位,因此要特别写明所求取的工作岗位,便于用人单位考虑选择。在写自荐内容的时候,注意避免与附件中简历内容重复,在信中提到自己的能力和条件时,不要简单重复简历中已有的内容,而要简洁明了、具体地写出自己特别突出的或者可能引起用人单位特别注意的能力和条件。附件中的个人简历应在重点突出、内容完整的前提下,尽可能简明扼要,条理明晰。因为负责招聘的人员不可能将时间花在冗长的简历之中。

语言表达要直截了当,用短句表达每一个意思。注意用语自信、谦虚、礼貌,不要对自己作过高评价,也不要妄自菲薄。对所求职的单位可给予一定的褒扬,并表示对该单位的向往之情。在强调自己的需要和期望的同时,要兼顾招聘者的利益。例如不要为用人单位规定义务、限定时间。有的求职信这样写:"本人于6月5日要放假回家,敬请人事经理务必于6月1日前复信为盼。"表面上看,好像很客气,但是容易给对方带来不快,认为求职者是在限时间,下命令。求职信的语气更不能带有自以为是、要挟等意味。比如:"因为贵公司一贯尊重人才,所以盼望得到贵公司的考虑和录用",这种写法,事实上是在强迫用人单位,因为这句话的潜台词是:"你如果不录用我,就是对我不尊重;我是人才,你必须录用我,这样才能体现出贵公司一贯尊重人才"。还比如:"现已有多家公司要聘我,所以请贵公司从速答复"。这种表达实际上是在威胁人家,好像在说:"我可是一位人才哟,别的公司都抢着要录用我,你不聘我,就是不爱才、不识才、不用才,所以你一定要从速答复"。这样写往往会弄巧成拙,给用人单位不好的印象。

三、示例与简析

示例 1

求 职 信

尊敬的先生/小姐:
　　您好!
　　我是一名刚刚从××职业技术学院会计专业毕业的大学生。在投身社会之际,为了找到符合自己专业的工作,更好地发挥自己的才能,实现自己的人生价值,谨向各位领导作一自我推荐。
　　很荣幸有机会向您呈上我的个人资料。作为一名会计学专业的大学生,我热爱我的专业并为其投入了巨大的热情和精力。我所学习的内容包括从会计学的基础知识到运用等许多方面。通过对这些知识的学习,我对这一领域的相关知识有了一定程度的理解和掌握。此专业是一种工具,而利用此工具的能力是最重要的,在与课程同步进行的各种相关实践和实习中,我具有了一定的实际操作能力和技术。在学校工作中,我注意加强锻炼处世能力,学习管理知识,吸收管理经验。我知道计算机和网络是将来的工具,在学好本专业的前提下,我对计算机产生了巨大的兴趣并阅读了大量有关书籍,金蝶财务、用友财务等系统、应用软件、Foxpro、VB语言等程序语言。
　　我正处于人生中精力充沛的时期,我渴望在更广阔的天地里施展自己的才能,期望在实践中得到锻炼和提高,因此我希望能够加入贵单位。我会踏踏实实地做好属于自己的一份工作,竭尽全力在工作中取得好的成绩。我相信经过自己的勤奋和努力,一定会在工作岗位上做出应有的贡献。
　　感谢您在百忙之中所给予我的关注,祝愿贵单位事业蒸蒸日上,屡创佳绩,祝您的事业百尺竿头,更进一步!
　　随信附有我的简历。如有机会与您面谈,我将十分感谢。
　　此致
敬礼

求职人:×××
二○○×年×月×日

【要点评析】

这是一封自荐求职信。第一行正中写标题，文种清晰。称呼顶格写，用尊称。问候语使用一般性的问候语即可。

正文部分简明扼要介绍了求职者毕业时间、毕业院校。其他相关信息诸如年龄、籍贯、求学经历等都写在信的附件中，因此不显得重复。求职者细致谈了自己所学的专业，突出具有的专业实际操作能力和对计算机学习的广泛兴趣，以加深用人单位对自己特长的了解，供用人单位做出选择。

全文语气诚恳自信，反映出对工作岗位的渴望和能胜任职位的信心。

结束语措辞非常礼貌得体。落款写明了"求职人"字样很有必要。最后署上日期。

示例2

尊敬的人事部经理：

  您好！

  本人欲申请贵公司《前程无忧》报上招聘的网络维护工程师职位。我自信符合贵公司的要求。

  今年7月，我将从清华大学毕业。我的硕士研究生专业是计算机开发及应用，论文内容是研究Linux系统在网络服务器上的应用。论文写作不仅使我系统地掌握了网络设计及维护方面的技术，同时又使我对当今网络的发展有了深刻的认识。

  在大学期间，我多次获得各项奖学金，而且发表过多篇论文。我还担任过班长、团支书，具有很强的组织和协调能力。很强的事业心和责任感使我能够面对任何困难和挑战。

  互联网促进了整个世界的发展，我愿为中国互联网和贵公司的发展做出自己的贡献。

  兹附上我的身份证、学生证、获奖证书、论文等相关资料复印件，请察照。

  敬送

安祺

×××谨启
二〇〇×年×月×日

【要点评析】

这是一封应聘求职信。称呼、礼貌用语规范。文章开宗明义阐明求职者想要申请的职位。接着围绕用人单位招聘的条件和要求，谈了自己胜任这个职位所具备的条件，并表示出很高的热情和信心。言语间充满自信，措辞严谨得体。正文末了附上相关证件，十分必要。

第二节 推 荐 信

一、知识概述

推荐信是推荐人自愿或应求职者的请求,向用人单位或个人推荐求职者做某项工作的书信。较常见的是具有一定声誉的教授、专家或企业家等推荐求职者入职的推荐信,求职者可以凭借着推荐人的声望或权威给用人单位加深印象。

推荐信的特点:

1. 建议性。推荐信的送交对象是有关部门的领导,信中陈述的认为被推荐人适合用人单位的需要仅是推荐者的个人意见或建议,不是要求对方非接纳不可。

2. 针对性。推荐信是针对求职者的自身体条件和用人单位的岗位需求予以推荐,有很强的针对性。

3. 担保性。推荐人基于对被推荐人的充分了解,向用人单位推荐,对被推荐人的基本情况、工作能力如实陈述,具有一定的担保作用。

二、写作指要

（一）推荐信的写作方法

1. 标题。标题在第一行正中用较大字写上"求职推荐信"、"推荐信",或是附带上被推荐人身份,如"毕业生推荐信"、"下岗职工再就业推荐信"等。

2. 称呼。称呼在第二行顶格处写上收信单位名称或单位领导人的尊称,假如双方关系较熟,可以随用平时的称呼。

3. 正文。正文是推荐信的主体部分,写上被推荐人的姓名、性别、年龄、文化程度、能力水平、主要经历等。正文中还要反映出推荐的原因和希望对方考察、录用的意见等。

4. 结尾。结尾通常是祝愿的话语。

5. 落款。在正文偏右下方写上推荐单位的全称(加盖公章)或推荐人的姓名。下一行相应处写上推荐的日期。

6. 附件。附件主要是能证明被推荐人的身份、学历、业绩的相关材料。

（二）推荐信的写作要求

推荐信要真实提供被推荐人的材料,全面如实地介绍被推荐人的基本情况;要写清楚推荐的理由,对被推荐人的业绩做中肯适当的评价,不可夸大其词;推荐的理由要充分,态度要诚恳、谦虚,仅仅是向对方就录用人才提供建议,因此不能用强制的口吻。

三、示例与简析

求职推荐信

××公司人事部：

得知章华同志向贵公司申请入职，我在此为她写推荐函。

敝校法律专业知名度较高，入学考试竞争激烈，十多人中才有一人被录取，章华就是这样一所法学院的毕业生。她是我两年研讨课的学生之一。1992年6月毕业，获得法学学士学位。

我非常了解这位申请人，我的研讨课第一年是概括地讨论社会科学，第二年讨论较专门的主题，她了解这些主题，参与课堂活动，并提出了有创意而深入的见解。

在个性方面，章华表面上是沉静而被动的，但实际上却充满了和善进取精神，遇到困难不肯轻易妥协。她积极的求学态度与生活方式，已经帮助她在商界担任了重要的商业职务。首先是在上海华光一家房地产公司管理契约业务，从1997年7月到1999年9月；继而受聘于松伟贸易公司企划部，从1999年10月迄今。

章华同志很想用她所学到的商业经验和学识，到贵公司发挥更大的作用。我相信她在新工作上会做得更好，所以毫不犹豫地向您推荐该同志。

我十分感激您能对这位申请人做出慎重的考虑。

××大学政治学教授

刘××（博士）谨上

二〇〇×年×月×日

【要点评析】

例文标题、称呼写作格式规范。正文直接切题。推荐人向对方就求职者优秀的学习成绩、乐观进取的性格、丰富的商业经验作了介绍，针对性很强。而且推荐人是求职者的老师，对学生熟悉了解，给用人单位可靠可信的印象。

结尾语气谦和而含蓄。落款的署名突出推荐人的权威性。格式规范。

第三节　申　请　书

一、知识概述

申请书是个人或集体向上级机关、主管部门或领导表达某种愿望，或提出有关请求事项的专用书信。申请书起着非常重要的沟通作用，运用十分广泛，要求加入共产党、共青团、少先队、工会等组织,或是参军、参加某项活动,请求承担某项任务或享受某种待遇,单位要购置大件物品(例如汽车、空调)等,都以申请书的形式递交有关领导、组织及部门,以示申请者的态度。

申请书的特点:

1. 上呈性。申请书的收、受方是个人同集体、下级同上级、群众同组织的关系,申请书能使组织、上级领导及时了解申请者的愿望和要求,增进相互间的了解与合作,从而进一步解决好问题。

2. 目的性。申请书表达的是强烈的愿望和诚恳的请求,通常是一事一申请,内容较为单一,目的非常明确。

申请书与一般书信一样,都是表情达意的工具,但是,两者又有很大不同,其主要区别在于递交对象不同,书写的目的不同,具体写法不同:一般书信可以是亲戚朋友之间、上级与下级之间,也可以是平级之间的书信往来,申请书却只适用于下级对上级、个人对单位或组织;一般书信的内容较广泛,没有什么严格的限制,申请书则不然,它必须局限于所请求的事情之内,围绕着请求的事情说明理由;一般书信写作,可以采用记叙、抒情、议论等多种表达方式,而申请书则通常采用叙述的方式,言辞恳切,概括精炼,并且要求一定要把申请的缘由表述清楚。

二、写作指要

(一)申请书的写作方法

1. 标题。标题可根据申请的事项和目的在首行正中写上"转正申请"或"工作调动申请"等字样。

2. 称呼。称呼在标题下空一行顶格处写接受申请书的组织、机关、团体、单位或个人的名称。称呼后加冒号。

3. 正文。正文需另起一行空两格,主要写明申请的事项和理由。如工作调动申请书要写清楚要求调动工作的原因,写清自己何时来本单位某部门工作,因为什么调动,只有理由充分了,才能打动人事主管部门的领导。正文的最后,申请人应向所申请的组织或领导明确表态或提出请求批准的要求。

4. 结尾。结尾部分通常表示礼节或恳切的愿望,如"不胜感激"、"恳请批准"等。

5. 落款。落款按书信的格式写上申请人姓名和日期。

(二)申请书的写作要求

申请书要把握好恰当的时机,递交太早、太晚效果都不好,尤其是转正申请,一般应在转正到期前一二周内递交。申请书正文要开门见山地把申请的事情提出来,直截了当,不含糊其辞,以便使接收者能透彻、全面地了解申请者的意愿和要求。

申请的理由,一定要实事求是,不能凭空杜撰,对申请的缘由叙述要具体、全面,特别是最具说服力的理由，更要突出强调，对一些所起作用不大的理由可以避而不谈，以免众多理由混乱不堪，冲淡主题。

写申请书主要采用叙述的表达方式，语言力求简明、朴实，感情诚恳、真实不做作。申请书一般是写给组织或领导的，措辞要严肃、平实，语言的表达常常会影响到申请的效果。

三、示例与简析

转正申请书

尊敬的公司领导：

  我于二〇〇四年九月一日进入公司，根据公司的需要，在公司担任文员一职。

  本人工作认真，努力完成领导交付的工作，和公司同事之间能够通力合作，关系相处融洽而和睦。工作上从不偷懒、不倦怠、不迟到、不早退、不缺勤，按时打卡。积极学习新知识、技能，注重自身发展和进步，平时利用下班时间自学，提高自己的综合素质，目前正自学工程预算，以期将来能学以致用，与公司共同发展、进步。

  根据公司规章制度，试用人员在试用期满三个月合格后，即可被录用成为公司正式员工。因此，我特向公司领导申请，希望能根据我的工作能力、态度及表现给出合格评价，使我按期转为正式员工。

  转正之后，我会努力工作，将自己的工作做得越来越好，以实际的工作成绩来报答公司。

  此致

敬礼

申请人：×××
二〇〇×年×月×日

【要点评析】

  例文标题揭示了申请的主题，简明醒目。称呼写明接受申请书的对象。正文部分阐述申请的缘由，强调申请人符合工作转正的条件和要求，顺理成章表明申请的目的。结尾运用一般性的礼节用语。落款在署名前注明"申请人"字样。写明申请日期，格式规范。

思考与练习

1. 写作求职信时对其内容有什么要求？

2. 有人说:"求职信不一定要包装得多么精美,而是要注意许多细节",对这句话你如何理解?

3. 说说求职信有什么特点。

4. 推荐信具有什么特点?

5. 写求职推荐信有哪些注意事项?

6. 求职推荐信和求职自荐信有哪些区别?

7. 选择题。申请书是单位或个人根据自己的需求和愿望向组织或领导提出请求的专用文书,因此应具有的特点是(　　)。

A. 主动性　　　　B. 主观性　　　　C. 目的性　　　　D. 真实性

8. 申请书的适用范围有哪些?

9. 申请书与一般书信相比,它的特殊之处在哪里?

10. 结合你所写过的入党或入团申请书,谈谈申请书的写作一般要注意什么。

第二十三章　文秘专用书信

　　文秘专用书信是从事文字秘书工作的人经常应用的一种事务文书,如介绍信、证明信、邀请书、聘书、贺词、慰问信等。这些专用书信应用于特定场合,专用性很强,一般都有固定的模式和特定的要求。

第一节　介绍信、证明信

一、知识概述

（一）介绍信

　　介绍信是机关、团体、企事业单位用来向有关单位介绍前去洽谈业务、参加活动的派遣人的情况与任务的一种专用信件。它侧重介绍,兼有证明的作用。

　　1. 介绍信的种类。

　　（1）书信式介绍信。这种介绍信是根据需要临时书写,纸张一般用单位的公用信笺即可。

　　（2）带有存根的专用介绍信。这种介绍信用铅字印成,有两联,一联存根,另一联填写后供外出人员使用。两联之间有虚线,并有骑线的编号和盖章。

　　2. 介绍信的特点。介绍信具有凭证性的特点。介绍信是各机关、团体出具的具有凭证作用的书信,持介绍信的人正是凭借此信同有关单位或个人联系、商洽某些事项。收信者从对方的介绍信里就可以了解来者何人、任何职务、办理何事、有何具体的要求等,以便接洽,共同把事情处理好。

（二）证明信

　　证明信是国家机关、社会团体、企事业单位为证明有关人员的身份、经历及其与某事件有何关系而出具的函件,是用可靠的材料表明人或事物的真实性,证实和说明人或事物具体表征或特性的专用文书。有的证明信是主动发给对方的;有的是就对方来函询问给予答复。有的证明信用于差旅事项的证明,有的用于证明事实材料的真实性。

　　1. 证明信的种类。

　　（1）以组织名义发出的证明信。这类证明信多数是组织应曾在或现在本单位工作的员工的要求证明其身份、经历或与本单位有关系的事情。

(2) 个人证明某人、某事真实情况的证明信。这种证明信由个人书写,证明有关人员、有关事项真实情况,证明人签字盖章后,所在单位审核签署意见。

(3) 随身携带的证明信。这种证明信由组织签发、个人随身携带以备之需,有证件的作用。

2. 证明信的特点。

(1) 真实性。真实性是证明信最重要、最本质的特点。写证明信应据实作出证明,不得作假,出具假证明会造成严重的后果,并因此承担相应的法律责任。

(2) 凭证性。证明信的凭证性是以真实性为基础的,有时候,证明信本身就是一种凭证,在许多事情的办理、问题的解决中,证明信可以作为一种依据。

二、写作指要

(一) 介绍信

1. 介绍信的写作方法。

(1) 标题。标题在首行正中印(写)明"介绍信"三字。

(2) 称呼。称呼在信件开端处顶格书写受信单位和受信人的名称,也可将受信单位名称写于信件的最后一行(顶格),但需要在其上一行写"此致"二字。

(3) 正文。正文空两格起写被介绍人的姓名、身份以及前往接洽的事项和向接洽单位提出的希望及要求。带存根的专用介绍信还有编号,编号由机关代号和介绍信的序号组成。编号的位置在标题的右下方。存根和介绍信正文之间有一条虚线,在虚线正中加盖公章。存根内容和介绍信正文要完全一样。

(4) 结尾。结尾写上"此致敬礼"等一般性礼貌用语。附上有效期,用圆括号括上。

(5) 落款。介绍信要署上派遣单位的全称,并加盖公章,公章的名称必须和署名一致,假如以其他公章代用时,要注明"代"字。署名下面写清楚年月日。

2. 介绍信的写作要求。任何介绍信必须在填写前,先经主管领导批准,否则不得填发。重要的介绍信要经领导过目,并在存根上签字,以示负责。

如实写清派遣人的姓名和身份。一封介绍信只能写给一个单位,严禁开"××、××等单位"、"各有关部门"这样的介绍信。内容要简明,所联系办理的事情必须填写具体,以防介绍信被滥用。

向对方提出要求时语气要谦和,一般使用"请接洽"、"请予协助"等,不能使用命令式的口吻。

书写工整,不许涂改。如有涂改,要在涂改之处加盖公章。介绍信禁止使用铅笔或红色的墨水笔书写。

(二) 证明信

1. 证明信的写作方法。

(1) 标题。标题在首行正中印(写)明"证明信"、"证明"或是"关于×××同志的××情况的证明"、"关于××问题的证明"等。

(2) 称呼。标题下一行顶格处写收信者的名称。

(3) 正文。正文是证明信的关键部分。另起一行空两格处如实写清要证明的具体事实,用语要准确,如果附加有证明材料,要说明材料来源。

(4) 结尾。在证明信正文的下一行,顶格处一般写"特此证明"。

(5) 落款。在结尾的右下方署上写证明信单位的名称并加盖公章。个人写的证明信署上个人的姓名并加盖私章。有时还得根据需要再由证明人单位盖章以证实证明人的身份。在署名下一行写上具体的年月日。

2. 证明信的写作要求。写证明信一定要严肃慎重,对被证明的人或事确实清楚地了解,要实事求是,将事实和个人看法区分开来,不得虚构、杜撰。证明信不必过长。语言要简明、确凿,表述清楚,不能含糊其辞。证明信不能用红笔或铅笔书写,书写时如有涂改要在涂改处加盖印章,证明信应保留存根、底稿,以备查考。必要时可考虑在证明信上标明"机密"字样。

三、示例与简析

示例1

介　绍　信

××公司负责同志：

　　兹介绍我单位××同志等(系我公司高级工程师),前往贵处洽谈有关合作的具体事宜,请接洽。

　　此致
敬礼
　　(有效期×天)

××技术开发研究所(盖章)
二○○×年×月×日

【要点评析】

这是常用的书信式介绍信的格式。将派遣人的真实姓名和身份,所联系办理的事情交待清楚。这是一份规范的介绍信。

示例 2

介 绍 信

介绍信（存根）	介绍信
××字第××号	××字第××号
×××等×名，前往×××处联系××× 事宜。	兹介绍×××等×名同志，前往×× ×处
	联系×××事宜，敬请接洽并予协助。
二〇〇×年×月×日	此致
	敬礼
	×××（盖章）
	二〇〇×年×月×日

【要点评析】

这是常用的专用介绍信的范本格式。填写时要注意写清派遣人的真实情况和所办理的事情。注意两联内容一致。骑线处正中要加盖公章。

示例 3

证 明 信

×××公司负责同志：

×月×日来函已阅。现根据函中要求，将贵公司××同志的有关情况介绍如下：

××同志于1996年7月~2000年7月在我单位工作，曾任调研部副主任。该同志工作期间认真负责，能以身作则，爱岗敬业，成绩较为突出。1998年被评为我单位先进工作者。

特此证明。

×××研究所（公章）

二〇〇×年×月×日

【要点评析】

开头首先写明是应对方的要求出具这份证明。正文陈述被证明人经历的具体内容,包括时间、地点和所担任的主要职务以及对被证明人的简单评价,表述得非常清晰。

整份证明信书写格式规范。

示例 4

证　明　信

××日报社:

贵报2000年8月9日第一版《寻访"8·7"交通肇事目击者》一文,我仔细看了几遍,我就是大卡车肇事全部过程的目击者,并和王女士(此前我不知道她的名字)送老人入院的热心人,现将我当时看到的一切证明如下:

今年8月7日晚10许,天下着大雨,我从朋友张泉处回家,当时我由南向北在福安路上行走,当走到乐乐饭店门口,一辆大卡车从北向南疾驰而来,随之听到一声怪异的急刹车声,我回头一看,发现那辆车撞倒了一个什么物体,大约距我几米远,当我赶过去那辆大卡车已经发动开走了(我清楚地看到大卡车的车牌号码尾数是"37"),路上却躺着一个70岁上下的老人,老人身边的手推车已经被汽车压扁了。这时,一辆出租车从我身后开了过来,司机王女士立即下车,招呼我一起把老人扶上车,并表示立即把老人送往附近的医院。因为我第二天一早要去外地出差,再看看老人没有什么生命危险,我就拿出随身携带的50元现金交给王女士,之后我就回家了。

近日,从报上得知,王女士却被误认为是这个事件中的肇事者,我感到有必要站出来作证,因为我工作太忙,最近几天都要出差在外,谨以此信证明:

1. "8·7"交通肇事案的肇事者是大卡车司机,车号尾数是"37";
2. 在此案件中,王女士是援助者。

请贵报代我向王女士致以崇高的敬意,如有必要,我愿意出庭作证。

特此证明

黄××(盖章)
二〇〇一年八月十日

【要点评析】

这封证明信是以个人的名义主动去证明某个事件。正文详细写清了需被证明事件的发展过程、时间、地点、参与者的姓名及其在这个事件中的行为。最后对需要证明的事实加以归纳,表述肯定。整封证明书写格式规范。

第二节 邀请书、聘请书

一、知识概述

（一）邀请书

邀请书是国家机关、社会团体、单位、个人邀请对方前来参加某项活动如出席会议、宴会、与对方相约会面或聘请对方担任某个职务时而发出的书信。

邀请书的特点：

1. 慎重性。邀请书实际上是一种比较复杂的请柬，它除了起郑重的邀请作用外，还有向被邀请者交待邀请他（她）所做事情的相关事宜的作用。

2. 凭证性。发邀请书是为了表示郑重其事，有时也是为了用作入场或报到的凭证。

（二）聘请书

聘请书简称聘书，聘，是聘请的意思，是用于聘请某些有专业特长或有名望、有权威的人完成某项任务或担任某种职务时所使用的书信体文书。聘请方以此作为向被聘请者担任某项工作而出具的凭证。同时，聘书能增强被聘任的责任感和荣誉感。

聘请书的特点：

1. 慎重性。聘与被聘双方都是经过慎重考虑达成协议的，发给聘书，表示聘任单位的郑重；接受聘书，表示被聘者的承诺。

2. 凭证性。通常，聘书是受聘者能力和水平的一种证明，因此聘书有凭据性，用人单位可以从聘书中了解受聘者的业务、能力等情况，作为人才录用的依据。

二、写作指要

（一）邀请书

1. 邀请书的写作方法。

（1）标题。在信封的封面或内文的第一行中间用较大的字，写上"邀请书"、"邀请信"或"××（单位）邀请函"字样。

（2）称呼。在第二行顶格处写被邀请者（个人或单位）名称。姓名之后可加"书记"、"主席"等职务或"先生"、"女士"等称呼。单位名称要用全称，以示尊敬。称呼之后加冒号。

（3）正文。在称呼下一行空两格写正文内容。一般采用直陈式写法，先写明何时何地有什么活动。也有的采用书信式写法，侧重向被邀请者交待相关的事宜，如活动的意义、目的等。

（4）结尾。正文结束后，通常用"敬请光临"、"欢迎指导"等用语结束。

(5) 落款。在正文的右下方注明邀请单位的名称和发出邀请的时间。单位名称用全称，以示郑重、礼貌。

2. 邀请书的写作要求。在起草邀请书之前要对邀约活动的各方面情况充分了解，如会议主题、报到路线、食宿安排等，这样写出的邀请书才能准确、清楚、有条例。措辞应得体、委婉、礼貌，给对方一种热情、周到的感觉。

(二) 聘请书

1. 聘请书的写作方法。

(1) 标题。一般是在封面上印刷好了"聘书"二字，制作上讲究美观、大方、醒目。需要书写的聘书在纸张的上方正中写上"聘请书"或"聘书"字样。聘书右上或右下位置写有聘书的编号。

(2) 正文。正文用直陈式写法，第一行顶格写，写聘请人姓名、称呼，如"××先生"、"××同志"等；书信式写法，第一行空两格写"兹聘请××同志"。接着写被聘请者担任什么职务，承担什么工作，期限多久，有的还需注明待遇等。

(3) 结尾。正文后另起一行，写"此聘"，有的写表示致谢、祝愿的礼貌用语，也有的不写任何内容。

(4) 落款。聘任单位名称在正文右下方位置，写全称并加盖公章。紧接聘请单位名称后，另起一行写上签发日期。

2. 聘请书的写作要求。在聘书写作之前，聘请单位与被聘请人双方经过协商，两厢情愿后再写聘书。聘书的内容要交待清楚聘请的对象，在什么时间做什么工作及聘任迄止时间。比较简单的聘书(只交待聘请谁、担任什么职务)可事先制订统一格式，用时填写相关内容即可。聘书的形式要庄重大方，语言要简洁明了。

三、示例与简析

示例1

邀 请 书

×××先生：

　　谨定于2001年×月×日下午3点，在××大厦三楼会议室，举行新年茶话会。
　　敬请光临

××文化馆
二○○×年×月×日

【要点评析】

本篇邀请书运用直陈式写法,简便、明了。按邀请何人、何日、何地、何事的顺序将邀请书必备内容交待清楚,文句简洁、明了。

示例 2

邀 请 信

尊敬的×××先生:

　　一年一度的"以太网世界"大会将于11月12日在北京中国大饭店举行,我们诚挚地邀请您参加此次盛会。

　　三年来,因演讲嘉宾的权威性、众多主流以太网厂商的参与以及公开全面的信息,使得"以太网世界"大会成为中国以太网技术和应用风向的引领者。今年的会议将全方位探讨以太网标准的最新进展和发展方向。在构建网络的基础上,更强调以太网的管理、安全等环节,从应用角度出发实现网络的最大效能。

　　标准指引方向——负责以太网标准建立的 IEEE 802.3(以太网)标准委员会主席 Bob Grow 先生、城域以太网论坛总裁 Nan Chen 先生将莅临大会做主题演讲,包括 Cisco、华为3Com 等在内的国际国内具有领先地位的企业高层也将就前沿技术和具体应用进行详细的阐述。会议还将安排"组网及应用"、"安全以太网"和"以太网性能管理"三个主题方向近10余场专题论坛,同时设有最新技术、产品和应用的展示及演示。

　　交流促进发展——大会不仅邀请到在以太网相关领域最权威的专家进行主题演讲,众多国内外主流厂商汇集一堂,使您得到不带偏见的应用信息。和您一样在各行业各企业负责信息系统规划、管理和使用的专业人士济济一堂,彼此切磋相互交流,相信会使每个与会者收获更多。《网络世界·以太网专刊》更为您提供不可或缺的以太网资料大全。

　　"以太网世界2004",将是您和业界专家、主流厂商及业界同行直面交流的一次盛会,我们期待在您的参与中成为一年一度网络领域展望市场前景、探讨最新技术、交流应用方案,并给您的工作带来切实的帮助的更好平台。

　　这是一场网络的盛会,当然少不了您的参与……

网络世界报社　谨邀

二〇〇四年×月×日

【要点评析】

全文采用书信式写法。正文开头写明邀请对方何时何地做何事。接着阐明此次盛会召开的意义和盛会召开的主题。以充满情感的措辞,将会议的主要内容、参会人员、活动意义、目的,清楚地告诉了被邀请者。

结尾强调邀请者的期待,但是表达上却是从被邀请者角度考虑,突出盛会的意义,使被邀请者欣然接受。

示例3

聘 任 书

兹聘请×××同志任××公司宣传策划部顾问,任期从××年×月×日至××年×月×日。

此聘

××公司总经理(章)

××年×月×日

【要点评析】

聘任书用直陈式写法,主要内容完备,陈述简洁明了,这种写作方式已被人们广泛采用。

示例4

聘 请 书

尊敬的李××教授:

为了提高我校的健美操教学质量,本校成立了大学生健美操教学研究会。特聘请您为该研究会第一任会长,指导本校的大学生健美操教学工作和科研工作。

此致

敬礼

××职业技术学院(公章)

二〇〇×年×月×日

【要点评析】

聘请书以书信式的写法,将聘任的职务、任期、职责等方面都作了明确表示。这是一种较为常见的写作方法。文章格式正确,书写规范。

第三节 慰问信、贺信

一、知识概述

(一) 慰问信

慰问信是单位或者个人,以组织或个人的名义在他人处于特殊的情况下(如战争、自然灾害、事故),或在重大节假日来临之际,向对方表示问候、慰藉、鼓励和关心的应用文书。

慰问信的种类,按内容分为表示同情安慰的慰问信,慰问对象是在某种自然灾害、事故中遭受了损失的人民群众;表示鼓励表彰的慰问信,用于对方取得荣誉、成就等突出贡献时;表述节日问候的慰问信,在节日来临之际,对坚守岗位的各条战线的职工,以及军烈属、离退休干部等表示节日问候。

慰问信的特点:
1. 亲切性。慰问信用语亲切、以情动人才能传达出给予对方的关心、抚慰。
2. 鼓舞性。慰问信以安慰、鼓励、问候对方为目的,既让对方感到亲切,也让对方受到感染、鼓舞。

(二) 贺信

贺信是对组织的成立、纪念日期以及他人取得的成就、获得某种职位等表示祝贺的文书。贺信与贺词有所不同,贺词往往是单位、团体或个人应邀参加某个重大活动或在某个重要场合时发表的讲话,表示祝贺感谢之意,这番讲话就成为贺词,而贺信不一定需要通过口头语言表达。

贺信的种类:上级对下属单位、群众发出的贺信,可以是对节日的问候,也可以是对所取得的成绩的祝贺,同时,提出新的希望和要求;同级单位之间的贺信,这种贺信在表示祝贺之外侧重表示要向对方虚心学习,以起到互相鼓励的效果;下级对上级的贺信,对上级的职位升迁、重大贡献等祝贺的同时,多表达下级单位或个人对完成某项任务的决心和信心;还有在亲朋好友之间,对一些值得庆贺的事情如乔迁新居、生日寿辰等表示的祝贺等。

二、写法指要

(一) 慰问信

1. 慰问信的写作方法。

(1) 标题。第一行正中写"慰问信"或者"××××致××××的慰问信"。

(2) 称谓。第二行顶格写单位、个人名称,称谓应表示尊敬。

(3)正文。正文一般先写明慰问的背景、原因,以提起下文。接着叙述事实,可写遇到的困难事件本身或者介绍他人的事迹等,最后结合形势提出殷切的希望,或者表示共同的愿望和决心。

(4)结尾。结尾通常用一句慰勉与祝愿的话作结。

(5)落款。正文下一行右下方署名,对应下一行写年月日。

2. 慰问信的写作要领与要求。写慰问信要明确慰问的对象,根据不同的对象确定慰问的内容和所要表达的感情。感情要真挚诚恳,无论是赞颂、慰勉、安抚或者是同情,感情表达一定要真挚动人,给收信人以精神的鼓舞。语言要亲切生动,慰问信的主旨是向对方传达关怀和问候,语言要精炼、朴实、亲切、感人,可以适当运用抒情的表达方式,切忌套话或空洞的词藻堆砌。

(二)贺信

1. 贺信的写作方法。

(1)标题。第一行正中写"贺信"或者"××××致××××的贺信"。

(2)称谓。第二行顶格写被祝贺单位、个人名称,若是写给个人的,称谓应表示尊敬。

(3)正文。先用简洁的词语写出祝贺的原因,常用"值此……之际,谨代表……向……表示热烈祝贺"之语开头;中间可结合形势,概括分析祝贺对象取得的成绩或所要祝贺的事项的重大意义;最后是表示希望之词。

(4)结尾。通常用祝愿、鼓励等方面的话,或提出要求作结。

(5)落款。另起一行,在右下方写发信单位或个人的名字。署名下一行对应位置写年月日。

2. 贺信的写作要领与要求。贺信中对对方取得的成绩评价要恰如其分,表示决心要切实可行,不要言过其实。表示祝贺的感情要饱满、充沛,给人以鼓舞。语言要简洁明快,通俗流畅,篇幅不宜过长。

三、示例与简析

示例1

春节慰问信

第一客运公司全体员工同志们:

在我国人民的传统节日春节即将来临之际,我们向辛勤工作在客运战线上的同志们表示亲切的慰问并致以崇高的敬意。

过去的一年,在以江泽民同志为核心的党中央领导下,我国社会主义事业蓬勃发展,经济建设成就辉煌,客运建设得到全面加强。我们第一客运公司,在上级部门和各级首长的领导帮助下,圆满完成了各项工作任务,公司党支部的建设又迈上了新的台阶,被全国客运系统评为安全运营先进单位;党支部也被上级部门评为先进党支部。这些成绩的取得与你们——全体员工的共同努力是分不开的,你们为公司的建设跨入先进行列作出了积极的贡献。当然,这些成绩中,也包含着每位员工家人的支持和贡献。为此,我们再一次向各位尊敬的员工家属同志们表示诚挚的感谢。同时,也希望大家继续共同努力,再创工作新佳绩。

最后,祝全体员工身体健康,家庭和睦,春节愉快!

第一客运公司党支部
二〇〇×年×月×日

【要点评析】

标题表明了慰问信的种类。正文开头阐述慰问信的主旨:向对方表示慰问。语言精炼、亲切。叙述事实,总结成绩,提出希望。

这篇慰问信避免了公式化、概念化的词语,也没用套用刻板的公文语言,感情真挚,措辞诚恳。

示例 2

中华人民共和国建设部贺信

××建筑科技大学:

值你校隆重举行并校45周年暨办学105年盛典之际,谨向你校全体师生员工和校友致以热烈的祝贺和亲切的慰问!

105年沧桑岁月,45年风雨历程。××建筑科技大学继承和发扬了传统的专业优势,不断完善教学体系和育人环境,形成了良好的校风、学风,为国家培养出了一大批栋梁之材,取得了许多高水平的科研成果,为祖国的经济建设、科技发展做出了很大贡献!

××建筑科技大学是一所以建筑和土木工程类专业为重点的多科性大学,在土建方面师资力量、科研实力雄厚。多年来,为建设领域的人才培养和建筑科技的研究、开发、推广做出了突出贡献,还完成了一大批国家重点工程建设项目的规划和设计。对此,我们向你校表示最诚挚的感谢!

我们相信,在二十一世纪新的征程中,××建筑科技大学一定会抓住机遇,深化改革,积极探索,不断创新,为把××建筑科技大学早日建成国际知名、国内一流的多科性教学科研型大学而努力奋斗！

中华人民共和国建设部
二〇〇一年×月×日

【要点评析】

　　文章标题为祝贺单位＋文种。直观、清晰。正文开头写祝贺的缘由。在充分肯定并热情赞扬了对方取得的成就的同时，寄予深切的希望，让被祝贺者受到激励和鼓舞。整篇文章语调热情喜悦，感情真挚饱满。

思 考 与 练 习

　　1. 选择题。单位、团体、个人邀请有关人员参加或出席某些重要活动或会议的一种告知性礼仪文书是（　　　）。
　　　A. 欢迎词　　　B. 请柬　　　C. 邀请书　　　D. 慰问信
　　2. 介绍信的含义是什么？有什么特点？
　　3. 带存根的专用介绍信在写作正文时要注意什么？
　　4. 证明信由哪些种类？
　　5. 如何理解证明信真实性的特点的含义？
　　6. 试比较证明信与介绍信两种文体的异同。
　　7. 邀请书具有什么特点？一般写作方法是什么？
　　8. 写作聘请书要注意哪些事项？
　　9. 邀请书和聘请书有什么区别？
　　10. 写慰问信要明确慰问的对象，举例谈谈对这句话的理解。
　　11. 慰问信有哪些特点？
　　12. 贺信适用于哪些范围？它与贺词有什么不同？
　　13. 写作贺信的正文有什么样的要求？

第二十四章　迎送专用文书

　　在人们日常的工作、生活交际中,经常会有些迎来送往的礼节性的活动,需要使用到一些专用的文书。比如,举行某种纪念会、欢庆会或其他有重要意义的会议,要用到开幕词、闭幕词、祝酒词、答谢词等;当会议、活动结束,双方告别或欢送,也需要专门的文书,以示礼貌、周到;遇到单位里某人不幸逝世,在参加其追悼会时会用到悼词等等。像开幕词、闭幕词、欢迎词、欢送词、答谢词、告别词、悼词等这样的在各种社交活动中具有很强的礼节性、临场性和有声性的应用文书,我们称为迎送专用文书。它的使用范围很广,在社交活动中发挥着重要的作用。

第一节　开幕词、闭幕词

一、知识概述

（一）开幕词

　　开幕词是各级党政机关、社会团体、企事业单位在会议开始时,由会议主持人或主要领导人向大会所作的重要讲话。开幕词是大会的序曲,在郑重宣布会议开幕的同时,通常要阐明召开这次会议的背景和意义,提出会议宗旨、指导思想、中心任务,说明会议的议程和注意事项等。

　　1. 开幕词的种类。开幕词按内容可以分为侧重性开幕词和一般性开幕词两种。侧重性开幕词往往对会议召开的历史背景、重大意义或会议的中心议题等,作重点阐述,其他问题一带而过。一般性开幕词则只对会议的目的、议程、基本精神、来宾等作简要概述。

　　2. 开幕词的特点。

　　（1）宣告性。宣告性体现在开幕词中郑重宣告会议正式开幕,给会议营造一种隆重气氛。

　　（2）指导性。开幕词阐明会议的宗旨,提出会议的指导思想、中心任务,阐明会议的目的、要求和重要意义,对这个会议具有把握方向的重要作用。

　　（3）提示性。开幕词明确交代会议的议程,扼要说明会议的原则、议程,交待会议的主要精神,起到点题作用,可以使与会者了解会议的宗旨、会议议程等有关问题,便于做好准备,积极主动地参与到会议中去。

（二）闭幕词

闭幕词是党政机关、企事业单位或群众团体的领导人在各种大型会议即将结束时对与会者的讲话。闭幕词核心部分要写明会议基本精神和通过的主要事项，会议的重要性和深远意义，向与会人员提出贯彻会议精神的基本要求等。一般说来，这几方面内容都不能少，而且顺序是基本不变的。闭幕词的作用在于传达会议组织者对大会的全面评估和总结，并激励与会代表贯彻会议精神，完成会议提出的各项任务。

闭幕词的特点：

1．评估性。闭幕词要对整个会议作出总的评价，恰当评价会议的主要成果和影响，从而激励与会者的斗志，增强其贯彻会议精神的信心和决心。

2．总结性。闭幕词要对会议主要内容和基本精神进行简要总结。通常要概括会议的进程，如完成了哪些议题，做了哪些事情，每项议题和每件事情又有什么意义；与会者提出了哪些正确意见或合理化建议，以及会议制订了哪些目标，如何贯彻会议精神等，使与会人员对会议精神更加全面、深刻地了解和掌握，以便会后更好地贯彻会议的基本精神。

二、写作指要

（一）开幕词

1．开幕词的写作方法。

（1）标题。常见的格式是"会议名称＋开幕词"。有的标题下面注明开会时间，外加括号，再下面是致词人的姓名。如：

××局第十届职工代表大会开幕词

（二○○×年×月×日）

×××

也有使用新闻式标题法，分正标题和副标题的，副标题注明"××会议开幕词"。如：

进一步推动我国对外汉语教学的发展

——第二届国际汉语教学讨论会开幕词

×××

（2）称呼。标题下首行顶格写称呼，如"同志们"、"代表们"等。

（3）正文。称呼下另起一行，空两格写，宣布会议开幕。正文是主体部分，先说明会议基本情况，包括出席人数、会议组织情况、议程等；再写会议的任务和宗旨，以及对前段工作的简要回顾，对目前有关形势的分析等。

（4）结束语。一般用"预祝（祝愿）大会圆满成功"作为结束语，有的还提出希望、发出号召，将会场的气氛调动起来。

（5）落款。如果标题下没有署名和日期的，这里要署上致词者的姓名，并写明致词日期。

2．开幕词的写作要领与要求。开幕词的写作一般要依据会议方案为蓝本，事先要经主席团、委员会等领导机构批准。闭幕词篇幅不要太长,讲究结构紧凑,语言朴实、简练、口语化。

(二)闭幕词

1. 闭幕词的写作方法。闭幕词由标题、称呼、正文、结束语和落款五部分组成,标题与称呼的写法与开幕词基本相同。在标题和称谓之后,另起一段首先说明会议已经完成预定任务,现在就要闭幕了,然后概述会议的进行情况,恰当地评价会议的收获、意义及影响。结尾部分一般先以坚定语气发出号召、提出希望、表示祝愿等,最后郑重宣布会议闭幕。落款的写法同开幕词。

2. 闭幕词的写作要领与要求。写作闭幕词要跟踪会议进程,掌握会议全面情况,从会议实际情况出发,紧密结合中心议题进行阐述,不能游离主题泛加讨论,要有针对性地对会议内容予以阐述和肯定;同时可以对会议未能展开但是与会者却都已认识到的重要问题作出适当强调或补充。要注意与开幕词前后呼应、首尾衔接,显示大会开得很圆满、很成功。

闭幕词要充满感情色彩。在实际运用中,开幕词常常含有欢迎词的要义,闭幕词有时也含有欢送词的要义,因此,要注意语言的感情色彩,让与会者充分感受到热情、真诚的氛围。无论是总结成果,还是提出要求,都要简洁明了,不要拖泥带水,要语调昂扬,使会议在高潮的气氛中圆满结束。

三、示例与简析

示例1

洽谈会开幕致词

女士们、先生们:

值此××省国际经济合作和出口商品洽谈会开幕之际,我代表××省人民政府、××市人民政府、××省对外贸易总公司,向远道而来的五大洲各国来宾、港澳同胞、海外侨胞表示热烈的欢迎和真诚的问候!

××××年×月,在庆祝××对外贸易中心落成典礼时,我们曾在这里举办过一次洽谈会。今年这次洽谈会,规模和内容比上一次洽谈会更加广泛和丰富。这次洽谈会,将进一步扩大我省同世界各国及港澳地区的经济技术合作和贸易往来,增进相互了解和友谊。

××省是我国沿海经济比较发达的省份之一,幅员辽阔,物产丰富,人力资源充足,工农业生产和港口、交通均有一定的基础,对外经贸事业的发展有着广阔的前景。目前,我省已同世界上140多个国家和地区建立了贸易往来和经济技术合作关系,这种合作关系正在日益巩固和发展。

本次洽谈会，我们将提出200多种对外经济合作项目，包括轻工、纺织、机械、电子、化工、冶金、建材、水产及食品加工等，供各位来宾选择。所展出的商品不少是我省的名牌产品和新发展的出口产品。欢迎各位来宾洽谈，凭样订货。

今天在座的各位来宾中，有许多是我们的老朋友，我们之间有着良好的合作关系。对于你们的真诚合作精神，我们表示由衷的赞赏和感谢。同时，我们也热情欢迎来自各国各地区的新朋友，为有幸结识这些新朋友感到十分高兴。我们欢迎老朋友和新朋友到××地观光游览，发展相互间的友好合作关系。

最后，预祝××省国际技术合作和出口商品洽谈会的圆满成功。

二○○×年×月×日

【要点评析】

开场以热情洋溢的语气致欢迎词。显示主人的亲切、友好。正文首先简单回顾上一次会谈。在与上一次洽谈会的比较中，向与会者概括本次会议的规模和内容更广泛、丰富。紧接着分两段依次阐述这次洽谈会举办的目的、意义和背景。从简要罗列这次洽谈会的对外经济合作的项目，过渡到结束语，提出合作的希望和祝愿。

整篇开幕词的正文结构十分清晰。

示例2

××收藏家协会第一次会议闭幕词

（二○○×年×月×日）

×××

各位代表、各位来宾：

在上级主管部门的关心支持下，在社会各界和全体与会代表的热情参与和共同努力下，××收藏家协会今天正式成立了。在这次成立大会上，通过了协会章程和筹备工作报告，选举产生了协会机构，制订了工作计划，这标志着××收藏家协会正式面世并从此开始正常运转。

××收藏家协会的正式成立，将对我省保护和弘扬优秀的民族民间文化产生积极影响。希望我省的各门类收藏爱好者和研究者，在十六大精神指引下，坚持以马列主义、毛泽东思想、邓小平理论和"三个代表"重要思想为指导，认真学习实践"三个代表"重要思想，增强贯彻"三个代表"的自觉性和坚定性，团结协作、与时俱进，肩负起抢救、保护、研究、弘扬优秀民族文化的历史使命,努力做先进文化的建设者和传播者,在从事这项工作时,站在人文精神的高度来看待自己和他人的收藏活动。要严格遵守国家和自治区的有关法律法规,自觉抵制一切不法行为,以保持我们队伍的纯洁性。

今后,我们要面向全国、面向世界。首先要加强同兄弟省、市、自治区有关机构的横向联合,通过交流和互动,进一步提高我区收藏家的收藏水准,扩大西藏收藏界在全国的知名度,使我省的收藏事业尽快和全国接轨。

最后,希望全体会员以协会成立为契机,振奋精神、献计献策,和协会保持密切联系,注意发现和推荐新的收藏爱好者加入我们队伍,使我们这个新生的协会始终保护旺盛的生机。

现在我宣布,××省收藏家协会成立大会胜利闭幕!

【要点评析】

标题由会议名称和文种组成。标题下注明开会时间、致词人的姓名。书写规范。

正文首先肯定这次大会圆满完成了任务,接着概述会议的重大意义,并对与会者提出希望和要求。整篇闭幕词语言简洁,具有煽动性和鼓舞性。结尾自然地使用了闭幕词的习惯用语。

第二节 欢迎词、欢送词

一、知识概述

(一) 欢迎词

欢迎词是指在接待客人的座谈会、宴会、酒会等正式场合中,主人发表的表示欢迎之意的带有礼仪性质的应用文书。

(二) 欢送词

欢送词是客人参加完活动即将返回之际,主人在仪式上致词,表示感谢、欢送之意的带有礼仪性质的文书。

二、写作指要

(一) 欢迎词

1. 欢迎词的写作方法。

(1) 标题。标题在第一行居中直接写"欢迎词"或者"活动内容+欢迎词",比如"在××学术研讨会上的欢迎词"等。

(2) 称呼。称呼在第二行顶格处,一般用带敬语的全称,如"尊敬的××先生"等。

(3) 正文。正文开始首先要对客人表示热烈的欢迎,真挚的问候和敬意;接着阐述客人来访的意义,赞颂客人在某些方面取得的成就,也可以回顾双方之间的交往和友谊,赞扬双方之间的友好合作。

(4) 结束语。结束语表示良好的祝愿和希望,比如"祝愿宾客与会议代表在会议期间一切顺利"等。

(5) 落款。落款在正文末偏右下方署上致词单位的全称,如果标题中有名称了,可以不再署名,以个人名义致词的,一定要署上致词者的身份、姓名。对应署名下一行署上成文日期。

2. 欢迎词的写作要领与要求。写作欢迎词态度要热情友好,要针对不同的来访者,特别是以加强交流、促成合作为目的的活动中,更要把握好语言分寸,礼貌适度,避免千篇一律。

欢迎词是应酬性讲话,往往是在公关礼仪活动刚开始时发表的,接下来还有一系列的活动等着进行,因此篇幅要力求简短,冗长拖沓的欢迎词只会令与会者生烦,破坏欢迎会的友好气氛。

(二) 欢送词

1. 欢送词的写作方法。欢送词由标题、称呼、正文、结束语和落款五部分组成,写作格式与欢迎词写作格式相仿,主要是正文部分的内容有所区别:通常是回顾整个活动,感谢大家的合作,表达友谊和惜别之情,有的还包括诚恳征求客人对接待工作的意见和建议,对接待过程中不尽如人意的地方向客人赔礼道歉,对客人表示欢送并对客人在这一阶段取得的成绩予以肯定,给予适当的评价等等内容。结束语要以生动感人的语言向客人送上美好的祝愿,并表达出依依惜别的感情。

2. 欢送词的写作要领与要求。欢送词要注意宾客身份,致词要恰到好处,感情真挚,友好热情,表达出主人对宾客的尊重和礼貌。此外,欢迎词和欢送词都要注意有声语言的特点,写作时,选用朗朗上口的词语,在运用时可以结合富于表现力的态势语言,以收到良好的现场效果。

三、示例与简析

示例 1

欢 迎 词

女士们、先生们:

值此×××厂30周年厂庆之际,请允许我代表×××厂,并以我个人的名义,向远道而来的贵宾们表示热烈的欢迎。

朋友们不顾路途遥远专程前来贺喜并洽谈贸易合作事宜,为我厂30周年厂庆更添了一份热烈和祥和,我由衷地感到高兴,并对朋友们为增进双方友好关系作出努力的行动,表示诚挚的谢意!

今天在座的各位来宾中,有许多是我们的老朋友,我们之间有着良好的合作关系。我厂建厂30年能取得今天的成绩,离不开老朋友们的真诚合作和大力支持。对此,我们表示由衷的钦佩和感谢。同时,我们也为能有幸结识来自全国各地的新朋友感到十分高兴。在此,我谨再次向新朋友们表示热烈欢迎,并希望能与新朋友们密切协作,发展相互间的友好合作关系,发展相互间的友好合作关系。

"有朋自远方来,不亦乐乎"。在此新朋老友相会之际,我提议:

为今后我们之间的进一步合作,

为我们之间日益增进的友谊,

为朋友们的健康幸福,

干杯!

×××厂厂长××

二〇〇×年×月×日

【要点评析】

全文充满热情与真挚,标题写清文种。称呼使用了礼貌性用语。正文首先表示欢迎。主体部分,致词者面对的是参加厂庆活动的合作伙伴,所以侧重赞美双方的友谊和合作。结束语恰到好处地引用了名言名句,增添了文采,增强了表达力度,同时也增加了欢迎词的感情色彩。

示例2

欢 送 词

亲爱的二〇〇×届毕业生:

在这充满深情留恋和美好憧憬的日子里,你们,作为新一届大学毕业生和祖国现代化建设事业的接班人,即将结束流光溢彩的大学生活,走向社会,到改革开放的大潮中去接受洗礼,迎接新的挑战,并最终将自己锻炼成为全面建设小康社会,开创中国特色社会主义事业新局面的生力军。

在母校宁静温暖的怀抱里,你们曾留下奋进拼搏的足迹。为了翱翔蓝天,你们一遍又一遍地振翅高飞;为了驶入大海,你们一次又一次地抗击"风浪"。窗明几净的教室里出现过你们专心苦读的身影,丰富多彩的文体活动中展示过你们充满青春活力的风采,夕阳晚照的林阴道上留下过你们探求知识、思索人生的足迹……

现在,你们将挥挥手,告别母校,踏上新的征程。同学们,大学毕业既是终点,也是起点。党和国家对当代大学生寄予了殷切的期望,当代大学生理应成为有远大理想的一代、艰苦创业的一代、道德高尚的一代。母校希望你们在"三个代表"重要思想和党的十六大精神的指引下,树立远大的理想,发扬艰苦创业的精神;坚定信念、淡泊名利;开拓创新,积极进取;到农村去,到基层去,到艰苦的地方去,到祖国最需要的地方去无私奉献,建功立业。国家的振兴需要科技,科技的发展需要人才。党和国家立足国情提出并实施"科教兴国"战略,作为新世纪的大学生,应从自身实际出发,利用自己所掌握的专业知识和实践能力,积极投身于实现中华民族伟大复兴的千秋伟业中去,施展才华,建设国家。母校希望你们用丰富的专业知识、高尚的职业道德、精湛的业务水平,为祖国的建设添砖加瓦,为祖国的繁荣富强贡献智慧和力量,母校相信你们会在长期而艰苦的实践中不断体现自己的人生价值,努力实现自己的人生目标。

千里之行,始于足下。亲爱的同学们,愿你们志在千里,求真务实,忠于职守,勤奋工作,以优异的成绩报效祖国,以优异的成绩为母校争光。今天,母校师长欢送你们踏上学成报国的万里征程;明天,父老乡亲和老师同学将分享你们事业成功的无限快乐。

海阔凭鱼跃,天高任鸟飞。亲爱的同学们,祝你们一路顺风,早日实现远大的理想,拥有美好的未来。

××大学团委

二○○×年×月×日

【要点评析】

这是某校团委代表所致欢送词。欢送的对象是应届大学毕业生,欢庆毕业的同时重点表达希望和寄托。

文中引用名言名句,言简意赅,富有文采。

整篇欢送词书写格式规范。字里行间洋溢着真挚动人的感情。

第三节 祝酒词、答谢词

一、知识概述

(一)祝酒词

祝酒词是在宴会上向客人表达良好祝愿的一种应用文体。祝酒,在现代社会已发展成为一种招待宾客的礼仪。客人初到,设宴洗尘,宴会伊始,主人都要致祝酒词,以表达出友好的情谊。酒并不是祝的对象,而是人们交往中的一种媒介,祝酒是一种祝愿形式,主人借酒发挥,向到来的宾客致以美好的祝愿。

祝酒词的显著特点在于结尾的提议,热情、友好,共同举杯祝愿。

(二) 答谢词

答谢词是指特定的公共礼仪场合,主人致欢迎词或欢送词后,客人所发表的对主人的热情接待和关照表示谢意的讲话。答谢词也指客人在举行必要的答谢活动中所发表的感谢主人盛情款待的讲话。

答谢词的特点在于表达出对主人的热情好客的真挚感谢之情。

二、写作指要

(一) 祝酒词

1. 祝酒词的写作方法。

(1) 标题。标题一般由致词场合、致词人和文种三个要素组成,如:"××在××招待会上的祝词","致词人+致词场合+文种"这是一个完整的标题,三者排列顺序可以有所变动,也可酌情简化。有的在标题下写上日期,用括号标注。

(2) 称呼。首行顶格写称呼,后加冒号。称呼要热情友好,可以加头衔或表示亲切、尊重的词语。称呼既要突出客人中的代表,又要兼顾所有的与会者。

(3) 正文。正文是祝词的主体部分,根据宴请的对象、宴会的性质,简略地表示主人的想法和意见,可以分层表述:一是致词者在什么情况下,代表谁,向出席者(贵宾、朋友、上层领导、经济伙伴等)表示欢迎、感谢和问候。二是回顾过去,概括以往所取得的成就以及变化和发展。三是放眼全局,联系当前所面临的光荣而艰巨的使命,展望未来。

(4) 结尾。结尾另起一行,写上表示祝愿的词语,一般都要提出为参加宴会及与之有关人员的健康、为与宴会有关的事业的发展干杯,通常分别独占一行,后面加感叹号作结。

(5) 落款。如果标题中没有显示出祝酒人姓名和祝酒日期,在落款里要署名、写上日期。

2. 祝酒词的写作要领与要求。祝酒词的写作,语言要求充满热情、喜悦、鼓励、希望、褒扬之意,使对方感到温暖和愉快,受到激励与鼓舞。祝词不应使用辩论、谴责批评等词句和语气。颂扬与祝贺要恰如其分,过分的赞美之词会使对方感到不安,自己也难免谄媚之嫌。

(二) 答谢词

1. 答谢词的写作方法。答谢词由标题、称呼、正文、结束语和落款五部分组成,写作格式与欢迎词、欢送词写作格式相仿,主要是正文部分的内容有所区别。答谢词的主体,先是用具体的事例,对主人所做的一切安排给予高度评价,对主人的盛情款待表示衷心的感谢,对访问取得的收获给予充分肯定等,然后,谈自己的感想和心情,比如,颂扬主人的成绩和贡献,阐发访问成功的意义,讲述对主人的美好印象等。答谢词的结尾,主要是再次表示感谢,并对双方关系的进一步发展表示诚挚的祝愿。

2. 答谢词的写作要领与要求。要对受谢的内容有准确的把握,尤其要抓住对方行事的重要价值所在,说明其必要性;在整个出访期间,自己受到各种优待,以及访问取得了怎样的成果,一定要选取其中最为典型的事例加以阐述和赞誉。

注意照应欢迎词。主人已经致词在前,作为客人不能"充耳不闻"。答谢词要注意与欢迎词的某些内容照应,这是对主人的尊重。即使预先准备了答谢词,也要在现场紧急修改补充,因情因境临场应变发挥。

措辞要合理得体。语言表达既要求尊重、礼貌,又要恰如其分,既热情洋溢,又要有分寸感。要保持自己的身份和尊严,不要有奉承之词。

三、示例与简析

示例1

在上海国际工业博览会—2000年高新技术成果展开幕式招待酒会上的祝酒辞

上海市人民政府常务副市长×××

(2000年10月24日)

尊敬的各位贵宾,

女士们,先生们:

在金风送爽的今夜,我们相聚在美丽的黄浦江畔,在辉煌的上海国际会议中心共同庆祝上海国际工业博览会——2000年高新技术成果展的召开。我谨代表上海市人民政府和"工博会"组委会,对诸位的光临,表示衷心的感谢和热烈的欢迎!

中国改革开放的总设计师邓小平提出了"科学技术是第一生产力"的著名论断。江泽民主席在党的十五大报告中进一步提出要把加速科技进步放在经济社会发展的关键地位,全面实施"科教兴国"战略。"九五"以来,上海稳步推进"科教兴市"战略,科技发展水平上了一个台阶。科技对经济增长贡献率达到47.2%,比1995年提高了近10个百分点。上海的高新技术产业产值年均递增20%。1999年上海市高新技术产值为1053亿元,比上年增长23%。计算机和集成电路、生物医药、新材料三大高新技术产业迅速壮大,占全市工业总产值的比重为18%。上海工业已形成由电子信息工业领衔,包括现代生物医药和新材料的高新技术为主导,汽车等六大支柱工业为基础,都市型工业为特色的工业结构新框架。三大高新技术产业加上六大支柱工业的产值,已占据全市工业总产值的70%。

随着新经济时代的到来,高新技术交易会已成为国际科技合作的重要途径。它对于加速我国高新技术发展,扩大高新技术产品出口和吸引风险投资,意义十分巨大。上海市政府决定举办上海国际工业博览会——高新技术成果展,突出高新技术和利用高新技术改造提升传统产业两大主题,正是为了充分发挥上海服务全国、面向世界的综合优势,为大家提供一个万商云集、充满商机的广阔舞台。从而促进东西部地区经济技术交流,推动中国和世界各国的高新技术交流与合作,加快改造和提升我国的传统产业。

我们愿与所有关心和支持中国高新技术发展的各界人士和所有参加本次盛会的嘉宾相互合作、共同努力,共创新世纪高新技术发展更加美好的明天。

现在我提议:

为上海国际工业博览会——2000年高新技术成果展的成功举办,

为中国高新技术产业的发展,

为各位嘉宾的身体健康,事业发达,生意兴隆,干杯!

【要点评析】

这是当时任上海市常务副市长的陈良宇同志在"博览会"招待酒会上发表的祝酒词。

正文开头表示欢迎和问候。接着陈述了上海举办这次博览会——高新技术成果展的背景和目的,表达了加强国际间科技合作的愿望。

结尾,致词者围绕"博览会"的主题向来宾提议干杯,是典型的祝酒词结尾的写法。

这篇祝酒词逻辑严密,言简意深,全文格调高昂,使人备受鼓舞,是篇不可多得的祝酒词佳作。

示例 2

答 谢 词

尊敬的×××先生,

尊敬的×××集团公司的朋友们:

首先,请允许我代表参观团全体成员对×××先生×××集团公司对我们的盛情接待表示衷心的感谢。

我们一行五人代表××公司首次来贵地访问,此次来访时间虽短,但收获颇大。仅三天时间,我们对贵地的电子业有了比较全面的了解,与贵公司建立了友好的技术合作关系,并成功地洽谈了×××电子技术合作事宜。这一切,都得益于主人的真诚合作和大力支持。对此,我们表示衷心的感谢。

电子业是新兴的产业，蒸蒸日上，有着广阔的发展前景。贵公司拥有一支由网络专家组成的庞大队伍，技术力量相当雄厚，在网络工作站市场中一枝独秀。我们有幸与贵公司建立友好的技术合作关系，为我地电子业的发展提供了新的契机，必将推动我地的电子业迈上一个新台阶。

最后，我代表××公司再次向×××集团公司表示感谢，并祝贵公司迅猛发展，再创奇迹。更希望彼此继续加强合作，共创明天佳绩。

最后，我提议：

为我们之间正式建立友好合作关系，

为今后我们之间的密切合作，

干杯！

×××

二〇〇×年×月×日

【要点评析】

答谢词称呼首先点名×××先生，以示对×××先生的尊敬，然后是客方的全体，既有突出又有兼顾，正文紧紧围绕"谢"字，多次对主人给予的接待、支持、合作表示感谢。强调了双方电子技术合作项目的意义和合作前景。措辞得体，礼节周全。

第四节　讣告、悼词

一、知识概述

（一）讣告

讣告一般是由死者生前的工作单位或亲属向有关单位、人员发出的报丧的通知或文告，可以张贴也可以登报。

讣告的种类主要有：一般性的讣告、新闻报道性的讣告、公告、宣告性的讣告。一般性的讣告，这种讣告是人们常用的，在死者生前的工作单位门口或公共场合张贴，也可以印发给有关单位和个人；新闻报道性的讣告，作为一则消息在报纸上公布，旨在让社会各界人士知道；公告、宣告性的讣告，这种讣告用于党和国家领导人及国内的重要人物或影响很大的知名人士，由党和国家机关、团体作出决定而发出。

（二）悼词

悼词是在死者追悼会上表示对死者哀悼、敬意的讲话。一般在追悼会上宣读。

悼词的主要特点是它的稳定性。表达内容稳定，一般包括对死者的哀悼，对死者身份、职务、逝世时间、终年岁数以及籍贯、履历、贡献、品德的介绍。语言风格沉稳,朴实庄重,包含感情,既要充分表达对死者的哀悼,又要给人以慰藉,激励生者化悲痛为力量。

二、写作指要

（一）讣告

1. 讣告的写作方法。

（1）标题。第一行正中用较大字体写"讣告"两字,或在讣告前面加上死者的姓名,写成"××讣告"。

（2）正文。第二行空两格写明死者的姓名、身份、职务、去世的原因、日期、地点及终年岁数。另起一行空两格,简介死者的生平事迹。再另起一行空两格写明开追悼会或向遗体告别的时间、地点。

（3）结束语。另起一行空两格写"特此讣告"或"谨此讣闻",也可以省略不写。

（4）落款。右下方写明发讣告的个人或团体的名称及发讣告的日期。

2. 讣告的写作要领与要求。讣告写作的时间性要求很高,讣告应在开追悼会或向遗体告别等仪式前尽早发出,以便让与死者有关的人员及时地做些必要的安排和准备。

采用客观叙述的方法简明扼要地写明死者逝世的时间、地点、开追悼会或向遗体告别的时间、地点、发讣告的日期等事项,万不可漏写或误写。

讣告一般用白纸黑字,以示庄重、肃穆。语言简练、严肃、庄重,以体现出对死者的哀悼和尊重。

（二）悼词

1. 悼词的写作方法。

（1）标题。第一行居中用较大字体写上"悼词"或"在×××同志骨灰安放仪式上的悼词"等。

（2）正文。第二行空两格写起,以沉痛的语气点明所悼念的死者的姓名、身份、职务、逝世的原因、终年岁数。接着转入悼词的主体部分,追述死者生前的主要经历和对国家、人民所做的贡献,并给予恰如其分的评价。

（3）结束语。在正文后另起一行空两格写。一般是评价死者逝世后带来的损失,勉励生者化悲痛为力量,学习死者的优秀品质等。最后,常常另起一段,一般以"×××同志永垂不朽!"或"×××同志千古!"作结,也可以根据实际情况采用其他慰问词语作结束语。

（4）落款。在结束语的右下方署名,在署名下写上年、月、日(悼词的署名、日期也可直接写在标题下)。

2. 悼词的写作要领与要求。悼词的作者对所悼念的对象一定要了解,要全面掌握死者的生平事迹,对死者生平经历叙述准确,评价得当,可以适当地赞扬和歌颂,但不宜用溢美之词。死者生前的某些过失一般不宜写进悼词。

写悼词在表情达意时可以灵活运用叙述、议论、抒情等多种表达方式。语言务必简练质朴,饱含深情,悼词要以深沉、庄重、肃穆的感情为基调,但不要低沉、伤感、凄惨,要达到哀悼死者、激励后人的目的。

三、示例与简析

示例1

讣　告

著名语言学家××教授,因病医治无效,2002年12月31日22时08分于北京协和医院不幸逝世,享年83岁。

××教授是中国社会科学院语言研究所研究员、中国社会科学院研究生院博士生导师。曾担任过第七届全国政协委员、语言研究所所长、《方言》季刊主编、全国汉语方言学会会长等重要职务。他一生从事语言学研究,在方言学、音韵学、语法学、词典学等诸多方面均取得突出成就,是享誉国内外的著名语言学家。××教授的逝世,是中国语言学界,尤其是汉语方言学界的一个重大损失。我们对此表示最沉痛的哀悼!

治丧办公室决定于2003年1月10日上午10时,在北京八宝山革命公墓菊厅举行××教授遗体告别仪式。××教授生前同事、学生及亲朋好友,如参加告别仪式,请准时前往;如有恭送花圈、挽联、唁电、诗文以及其他事项,请提前与治丧办公室联系。

地　　址:北京××建内大街×号中国社科院语言研究所

联系人:×××、××

电　　话:010—×××××××

参加告别仪式者可在院内停车场乘车。

发车时间:10日上午9点

××教授治丧办公室
2003年1月2日

【要点评析】

讣告侧重对外发布死者逝世的消息。对死者的生平经历只作简明概述和扼要评价。结束语发布治丧的有关事宜。最后附上必要的联系方式和注意事项。落款规范。

示例2

悼　词

　　今天，我们怀着十分沉痛的心情，在这里深切哀悼国内外有着卓著声誉的中国教育史研究专家李国钧教授。李国钧教授因急性心肌梗塞抢救无效，于2001年1月9日12时32分在上海第六人民医院不幸逝世，享年71岁。

　　李国钧教授1930年10月生于河南临颍的一个贫苦农民的家庭。1955年7月毕业于北京师范大学教育系，1956年加入中国共产党，1958年7月毕业于华东师范大学中国教育史研究班并留校工作。1971到1977年，参加"二十四史校点组"工作，任组长。此后曾担任古籍研究所所长、教育部全国高校古籍整理委员会委员、上海市古籍整理出版规划小组顾问、《中华大典》编委会委员、《中华大典·教育体育典》主编。1986年起担任博士研究生导师，是长期享受国务院特殊津贴的专家。1998年退休。

　　李国钧教授毕生从事中国教育史研究，他学识渊博，功底深厚，富有创新意识和开拓精神。80年代以来，在他的组织、主持下，出版了各类学术成果20余种，多次荣获国家级、省部级优秀科研成果奖和国家图书奖，为改革开放后中国教育史学科的重建、繁荣与发展作出了重要贡献。其中，集中了全国教育史学界智慧、代表80年代中国教育史研究最高水平的《中国教育通史》、《中国教育家评传》两部大型著作，他是实际主持者和统稿人之一；他主编的《中国书院史》，有力地推动了国内外书院史的研究；他新近主编出版的8卷本《中国教育制度通史》，在系统总结20世纪制度史研究成果的基础上，全面展现了从远古至1999年的中国教育制度发展史，形成了新的教育制度史评价体系，体现了崭新的研究理念；他主持的全国教育科学"九五"规划重点课题《中国区域教育发展史》系列研究，充分体现了他晚年进一步更新研究观念、拓展研究新领域的不懈努力和学术追求。特别值得注意的是，他始终坚持把教育史研究建立在坚固的文献积累、整理与研究基础之上，先后主持完成了《清代前期教育论著选》、《中国教育大系·历代教育制度考》、《清代前期教育制度史料选》等大型文献编纂，为中国教育文献的建设作出了显著的贡献。在病逝前，他仍主持着《中华大典·教育体育典》的编纂工作，这是由国务院立项的重大文化建设工程《中华大典》的子课题，也是迄今为止规模最大的中国历代教育文献的系统整理工程。

　　李国钧教授勤勤恳恳，任劳任怨，把自己的一生都贡献给了中国教育史的研究和学科建设。他虽长期受高血压的困扰，仍然全身心地投入科研。此次病发前夕，为尽快完成《中华大典》的编纂任务，他还在亲自搜集、校点有关资料，认真审定已完成的书稿；在第一次病发缓和期间，他还一直牵挂着《大典》的进展情况，为住院耽搁的几天时间而自责不已，表现出极其崇高的敬业精神。李国钧教授为人宽厚，富有同情心，虽不善言辞，却始终秉持着自己的为人准则，用实际行动赢得了同事们的尊重与后生们的爱戴。"文革"期间，他一以贯之地保持着知识分子的人格，在担任华东师大《二十四史》校点组组长之际，凭着自己的良心、胆略和智慧,想方设法为从事校点的老专家们创造尽可能安定一点的工作和生活环境,令这些老专家感念不已。他向以"海纳百川,有容乃大"自警,团结不同个性的校内外同仁,有效地开展了广泛而持久的合作研究,表现出宽容、谦逊、大度的学者风范。

  李国钧教授长期从事教育教学工作,视教书育人为自己的天职。他因材施教,鼓励学生发表自己的见解,从不因为学生与自己的观点相左而表现出丝毫的不快。他虚心随和的态度,不仅提高了教学效果,而且也赢得了"宽厚的长者,学业的良师"的一致赞誉。他常常告诫自己的学生:要抛弃短期功利行为,甘于寂寞,练就"板凳一坐十年冷"的硬功夫。他是经师,更是人师。他全面关心学生们的生活、学习与思想,即使在学生毕业工作以后,仍耳提面命,关怀备至。他竭诚扶助中青年学者,全国各地得到他帮助和教诲的青年学子不计其数。他培养了众多的中国教育史教学与研究人才,许多已成为教育史学界的骨干力量,有的成为博士生导师,有的成为学科带头人。

  李国钧教授的逝世,使我们痛失一位难得的前辈、良师和益友。这是华东师范大学、也是整个中国教育史学界的损失!我们一定要化悲痛为力量,把他的未竟事业继续下去!

  安息吧,李国钧教授!

华东师范大学副校长　王××
二〇〇一年元月十六日

【要点评析】

  开头简介所悼念对象的姓名、身份、逝世原因等信息。主体部分详细追忆死者的生平事迹,以寄托哀思和悼念。文章运用夹叙夹议的手法,肯定死者生平业绩的社会意义和社会价值,表达对死者的敬意和哀悼。

  结束语悲悼死者,勉励生者。

思考与练习

1. 选择题。

（1）主办隆重会议的单位邀请的人员或主要领导在开会之初对与会者发表的讲话称为（　　）。

  A. 开幕词　　　B. 欢迎词　　　C. 慰问词　　　D. 演讲稿

（2）不管是欢迎词表达"有朋自远方来,不亦乐乎"的愉悦心情,还是欢送词表达亲朋远行的依依惜别之情,都具有的特点是（　　）

  A. 说服力强　　B. 号召力强　　C. 情理结合　　D. 感情真挚

2. 开幕词有什么特点?闭幕词有什么特点?

3. 开幕词的标题有哪些写法?
4. 闭幕词正文的核心部分一般写什么内容,顺序上有何要求?
5. 闭幕词的写作有哪些要求?
6. 欢迎词和欢送词名称各异,内容不同,但其写作格式却基本相同,试比较两者写作格式的相同、相异之处。
7. 写作欢迎词和欢送词要注意什么?
8. 什么是祝酒词、答谢词?各有什么特点?
9. 完整的祝酒词标题如何写作?
10. 祝酒词、答谢词在写作上的基本要求是什么?
11. 什么是讣告?什么是悼词?
12. 讣告和悼词的写作格式分别有什么要求?
13. 比较讣告和悼词这两种文体有什么不同?

第二十五章　经营专用文书

在商品经营的往来中,双方需要就经营中的有关问题咨询、商洽、答复等,在此类公务的处理中,函是一种常用的书信,如用于商洽的商洽函、用于询问的询问函、用于答复的复函、用于委托的委托函等。函和信有一定的区别,函的使用比信的范围窄,主要用于平行或不相隶属单位之间就一般事项进行联系、商洽或者对其主要业务范围的某一特殊具体事项的请求批准或答复。而且函的用语比较庄重、严肃。

第一节　询价函、确认函

一、知识概述

（一）询价函

询价函是指交易一方欲购买或出售某种商品,向对方发出的探询买卖该商品及有关交易条件的一种信函。询价是联系客户的一种方法,也是了解市场行情的一种手段。询价函通常由买方发出。买方的询价只表示一个意愿,没有必须购买的义务;卖方也没有必须回答的义务,但一般卖方应尽快答复。买方询价可以不限于一个对象,可同时向几个客户发出,选择条件最优惠者进一步磋商。询价也可以由卖方发出,旨在主动探询客商对某种商品是否有需求。

询价按询价的内容可分为一般询价和具体询价。一般询价是买方仅仅为了了解情况向卖方索要商品目录、价目单、样本等等。具体询价是买方有做买卖的要求,指定商品要求卖方报价。据此,询价函也有一般询价函和具体询价函两种类型。

询价函对买卖双方都不具有法律约束力。

（二）确认函

确认函是指商品经营活动中,当买方收到对方寄来的有关价格、样品规格等,或是卖方收到对方的还价、报价、订购单等,必须回复确认的函。通常,随函告诉货物的办理程度、货款的支付方式、是否有其他要求等有关事项。

二、写作指要

（一）询价函

1. 询价函的写作方法。

(1) 标题。在第一行中间用较大字写上"询价信函"或"询问×××商品价格的信函"。

(2) 称呼。在第二行顶格处写收函单位或个人的称呼。

(3) 正文。称呼下一行空两格写索要商品的信息，如款式、型号、单价、数量、样品、产品说明书、交货日期、结算方式等。

(4) 结束语。正文下另起一行空两格写规范的"特此函告"等专用的公文用语。

(5) 落款。在正文偏右下方相应的位置写上咨询价格函的单位名称或个人姓名，在下一行对应处写上日期。

2. 询价函的写作要领与要求。写询价函的目的是为了解情况，而其收信者又需马上了解信函的内容，因此，要把询问的问题和要求写清楚、具体。语言的表达要以简单、清楚和切题为原则，最好在信的开头就写出你想问的问题。切忌用语繁琐和词不达意。措辞要适度得体，即不过分寒暄也不简单生硬。

（二）确认函

1. 确认函的写作方法。

(1) 标题。在第一行中间用较大字写上"确认函"或"确认××函"，附带上确认的内容。

(2) 称呼。在第二行顶格处写对方单位或个人的称呼。

(3) 正文。称呼下一行空两格写上收到对方信函的时间，并说清楚对方需要反馈的信息。

(4) 结束语。与询价函结束语的写法相同。

(5) 落款。在正文偏右下方相应的位置写上发函的单位名称或个人姓名，在下一行对应处写上日期。

2. 确认函的写作要领与要求。确认函、询价函都是公函，不同于一般书信的口语化，一般不使用口头词语而较多使用诸如"均"、"系"、"特此函复"、"收悉"等文言词和公文专用语。内容上不使用针对个人的寒暄用语，结尾不用一般书信惯用的"此致敬礼"，而用"特此函告"、"特此复函"等公函专用语或希望合作愉快的其他用语来收尾。

三、示例与简析

示例1

询 价 函

×××先生：

　　我公司急需订购贵厂生产的红葡萄贡酒，要求如下：品质：一级，规格：每瓶×克。

　　望贵厂据下列条件报价：

　　（一）单价。

（二）交货日期。
（三）结算方式。
如果贵厂报价合理，折扣优惠，我公司将大批订货。
望速回电！

　　　　　　　　　　　　　　　　　　×××公司经理　张××
　　　　　　　　　　　　　　　　　　××××年×月×日

【要点评析】

例文标题明确，文种清晰。正文直接切题。以条文式列出要求。书写格式规范。

示例 2

确 认 订 购 函

××物业公司：

贵方×月×日 55 台监控设备订单收到。本公司立即按照订单要求将货物发送指定地点，两天即到。

根据商业汇票的规定，我方通过××银行开出承兑汇票，面额为××元，承兑期限为×个月。

贵方对此货还有什么要求，请来函说明。

特此函告

　　　　　　　　　　　　　　　　　　××设备公司市场部　王××
　　　　　　　　　　　　　　　　　　××××年×月×日

【要点评析】

标题内容明确。正文直接切题。全文内容完备、表述详细、清楚。结束语是公函的专用语。

第二节　催款函、索赔函

一、知识概述

（一）催款函

催款函是当买方收到货物后，没有及时交付货款时，卖方为督促买方及时付款而写的信函。催款函的使用,最好以特快专递方式来证明写信方已经行使权利。如果再以公证方式来证明已寄过这封催款函,效果更好。

催款函的特点:

1. 正式性。催款函采用信函向债务人传递信息进行催账是非常正式的。

2. 庄重性。催款函明确给欠款方一个合理的付款期限,郑重地告诉对方按双方约定的时间付款。因此,催款函不必像私函那样有谦恭的语言,而是庄重严肃。

3. 私密性、便捷性。催款函与传真相比,具有较大私密性;与电话催款相比,具有较大便捷性,可以同时发给多个欠款人(单位)。

(二) 索赔函

索赔函是指买卖双方一方违背合同而造成另一方遭受损失,受损失一方向违背方提出赔偿要求的信函。

索赔函的性质、特点与催款函的性质、特点相同。

二、写作指要

(一) 催款函

1. 催款函的写作方法。

(1) 标题。在第一行中间用较大字写上"催款函"、"××产品催款函"等。

(2) 称呼。在第二行顶格处写欠款单位或个人全称。

(3) 正文。另起一行空两格开始写正文。写催款函的目的是为了追回过期未付的款项,正文一般包括三个要素:摆明事实、要求付款和催促付款。一定要交待清楚买卖双方交易的日期、交易商品名称、买方发票号码、欠款金额、拖欠货款情况、催款单位的银行账号及地址、联系人,向欠款方重新明确一个付款期限等。

(4) 结束语。正文下另起一行空两格写"特此函告"或"特此发函"等公文性较强的用语。

(5) 落款。相应位置处写上发催款函的单位全称,下一行对应位置上写日期。

2. 催款函的写作要领与要求。催款函的内容一定要体现出三个要素,摆出对方欠款的事实、要求付款和催促付款。催款函一定要给对方明确的付款或回复信函的时间。

催款函的正式性和庄重性易对债务人产生心理效应,不要过多地使用谦恭性的"很抱歉"、"在您百忙之中打扰您"等语言,而是语气坚决、有说服力,做到公正有理,同时又不失礼貌、亲切,千万不能使用粗鲁无理或带侮辱性的语言。

(二) 索赔函

1. 索赔函的写作方法。

(1) 标题。在第一行中间用较大字写"索赔函",或"何因+索赔函",如"质量不合格索赔函"等。

（2）称呼。在第二行顶格处写清楚要求赔偿单位的全称及负责部门、经办人的姓名，比如"×××厂销售科科长"等。

（3）正文。正文写清赔偿的原因、造成的损失、赔偿的具体要求，有的需附上损失标的的检验报告单等。

（4）结束语。结束语的写法同催款函。

（5）落款。落款相应位置上写上受损失方的全称及负责部门、经办人的名称，在下一行相应位置写上日期。

2. 索赔函的写作要领与要求。索赔函的内容要体现出索赔方根据真凭实据进行索赔，因此对双方经营活动的全过程要做详细了解，确实找到索赔依据，提出索赔要求。索赔函的语气要体现出据理争取合法权益的严肃、公正性。

三、示例与简析

示例 1

催　款　函

××超市：

　　贵方于××年×月×日向我厂订购的真丝衬衫×件，合人民币×万元，发票编号×××，这项货款至今未付。因此特发函催收，请快速结算，我厂银行账号××××××。过期不付，按银行规定，收取×％罚金。假如有特殊情况，请尽快与我厂财务科马××先生联系。电话：××××××××，邮编：××××××，地址：××市××路××号。

　　特此发函

××制衣厂
××××年×月×日

【要点评析】

　　正文内容的三个要素层次分明：陈述双方买卖的交易的事实，写明对方要交付的金额数和发票编号，事实清楚，有理有据。接着催交钱款，向对方声明如果过期未付必将追加罚金。最后附上了详细的联系方式。

　　全文井然有序，语言简明、准确。

示例 2

索 赔 函

××家具厂销售科科长：

　　随函附上×××市×检验所的检验报告[××]×号一份，报告证明贵方生产的家用餐桌，有三分之一的质量与样品不符，针对这一情况，我厂要求凡不符合标准的货物，一律按降低原成交价的×％折扣。

　　特此函告，以待回音。

×××商场业务部经理×××
××××年×月×日

【要点评析】

　　整篇索偿函就主要的索赔依据、索赔标准作出清楚的表述。如果能把双方交易的事实加以简要概述，此函就更显得索赔的理由充分。

第三节　招标书、投标书

一、知识概述

（一）招标书

　　单位或个人在营建工程项目、合作经营某项业务或进行大宗商品交易时，先公布有关标的、价格、条件等事项，公开招人承包或承买，从中选择最有利于自己的合作伙伴，叫做招标。招标是横向联系的经济活动，是鼓励公平竞争、提高经济效益的有效手段。

　　招标书是招标人为了征召承包者或合作者而将招标的有关事项和要求对外公布所作的文字材料，是招标人利用投标者之间的竞争从而达到优选投标人的一种告知性文书。

　　1. 招标书的种类。按招标的性质可以分为：公开招标书，在报纸或专门刊物上刊登招标广告；书面通知招标书，采用书面形式直接通知有承担能力的单位参加投标；议标书，对于一些技术复杂或工期紧迫的项目征得有关主管部门同意后，选择少数有承担能力的单位协商确定工期、造价的一种形式。

　　按招标的内容，招标书可以分为：工程建设招标书、大宗商品交易招标书、企业承包招标书、劳务招标书、转让招标书等。

按招标发布的范围,招标书可分为:国际招标书、国内招标书、系统或单位内部招标书。

2. 招标书的特点。

(1) 公开性。这是由招标的性质决定的,招标的事项、要求等一律对外公布。

(2) 竞争性。招标书促使投标者相互竞争,招标者从中择优选聘中标者。

(3) 具体性。要写明有关招标的做法和步骤,不能抽象、笼统。招标书对招标项目或工程的主要目的、基本情况、产品要求、人员素质和具体规定等做出明确、清晰的表述。

(4) 紧迫性。招标单位或招标者只有在遇到难以解决的任务或问题时,才需要外界协助解决,若拖延时间势必影响工作任务的完成,这就决定了招标书具有紧迫性的特点。

(二) 投标书

投标书是对招标书的回答,是指投标者按招标书中的条件、要求,向招标者提出的承办申请、书面咨询等文字材料。投标书是提供给招标人的备选方案。

1. 投标书的种类。投标书作为对招标书的回应,它的种类很多,按照不同的标准,可以分成不同的类别:按照形式分,可以分为个人投标书、集体投标书和企业投标书等;按照内容分,可以分为承包、转让或租赁投标书、工程任务或科研项目投标书等。

2. 投标书的特点。

(1) 竞争性。投标书是说明自己能力的材料。在众多的投标者中,招标单位要通过投标书择优选聘中标者。因此,投标书本身就成了投标者们展开竞争的主要手段。

(2) 针对性。投标书要在认真分析、研究和领会招标书所写的全部内容的基础上撰写,针对性很强。

(3) 紧迫性。投标报名或申请是有时间限制的,投标书必须在招标期限内写好以便参与投标。

二、写作指要

(一) 招标书

1. 招标书的写作方法。

(1) 标题。招标书的标题一般有两种写法,一种是直接写文种,如"招标通告"、"招标公告"等;另一种是在文种前面加上招标单位的名称和相关的招标内容,如"××大厦装修工程招标书"。

(2) 正文。招标书的正文一般包括前言、招标项目、招标方法三个部分。

前言概括写明招标单位的基本情况、招标事由、依据、招标项目名称、招标形式及范围等。招标项目是招标书的主体,具体、准确地写明招标内容、要求和有关事项,包括招标项目名称、数量、质量、规格等条件和要求。招标方法要写明招标的方式、范围、程序,投标截止时间,发送招标文件的方式,地点和日期。有的还写上开标方式、地点、日期以及中标者的责任权利等内容。

（3）落款。落款要写明招标单位名称（全称），附上联系地址、联系人、电话号码、邮政编码、电子邮箱、网址等，署上日期。

（4）附件。附件包括有关担保单位的担保书，招标项目的图纸、表格等。

2. 招标书的写作要领与要求。招标项目越复杂、规模越大，招标书的写作越复杂。通常拟写招标书要做充分准备，对招标的政策、规章和程序准确把握，招标书要将这些内容体现出来。制订的招标方案要切实可行，必须对招标项目的质量、技术等提出要求和规范。

一旦确定中标后，招标书作为重要文件是制订合同的重要依据之一，是合同的组成部分，受法律保护和约束。所以，写作招标书要谨慎，一定要措辞准确，避免歧义，尤其涉及的一些数据一定要精确，不能模糊不清。

（二）投标书

1. 投标书的写作方法。

（1）标题。首行正中直接写明文种，如"投标申请书"、"投标答辩书"或"投标书"。有的标题由"投标单位名称＋投标形式＋文种"组成，如"××市×××公司××商店租赁投标书"。

（2）称呼。标题下另起一行顶格写上投标书送往单位，即招标单位或评标机构。

（3）正文。由前言和主体组成。前言中要准确写明投标的意愿、投标的依据和目的，点明投标的项目和内容。主体部分是投标者根据招标书中公布的目标，分析自身企业或单位的现状，阐明投标的经营思想和经营方针、目标、措施及要求。这些内容要具体、完整、全面地表述出来。

（4）落款。正文下一行偏右下方，写明投标单位或个人的名称和投标日期。

2. 投标书的写作要领与要求。投标人要到指定的地点购买招标文件，并准备投标文件。投标者在编制投标书时要实事求是，确实具有能力和实力完成标的，撰写投标书态度要严肃、认真。

投标书是评标的主要依据，是事关投标者能否中标的要件。招标书中的"投标须知"是招标人提醒投标者在投标书中务必全面、正确答复的具体注意事项的书面说明。因此，投标人在制作标书时，必须对"招标须知"进行反复学习、理解、直至弄懂弄通，否则，会导致投标书成为废标。《招标投标法》第三章第27条规定："投标文件应当对招标文件提出的实质性要求和条件做出响应。这意味着投标者要对招标文件中的每一条实质性要求作出响应。"实质性要求和条件"是指招标文件中有关招标项目的价格、项目的计划、技术规范、合同的主要条款等，投标文件必须对这些条款作出响应。这就要求投标人必须严格按照招标文件填报，不得对招标文件进行修改，不得遗漏或者回避招标文件中的问题，更不能提出任何附带条件。

写作投标书要针对招标书中提出的项目标准和条件进行切实分析、研究,对所承诺的质量要求表述准确。"标函"、"项目实施方案"、"技术措施"、"售后服务承诺"等都是投标书的重要部分,也是体现投标者是否具有竞争实力的具体表现。假如,投标者不重视写好"标函",在"标函"中不能全面反映本公司的"身价",不能充分表述本公司的业绩,甚至将获得的重要奖项,承建的大型重要项目等在"标函"中没有详细说明,那么就不能完全表达本公司对此招标项目的重视程度和诚意。

投标书的正本和所有的副本均需打印或用不褪色墨水书写,并由投标人或经正式授权并对投标人有约束力的代表签字。投标书的每一页都应由投标人或其授权代表用姓或首字母签字。任何行间插字、涂改和增删,必须由投标书签字人用姓或首字母在旁边签字才有效。写作投标书还要讲究时效性,这是由投标具有时间约束性的特点决定的。

三、示例与简析

示例1

×××学校办公设备采购招标书

一、招标项目:

项目1

名称	数量(台)	最高限价(元/台)
笔记本电脑	2	10 000
移动PC	9	5 000
台式机(配液晶显示器)	2	6 500

项目2

名称	数量(台)	最高限价(元/台)
彩色打印机	1	2 500
激光打印机	1	3 500
刻录机	1	1 200
扫描仪	1	3 000
D-LINK24口集线器	4	400

项目3

名　　称	数量(台)	最高限价(元/台)
便携式电脑投影机(含幕布)	1(套)	15 800
爱华CD机	2	500
DVD机	1	1 000
教学用录音机	20	200

二、投标项目要求：

1. 投标单位应是具有合法经营资格的专业公司。

2. 投标单位所投产品价格必须在指定的最高限价内(国产品牌)，所投产品必须提供一年免费保修，三年免费上门服务或更佳的售后服务。

3. 投标价均按人民币报价，且为含税价。

三、招标与投标：

1. 符合上述要求且有意参加本次投标的单位可于5月20日前带营业执照复印件(加盖公章)、法人授权证书到我校购买标书，每份标书100元。

2. 投标截止时间：2003年5月23日9时整，过时视为废标。

3. 开标时间：2003年5月23日9时30分整。

4. 开标地点：××学校办公楼4楼会议室。

5. 联系人：张××(020—××××××××)、王××(020—××××××××)

届时请投标单位派代表出席开标会议，并建议在开标会议上提供产品样板或彩页。

××学校(公章)

二〇〇三年五月九日

【要点评析】

标题体现出招标内容明确。正文以小标题的形式，将招标的主要内容表述得很清楚。先是通过表格将招标项目中办公设备的名称、数量、价格等展示出来，让人一目了然。表格的运用增加了直观性。

第二部分侧重对投标单位提出具体要求，包括投标单位的经营资格和投标价、投标产品的售后服务等方面的要求。

第三部分陈述投标的方式和要求。

这份招标书也可以加上诸如"为优化我校的办公环境，及时更新教师的教育教学设备，我校现急需采购一批办公设备。本着公开、公平的竞争原则，我校现就办公设备的采购面向社会公开招标"这样的前言，整篇招标书的结构就显得更完整些。

示例2

投 标 书

北京××医院：

在审阅了招标编号：×××所有招标文件后，我方决定按照招标文件的规定和《药品需求目录》参与投标。

如果我方中标，我方将与买方签署合同并切实按照买方的要求按时配送中标药品。

我方同意本投标书在投标人须知第23条规定的开标日期起28天有效，并对我方具有约束力。根据投标人须知第33条规定，我方承诺，我方不是买方的附属机构，不会为达成此项目同买方进行任何不正当联系。

我方承诺，本投标函一经寄出，不以任何理由更改，中标后不拒绝签订和执行合同；中标后严格遵守投标承诺；提供的投标资料是真实的，中标之后，我方同意投标承诺保持一年有效。在正式合同准备好和签字前，本投标书及贵方的中标通知书将构成约束我们双方的合同。我方完全理解贵方不一定要接受最低报价的投标或收到的任何投标。以下附：

一、供应能力及承担药品质量责任能力声明

投标人：×××

本次投标品种数量：招标文件的规定和《药品需求目录》

接到供货通知后的供货时间：48小时内

供货方式：送货到位

承担药品质量责任能力：及时补供合格药品并承担经济处罚责任

兹证明上述声明真实有效，在药品销售中将遵守并履行上述声明中的承诺。

法人代表签字：×××
药品生产企业：××公司（盖章）
××××年×月×日

二、投标报价表

对买方的实际供应价，每种药品的投标报价表：

药品名称	×××	商品名	×××
规　格	××	包　装	×××
出　厂　价	××	零售价	××
投标报价	××		
生产企业	××公司		

法人代表或授权代表签字：×××
药品生产企业名称：××公司（盖章）
××××年×月×日

注：投标报价表上标明的单价为包括所有税费在内的货架交货价。

三、资格证明文件、法人代表授权书、药品生产企业的授权书（略）

投标人（卖方公章）
代表：×××（签字）
××××年×月×日

可以看出投标人在制作标书时，对"招标须知"进行反复研究、理解，并相应做出承诺。对招标书中实质性的要求和条件也逐项分成三个部分进行陈述。

第四节 担 保 书

一、知识概述

担保书是指个人或单位就担保对象、范围、期限和责任以及其他有关事项而出具的担保文书。担保书以建立信用关系为目的。

担保书按照书写的形式分为一般担保书和专用担保书两种。一般担保书用单位信笺或普通信笺出具；专用担保书则用专用纸并有专用的编号。

担保书具有证明性和法律约束性。

二、写作指要

1. 担保书的写作方法。担保书由标题、正文、保证期限、落款四部分组成。

（1）标题。在第一行中间用较大的字写"担保书"。

（2）正文。正文是担保的关键部分，写明担保对象、担保条件、担保的责任范围及担保期限。

（3）结束语。写上"特此担保"字样。有的担保书在结束语中附上担保的有效期。

（4）落款。在正文右下方写上担保的单位名称或个人姓名，假如担保人是单位，必须加盖公章。在下一行相应位置写上担保的日期。

2. 担保书的写作要领与要求。写作担保书担保人要有法律意识，出具的担保书要实事求是，对被担保方要充分了解，如实担保。措辞要严谨。

三、示例与简析

示例 1

担 保 书

××担意字[××]第×××号

××银行：

　　鉴于贵行同意贷给我市××有限公司×××万法国法郎筹建××有限公司电力项目，现应××有限公司申请，我公司愿意为上述贷款提供担保。具体担保手续俟贷款条件商定后再予办理。

　　此致

敬礼

××有限公司（盖章）

××年×月×日

【要点评析】

示例是专用担保书，格式严格。写明担保对象、担保条件。

思考与练习

1. 询价函、确认函作为一种商业信函，与一般书信相比较，有什么不同？
2. 询价函要表达的主要内容包括哪些？写询价函要注意什么？
3. 催款函的内容主要是什么？催款函有哪些特点？
4. 拟写催款函要注意什么？
5. 拟写索赔函要注意什么？
6. 在现代经济活动中，招标书和投标书的作用主要体现在哪些方面？
7. 写作招标书、投标书要注意什么？
8. 什么是担保书？它有什么特点？
9. 担保书的正文包括哪些内容？

第二十六章　启事、声明

一、知识概述

(一) 启事

启事是机关团体、企事业单位或个人公开声明某件事情所使用的告知性的应用文。"启"是"陈述"的意思，"启事"是公开陈述事情。这种公开性的文告，目的是请求获得帮助或提请公众注意。常有人把"启事"写成"启示"，"启示"是启发、开导的意思，这就与启事的意思大相径庭了。

启事的种类：启事在日常生活和工作中应用非常广泛，种类很多，常用的有寻物寻人启事、招领启事、征集启事、征订启事、招聘启事、征婚启事、迁址启事、求租启事等。

启事的特点：启事具有公告性与求助性的特点。

(二) 声明

声明是一般单位或个人遇到重大事情、问题，如某些合法权益受到损害或侵犯时，为保障自身利益，组织(或个人)公开向社会各界公告，重在表明自己的立场、态度，树立组织或个人形象、扩大知名度等。

声明的种类：政治类声明，国家、党政部门等为公开说明某个问题的真相和对某些问题的主张而发表的公文，如联合声明；民事类声明，指公告有关重大事情或维护自身权益，如开业声明、贺仪声明、维权声明、遗失声明、解除合同声明、委托授权声明等。我们这里仅介绍民事类声明。

声明的特点：声明具有郑重性、公告性，受到法律的保护。

(三) 启事与声明的异同

启事与声明的相同之处在于：都具有公告性，两者都是要将某事在一定范围内公开告知人们；应用范围都非常广泛，两者都可以通过报刊、广播、电视等诸多媒体向外公布，也可以张贴在特定的公共场所。

启事与声明的不同之处主要是在内容的侧重上：启事在公开告知人们某件事情的时候，侧重于希望得到人们的协助办理，也就是说，启事的内容是在告知的基础上有所求；声明的内容只是告知人们某件事情，不提出什么要求。如某单位或个人不慎丢失某物后重在寻找失物，就应该以启事的形式向公众宣布遗失了某物，因为寻物启事侧重在寻找。某单位或个人不慎丢失某证件或证明后，决定登报声明，向公众宣布其作废、无效。可见遗失声明不要求人们帮助寻找,仅仅起到宣布失物作废的作用。

二、写作指要

(一)启事

1. 启事的写作方法。

(1)标题。首行正中醒目地写出标题,最简单的标题可只写"启事",但这不容易引起读者的注意,所以通常要加上有关的内容提示,如"××公司招聘技术人员启事"、"招领启事"等,使人一目了然。如果启事是非常重要的或紧急的,有必要在"启事"前加上"重要"或"紧急"字样。标题文字要简练,不能冗长。

(2)正文。标题下一行空两格写正文。正文是启事的主要内容,一般要写清楚目的、意义、原因、要求、特征、条件等。通常有直陈式写法和总分式写法。

直陈式写法:直接陈述有关的事情和要求,可以写成一段也可以分段写。多数启事采用这种写法。

总分式写法:先写一个前言,简要交待写启事的缘由、目的。接下来是正文部分,可以另起一行分条标项地写明启事的具体事项。像招聘启事、正文启事、征订启事等常用这样的写法。

(3)结束语。结束语在正文下空两格写"特此启事",也可以省略。

(4)落款。落款处要署全名,如果是单位最好加盖公章。署名之后,要写上发启事的日期。也有的根据内容的需要,附上联系方式如电话、地址、交通路线等。

2. 启事的写作要领与要求。启事写作要实事求是,做到一事一启,内容简明扼要,让人一目了然。

启事正文的具体内容,因启事性质、种类的不同而不同,写作时要有针对性,注意取舍。如寻物启事则要把丢失物品的时间、地点,失物的名称、形状、数量、质地详细具体地写清;然而招领启事就不能把需要认领的物品的特征交待过细,以防被人冒领,只需写明于何时何地拾到何物,失主到何地认领就可以了。

启事的语言直截了当,通俗明白,要起到告知的目的。

(二)声明

1. 声明的写作方法。

(1)标题。首行正中醒目地写出标题,通常在"声明"前加上"事由",以表明声明的性质。如"遗失声明"等。

(2)正文。正文另起一行空两格写要声明的内容。一般用直陈法写,直接写清要向公众告知的事情。

(3)结束语。结束语在正文下空两格写"特此声明"。

(4)落款。在正文右下方写上发此声明的机关、单位名称或个人姓名。署名下方写发此声明的日期。

2. 声明的写作要领与要求。声明写作的态度要实事求是,声明中提到的事实要确凿清楚,合乎有关法律规定。语言要通俗、文字简约,措辞要准确。

三、示例与简析

示例 1

招 聘 启 事

上海××有限公司(香港独资)随着公司业务的不断扩大,经市人才交流服务中心批准,现诚聘销售公关人员 6 名,具体条件如下:

一、应聘条件:女性,年龄 20～30 岁,身高 1.65 米左右,大专以上学历,具有本市户口,相貌气质佳,口头表达能力强。

二、本公司对受聘人员试用 3 个月,正式聘任后工资待遇从优。

招聘方法:应聘人员持简历、照片、学历证明到××区×××路 36 号 609 房间报名。

时间:05 年 2 月 6 日

上午:8:30～11:30

下午:2:00～5:00

联系人:×××

电话:×××××××

上海××有限公司(盖章)

二〇〇×年×月×日

【要点评析】

标题直写招聘启事有提示内容的作用。正文简要写明发启事的缘由,并逐项把招聘的对象、条件、招聘的方式包括招聘的时间地点、应聘的手续等表述清楚。

本启事采用总分式写法,内容完备,表达简练明白,应聘者能够准确地领会其主旨。

示例 2

超霸贸易公司郑重声明

凡未经东芝株式会社许可,以任何形式制造、销售或使用与 TOSHIBA 注册商标相同或相似的商标时,均属侵犯注册商标专用权,对上述侵权行为,日本东芝株式会社将联同中国国际贸易促进会专利商标事务所依法追究侵权的法律责任。

超霸贸易公司
××年×月×日

【要点评析】

标题附上声明的发布者及性质,表意更清晰。正文运用直陈法,陈述声明的事由、依据,以维护自身权益。简洁、明了,具有严肃性。

示例3

遗 失 声 明

福建省漳州市章××(人名)所属"闽漳渔0×6×"号渔船《渔业船舶检验证书》(证号为350×××041号)遗失,声明作废。

章××
××年×月×日

【要点评析】

标题表明声明的事由。正文将遗失物件的主要情况、特征,即所属者、编号交待清楚。

思 考 与 练 习

1. 什么是启事？什么是声明？
2. 比较启事与声明的异同。
3. 找出下面启事的两处错误。

失物招领启事

今天中午,本人在操场东边的双杠上拾到天蓝色运动衣一件,衣袋里有红色塑料钱包一个,钥匙一串,手帕一条。钱包内有人民币15元,饭票8元。钥匙共5枚,两枚是铜制的,三枚是铝制的。手帕上印有12生肖图案。望丢失者速来认领。

拾者
5月7日

4. 校学生会文体部要招聘三名义务教歌员,在全校广播"每周一歌"时间教唱新歌。请你代拟一则启事。教歌员需要经过面试择优录取,考试的具体时间视报名情况而定。报名的时间是3月10日至15日的下午3时至5时。报名地点在学生会办公室,由学生会文体部的常疆同学负责。要求启事的语言简练,不超过120个字。

5. 现有一位同学丢失学生证多日,遍寻未得,请你代拟一则声明。

第二十七章　演讲辞、导介词

第一节　演　讲　辞

一、知识概述

在听众面前就某一问题表示自己的意见或者阐说某一事理的活动,称为演讲。它是一种面对面的宣传、教育、鼓动和交流的形式。演讲是一种书面与口头艺术的结合体,成功的演讲是与演讲者的口才和激情分不开的,然而,它更离不开一份优秀出色的演讲辞。演讲辞是为演讲所准备的书面文稿,是演讲的依据,演讲者通过演讲把演讲辞口述化、视觉化。演讲辞是一种应用非常广泛的文体。

（一）演讲辞的作用

演讲辞确定了演讲的内容,演讲者可以借助演讲辞,反复推敲,理清思路,做到心中有所准备。演讲的过程中,演讲辞可以帮助演讲者安定和调整演讲开始之际的状态和情绪,做到临场不乱。此外,借助演讲辞,还可以帮助演讲者掌握时间,调整演讲的语速。一般演讲的语速是每分钟大约 250 个字,限制在 4~6 分钟内的演讲就需要 1300 字左右。

（二）演讲辞的种类

政治类演讲辞,包括竞选演说、就职演说、述职演说、政治动员等所用的文稿;学术类演讲辞,包括科研报告、学术讲座等所用的文稿;社会类演讲辞,包括演讲比赛、演讲会、巡回报告等所用的文稿;教学演讲辞,包括教师用的开场白、结束语、介绍作家作品以及进行思想教育的讲话文稿和学生用的读书报告、问题辩论、专题演讲、论文答辩等所用的文稿。

（三）演讲辞的特点

1. 针对性。演讲辞必须面对听众,因此,演讲辞要考虑听众的需求,根据听众的年龄、接受习惯和判断标准来调整所要演讲的内容和表达方式,以得到听众的共鸣,达到良好的演讲效果。

2. 鼓动性。"鼓天下之动者存乎辞",演讲者是在特定的时间和场合,面对听众发表讲话,阐述自己对某一问题或事物的观点或看法。演讲者在演讲的过程中,甚至演讲结束之后,需要得到听众的反映或认同。这就决定演讲辞要凭借极强的说服力和感染力,在听众中直接产生现场的效应,甚至产生长久的社会效应。

3. 通俗性。演讲辞的语言通俗易懂。演讲辞最终是要通过口头表达，由人们的听觉体现它的优劣的，因此，演讲辞的语言要口语化、生活化、大众化。注意避免使用容易造成听觉上歧义的词语，为了方便聆听，有些标点符号还要用文字代替，如顿号改为"和"，破折号改为"是"，引号表示否定时加"所谓"，括号补充另用文字说明等。

4. 灵活性。演讲是在一定的场地设施和环境下进行的，演讲的临场性决定演讲者要紧密联系听众和环境随机应变。这样，演讲者就不能囿于已定的演讲辞，而要机智灵活，临场发挥。因此，演讲辞不是一成不变的，有经验的演讲家每到一个地方演讲，就先实地考察一番，联系实际情况对演讲辞作必要的添加或删改。

二、写作指要

（一）演讲辞的写作方法

1. 标题。好的标题能起到揭示主题，画龙点睛的作用。演讲标题，亦即演讲题目，要有感召力，有鼓动性，要留有思考余地，以此吸引住听众，抓住听众的心。

2. 开场白。开场白通常用来与听众建立某个感情的共鸣点，引导听众进入某个既定的情境，同时打开演讲局面，引入正题。

开场白有多种方式。有悬念式，演讲伊始，或提出问题，或讲个故事，设置悬念，激发听众兴趣；有名言式，利用名言警句作开场白，可使听众易于接受，振奋精神；有提问式，开场设问，引导听众积极思考等。

演讲辞的开场白的方式要因人、因事、因地而不同，没有固定不变的程式。

3. 主体。主体部分的内容要突出演讲的中心思想，运用充足的材料与相应的观点，把问题谈清楚，谈透彻。要安排好层次和段落的关系，演讲辞的结构一般有三种形式：其一递进式，即按内容层次，纵向递进，层层分析，步步推进；其二并列式，即横向从不同的角度或不同侧面去分析论题，层次之间呈现并列关系；其三复合式，是递进式和并列式的综合运用。

4. 结尾。结尾是演讲辞非常重要的部分，用来重申主题或抒发感情，发出号召，调动现场情绪，强化听众的现场反映。

常见的演讲辞结尾有：总结式，即在演讲的最后概括要点，揭示主题，强化演讲的中心内容，给听众留下深刻印象；号召式，在演讲结束时，提出希望要求，发出号召，展望未来，鼓舞斗志；启发式，提出问题，包含哲理，发人深思，给听众留有思考的余地；抒情式，抒发感情，激励人心，调动情感，与听众取得情感共鸣，在听众的情绪波动曲线达到的最高峰时戛然而止。

（二）演讲辞的写作要领与要求

1. 主题鲜明有新意。确定主题，是撰写演讲辞的首要考虑因素。如果一篇演讲辞没有主题，尽管演讲者口若悬河、滔滔不绝说了很多，可是到头来还是给人"言之无物"之感。

这样的演讲辞不能吸引听众。

一篇精彩的演讲辞的主题既要鲜明又要有新意。确定演讲辞的主题,就如同提炼一篇议论文的论点一样,要注意与材料相统一,还要针对受众对象的特点,比如不同的年龄、不同的职业、不同的文化背景等,考虑他们普遍关心什么、对什么感兴趣,以适应受众的心理需要。演讲辞的主题,通常用一个判断句表达,可以在演讲中反复突出强调,对听众产生听觉上的冲击力,使他们心理上产生认同感。所以,有人说"只要听众记住了这类言简意赅、掷地有声的一两句话,就等于掌握了有关演讲的主要的精神"。

2. 材料典型又新颖。演讲辞中必定要运用到大量事实材料或是理论依据来论证演讲者的立场或观点,要把提炼的主题具体甚至是形象地表达出来。撰写演讲辞要对众多的材料加以筛选,注意材料与主题相统一的同时,要选择、运用典型的、说服力强而又新颖的事例,别人未曾使用过或鲜为人知的事实材料对听众构成一种新鲜感,能深深吸引听众;反之,人云亦云,老生常谈的事例材料只会让听众感到索然无味。这就要求作者平时注意积累素材,写作时方可信手拈来。

3. 结构合理而精巧。演讲辞的结构安排一般包括开场白、主体、结束语三个部分。演讲者往往会精心设计演讲的开头。演讲辞的开场白较为常用的是设问法和情境法,设计一个使人关注的情景或悬念,把听众带入演讲者所要营造的氛围中去,写作时要注意切题和压场。

写作演讲辞时要注意层次清楚,有条理。演讲辞的效果与听觉不可分割,所以要注意在每一个层次前或后有一个语言标志,给听众以提醒。无论是并列式还是层递式,或者是两者结合的主体结构都要注意层次之间的逻辑,经得住仔细推敲。结构的安排既照顾到听众的心理接受特征又符合人们认识事物的规律。

演讲辞的结束语要精辟有力,切忌在发出号召、提出期望、抒发感情的时候故作不必要的夸张。

4. 情感起伏有跌宕。演讲辞要充满真挚的感情,写作者对自己的论题和听众要有发自肺腑的真情,自己真正受到论题的鼓舞震撼,真心地与听众真诚交流,这样在演讲的时候才能打动人、感染人,有鼓动性。因此,写作演讲辞要注意在表达上运用不同的感情色彩,要注意情感起伏变化,富有波澜。说理和抒情结合起来,既有冷静的分析,又有热情的鼓动;既有所怒,又有所喜;既有所憎,又有所爱。演讲者真正进入角色,与观众打成一片,与观众的感情一起律动起伏。那么,这篇演讲辞也就做到了"晓之以理,动之以情"。

5. 语言流畅而生动。演讲辞是用来"演"和"讲"的,让人们看得见,听得到,就必须借助语言这个交流思想的工具。语言运用得好还是差,对写作演讲辞影响极大。写作演讲辞在语言运用上要注意以下几个方面:

要口语化。"上口"、"入耳"这是对演讲语言的基本要求,也就是说演讲的语言要口语化,尽量少用书面句式和书面词语。由于演讲辞是要作者先书面写出来的,受书面语言的束缚较大,因此,在演讲的时候就要注意冲破这种束缚,使演讲稿的语言口语化。为了做到这一点,写作演讲辞时,要注意把长句子改成短句子,把单音节词换成双音节词,把听不明白的文言词语、成语改换或删去。演讲稿写完后,要念一念,听一听,看看是不是"上口"、"入耳",是否通俗易懂。如果使用的语言讲出来谁也听不懂,那么这篇演讲稿就失去了听众,因而也就失去了演讲的作用、意义和价值。演讲辞的"口语"绝不是日常的口头语言的复制,而是经过加工提炼的口头语言,要逻辑严密,语句通顺,讲究语言的规范和文采。汉语有它的韵律美,要注意使演讲辞富于节奏、音韵美。

要准确朴素。准确,是指演讲稿使用的语言能够确切地表现讲述的对象——事物和道理,揭示它们的本质及其相互关系。作者要做到这一点,首先,要对表达的对象熟悉了解,认识必须准确无误;其次,要做到概念明确,判断恰当,用词贴切,句子组织结构合理。朴素,是指用普普通通的语言,明晰、通畅地表达演讲的思想内容,而不刻意在形式上追求词藻的华丽。如果过分地追求文辞的华美,就会弄巧成拙,失去朴素美的感染力。

要生动感人。好的演讲辞,语言一定要生动。如果只是主题鲜明、立意深刻,而语言干瘪无味,那算不上是一篇好的演讲辞。语言通俗、明白的同时还要力求语言生动感人,注意使用一些形象化的语言,运用比喻、比拟、夸张等手法增强语言的形象色彩,把抽象深奥的道理具体化、浅显化,变枯燥为有趣。也可以根据表达的需要,运用幽默、风趣的语言,增强演讲稿的表现力,使演讲的气氛轻松和谐,使听众乐于接受。

三、示例与简析

辉煌业绩是怎样创造的

朋友们:

大家好!

如果您经常使用电脑,您肯定听说过一个叫"连邦软件"的公司,这是国内最大的软件销售企业;如果您经常上网,你大概浏览过一个叫"8848"的网站,这是国内目前最大的电子商务网站之一;如果您是一个关心股市行情的人,您或许熟悉综艺股份和最近在香港上市的南大苏富特软件股份有限公司。这些著名的公司,这些著名的网站都属于同一家企业——江苏综艺集团。

如果我告诉您,这个集团10多年前还只是江苏通州市黄金村的一家乡镇企业,一个普普通通的靠21台缝纫机起家的村办小厂,您会相信吗?短短十几年的时间,这家小厂就跃升为一个资产价值近百亿元,跨行业跨国界的大型企业集团,而且进军中关村,控股多家国内名牌网站,这不能不说是一个奇迹。创造这一奇迹的是一位30多岁的年轻共产党员,他叫昝圣达。

昝圣达,一位普通农民的儿子,如果没有艰苦创业的决心,没有勇于进取的精神,没有无私奉献的情怀,或许他永远悄无声息,当然,也肯定没有综艺集团的今天。

1979年,昝圣达高考落榜了,美丽的大学梦虽然烟消云散,可是满腔的报国热血怎能让它冷却?经历了痛苦的徘徊,昝圣达暗下决心,要闯出一条属于自己的报国之路。他一边务农,一边在村办绣衣厂学设计。1987年,村里要新办一家绣衣厂,张榜公开招聘厂长,年仅24岁的昝圣达凭着他的设计技术和对绣衣市场的把握,被聘为厂长。他和村里的一群毛头小伙子,向银行抵押贷款80万元,凭借村里交给他的300平方米厂房和21台即将被淘汰的缝纫机开始了艰难的创业——多少个日日夜夜,他和助手们揣摩于案头灯下,苦战于车间机前;多少回风风雨雨,他与伙伴们奔波于大江南北,转战于国门内外。住5毛钱一夜的澡堂子,吃一块钱两碗的阳春面,乘最低价的车船……这个新创办的锈衣厂当年就创产值700万元,令同行刮目相看。"国内有销路、国外有订单",每年收益几百万元的形势,没有能使昝圣达满足。越来越多的国外订单使他产生了一个疑问:为什么自己生产的服装一到外国经销商手里,钉上洋牌,价格就能提高十几倍,甚至几十倍?这个疑问直接促成了昝圣达从乡土化生产走向国际化经管。

近几年来,综艺集团的服装业与木业一直保持着令人称美的增长态势,主要经济指标年均递增80%左右。但是,昝圣达早已注意到以互联网为代表的新经济产业正在迅速崛起,他的眼光开始跳出传统产业。昝圣达说,传统产业的市场渐趋饱和,98%的企业在竞争2%的市场空间;新经济市场远未开发,2%的企业在争夺98%的市场。传统产业的产品经营方式是做加法,企业做大速度慢;运用资本经管的方式是做乘法;而资本经管加上新经济产业则是做乘方,能使企业以几十倍速度迅速壮大。在昝圣达先进理念的指引下,综艺集团从江苏通州的黄金村迈进北京中关村,受让北京连邦软件有限公司51%的股份,并投资建设了"8848"电子商务网站;接着又投资南京大学苏富特软件有限公司,并在香港成功上市;投资江苏高新技术产权公司;投资建立北京商易软件有限公司;投资国内最大的拍卖网站雅宝……短短一年多时间,综艺集团在新兴产业中投入近两亿元,在中关村拥有4家企业。一家以乡土手工业起家、以"缝衣车木"为主业的传统产业企业迅速转变为传统产业与新兴产业并举,以信息产业为重点的新型企业,经管范围涉及信息科技、服装、木业、饮料、国际贸易等多个领域,在江海大地上矗立起了一个大型跨国企业集团。

满腔热血倾事业,一片真情献家乡。修桥铺路,捐资助教,抗洪赈灾……昝圣达毫不吝惜;替村民上交各种款项、安装有线电视、筹办合作医疗、给老人补贴生活费……黄金村的农民说,他们过的日子比城里人还舒服。桩桩件件利民实事,昝圣达都尽力而为。当地有家濒临倒闭的市属大型企业,综艺集团一次性出资数千万元收购了这家企业的两大车间,使近千名下岗职工重新就业,这在当地引起轰动。

短短的十多年时间,昝圣达凭着他带领职工们创造的辉煌业绩,凭着他服务家乡的满腔热忱,他被戴上了一顶顶桂冠。党和国家领导人先后前来考察,高度评价他这位黄金村的"领头雁"。

昝圣达通过不断超越自我,迅速实现了从农民到企业家,从一般民营企业家到具有现代化经营理念和管理才干的高素质企业家的飞跃,他的确是大有希望的新人。我们深信,昝圣达一定会在希望的田野上创造出新的灿烂、新的辉煌!

谢谢大家。

【要点评析】

例文题目很吸引人,用疑问的语气启发大家思考,毕竟辉煌的业绩对每一个创业者来说充满着巨大诱惑。

正文的开头直接与听众对话,引导听众参与话题。通过对综艺集团业绩的今昔对比,激发起观众强烈的好奇心——迫切想知道这个集团如何创造奇迹的。多处运用排比句式,增加了表达的力度和气势,也调动了观众的情绪。

主体部分追述企业家艰苦创业直至今天发展壮大的整个创业历程,用一连串详实的材料,综合运用记叙、抒情、议论多种手法,突出了昝圣达的创新进取意识、经营理念的转变对创造辉煌业绩是何等重要。

如果这篇演讲辞能对这一主题作反复强调,就会使全文重点更突出,演讲题目的答案也就迎刃而解,让人回味无穷。

整篇演讲辞格调高昂,感情激越,使与会者受到精神的鼓舞。

第二节 导 介 词

一、知识概述

把具体事物诸如陈列的展品、展览的图片、展销的产品、旅游的景点等向来宾作解释说明的活动,称为导介,导介所依据的文稿就是导介词。导介词是一种应用很广泛的文体,在展销、展览、旅游等活动中都离不开导介词。有时导介词以书面形式张贴出来,更多的时候是有专门的讲解员依据导介词对事物进行准确的描述和解说,使观众了解事物的性质、产品的特点、事件的来龙去脉等,以收到良好的宣传效果。

导介词的特点:

1. 导介性。导介词面向受众有意识地引导受众群体留意到某个事物的性质、特点,并有针对性地予以介绍,起到给观众视听上的补充作用,使他们对所听到或看到的事物有更深入的了解。

2. 跳跃性。导介词是按照实物陈列或画面推移的顺序编写的,陈列的物品或画面有相对的独立性,反映在导介词里,就使导介词的叙述、说明具有跳跃式的特征,呈现出节段分明的特点。每一件实物或每一个画面都有一节或一段文字说明,导介词以实物或形象为写作依据而起承转合,因而,导介词全篇结构不苛求严谨,段落之间不苛求运用过渡句使上下文结构紧凑。

3. 生动性。导介词是配合实物或画面而作的文字说明,既要便于讲解,又要吸引观众,语言简洁利索,生动形象,有一定的文艺色彩。

4. 灵活性。由于观众的年龄层次、心理特点、知识水平以及接受能力的差别,致使一个"面孔"的导介词众口难调。针对观众的不同年龄、职业、文化程度,临场讲解时要灵活机动地调整导介词,根据需要调整出繁简不一、内容深浅不同的讲解词来。

二、写作指要

(一)导介词的写作方法

1. 标题。根据导介词的内容来确定标题,如"黄色:生命的火焰,青春的韵律——三月婺源油菜花",在实际口头解说、导介的时候标题可以省略。

2. 前言。导介词的前言通常几句话带过,如"欢迎您光临××会展中心,对××公司产品参观指导"、"……这次旅行将给您带来乐趣和收获"等。有的写上对所展示的实物、事件或人物活动的发生、发展、意义、价值以及背景所作的概括。

3. 主体。主体是对实物、图片、事件等具体解说,要把最能体现客观事物本质特征的内容介绍出来,选择观众需要了解的内容加以导介,运用多种形式、调动多种手法,力求知识性、趣味性相结合,增强导介的效果。

4. 结语。可以总结对解说事物的总的感受,也可以归纳主题,提出要求、号召等。如某个生物展馆导介词的结尾这样写道:"在这个世界上,人与动物、植物应该是和睦相处的好邻居,而不应该成为弱肉强食的天敌。假如有一天人类将地球上的生物斩尽杀绝了,那么地球的互相依存的生物链也就断了,人类也就走到了尽头。"

(二)导介词的写作要领与要求

1. 导介的内容必须有依据,切忌妄自杜撰。敬语和谦语的运用要尊重观众的风俗习惯和语言习惯,同时要符合自己的身份。

2. 导介词要特别注意听觉上的效果,琅琅上口、自然亲切。尽可能使用口语,适当使用书面语,避免因大量使用书面语造成听觉上的障碍或误差。

3. 导介词是很口语化的文体,每个人都有自己的语言习惯、审美视角、导介风格,导介词允许有鲜明的个性色彩,当然一定要符合词汇、语法规范。

三、示例与简析

示例 1

古龙山旅游景点导介词

这是一个佳景荟萃的神秘幽深的峡谷世界。

这是一个自然纯净、不染世尘的原始画廊。

这是一个集峡谷、瀑布、暗河、溶洞、原始植被、峰丛绝壁、溪流奇石为一体的人间仙境。这就是桂西边境旅游带上的一颗明珠——靖西县古龙山峡谷群风景区,素有"山水桂林,气候小昆明"之美誉。它以其所特有的 KAST 地貌孕育了这神秘的峡谷。而地壳的变迁和亿万年的河水的冲刷鬼斧神工般的将大自然的杰作展现在世人的眼前。它神奇雄浑、幽深神秘、原始清新、别具一格。

在旅游期间既可以观赏幽深奇异的原始峡谷风光,又可以体验惊险刺激的明河暗河漂流;既可饱览气势磅礴的瀑布又可品味千姿百态的溶洞奇观。它是生态旅游、科考探险、摄影绘画、吟诗写作、休闲娱乐的天然圣地,是峡谷观光游、暗河漂流、观瀑休憩游的绝佳景区。

风景区由三个峡谷组成的。峡与峡之间的河流及三个地下暗河溶洞相通,形成三峡三洞连通的大峡谷群。整个峡谷长 6.8 公里。它是以优美的原始生态山水风光、神奇的溶洞景观和浩瀚多姿的原始森林景区为主体,以暗河峡谷群及溪流瀑布为特色,以峡谷观光、暗河漂流为主要功能的生态旅游景区。景区内由山、水、林、藤、洞、瀑、石为一体具有秀、奇、险、幽、奥、野的景观特色。

说古龙山秀,秀在漫山碧透、郁郁葱葱的原始植被,秀在繁茂的古稀植物和生机盎然的奇花异草;秀在清澈秀透、碧蓝纯净的河溪清潭,秀在沁人心脾溅谷飞瀑;秀在充满诗情画意、美不胜收的山水画廊和如梦如幻的世外美景。

说古龙山奇,奇在这裂透地表、穿岩透石的大自然无穷力量;奇在这巧夺天工、玲珑剔透、惟妙惟肖、如雕似刻的鹅卵石;奇在暗河内似飞禽走兽,如行神飘仙,如千姿百态的钟乳石上;奇在溶洞内金鱼吐珠、如娇龙戏水的妙绝佳景!

说古龙山险,险在惊心动魄、刺激惊险的峡谷漂流;险在绝壁峭崖;险在如蛟龙出海奔腾于险谷中、曲折湍流,让人犹如进入惊涛拍岸之险境!

说古龙山幽,是此水显幽、是险崖的飞瀑、是石隙间叮咚的山泉、幽谷的浅流、丛林间的啾啾鸟鸣,幽得这般神秘,幽得如此宁静。它以藤显幽:古藤老树相互缠绕、曲径通幽。

说古龙山奥,奥在一个个世人无法猜想的千古之谜;地裂的峡谷群是怎样形成的?柔软的河水如何穿岩透石形成神秘的溶洞?峭崖绝壁上的天梯来历如何?恐龙时代的桫椤如何能保存并成片生长？等等。这都有待人们去探索去揭开它的奥秘。它的"奥"还在于弥漫山峭的云雾，如梦如幻，变幻莫测。那神秘面纱下面动人的故事吸引着人们前去探幽寻胜！

说古龙山野，野在原始的峡谷风光，野在原生态的植物和两千多种国家保护动植物，野在雨后山野如洗、风清秀峦的野趣盎然。

三个峡谷各有韵律：古劳峡主要有秀瀑幽潭、层林抱丘、峡谷沙滩、绿海密林、古劳碧河、古劳峡，林满幽深，随处可见飞瀑流水，随处都是野花飘香。120多米的古劳瀑布凌空飞泻，蔚为壮观！经过亿万年河水冲流过的鹅卵石沿河堆砌，令人叹为观止。

新灵峡主要观景有古龙洞壁、神秘洞天、峡谷河道蜿蜒，水流湍急漂流刺激。此峡谷弯弯有景、滩滩有趣，漂流于七九八拐凝无路的急流中，追波逐浪放松身心，感受大自然力量的张扬，体验劈波斩浪中奋勇拼搏的人生真谛。

新桥峡主要的景点有：峡谷画廊、险崖飞瀑、水帘幽洞、暗河惊滩、金鱼吐珠、娇龙戏水、水滴冰融等。它以幽深险峭著称。它崖峭古幽、迂回曲折飞瀑流珠、奇石峥嵘、古树葱葱，形成一幅壮丽的多姿多彩的原始生态风景画卷。

"游时尽览峡中趣，游罢长思世外天"。整个游程历经数里绝壁，十里喷泉、百里画卷、千里洞天。原始的生态风景长廊，让人仿佛置于世外桃源。这就是神秘而令人神往的——靖西古龙山峡谷群风景区。

【要点评析】

这是一则旅游景点书面导介词。首先总写景点的特色：峡谷世界、原始画廊。然后逐一重点介绍景观特色：秀、奇、险、幽、奥、野。峡谷世界突出三个峡谷不同的"韵律"。整篇导介词语辞优美，极富文采。尤其首尾照应，想必会给读者留下深刻的峡谷世界、原始画廊的印象。

示例2

好山好水出奇石

各位朋友：

大家好，欢迎各位的光临。

连山多奇石。本展馆展出的奇石、雅石、美石，质地优美，是雅俗共赏的天然玩品，是大自然赐予人类的珍奇瑰宝，仔细观看，定能让您赏心悦目，对连山的奇石化艺术留下深刻的印象。

本次展出的有黄蜡石、水冲石、彩蜡石、绿蜡石、鸡油蜡石、红蜡石、白蜡石、戈壁石、白冻石、红冻石、大化石、玛瑙石、葡萄玛瑙石、黄河石、红灵璧、水晶石、水晶、英石等20多种。除少数品种外,大部分产自连山境内溪河,蕴藏量丰富,尤其是黄蜡石、水冲石和各种彩蜡石资源备受关注。

这棵梅树已听见春天的脚步,铁铸一般的枝丫正在苏醒。虽然岭巅远处还有尚未完全融化的白雪,但枝枝丫丫上已现点点红梅,春色满园的日子即将到来。

这个荷塘经过春天的酝酿,已冒出点点新荷,出淤泥而不染,盛夏将是绿油油一片。而眼前这个则是秋天的荷塘,绿叶已枯干,但仍顽强地支撑在水面,营造出秋韵,报告丰收季节的到来。

像珠穆朗玛峰一样的雪山,你看了会不会觉得寒气逼人?这有点像撒哈拉大沙漠,一堆堆如山的沙丘,是那干热的阵风吹拢而成的。这块奇石如同神话传说中的西天火焰山,构成火焰山的每座小山就像一堆堆烈火,应该是当年唐僧西天取经到山下,孙悟空借铁扇公主第一把扇煽旺的火,至今未熄。

你看这像云南哈尼山的层层梯田,直上云天。

这是艘顶风行驶的帆船,逆风把帆布的薄弱部分吹陷,凸现编扎帆布的绳索和桅杆。

守夜的猫头鹰,尖短的耳朵,倾听沉寂的世界运动;又尖又勾的利嘴如一把利剑;那犀利的眼睛,好像安上红外线夜瞄仪,盯着荒野;那翅膀半张,准备随时发动突然袭击。

这是一只醉眼蒙眬的睡狮。你看,前脚向前爬着,后脚藏在肥臀下,头侧向一边,半开一只眼,闭着一只眼,略微拢起的鼻头丝丝呼吸,嘴巴没有张开,十足似苏州的狮山狮形,有机会到苏州可比较一下。

金钱龟孵蛋,像吗?它的头向前微伸,时刻警惕来犯之敌。听说金钱龟具有治癌的作用,时价很贵,属保护的珍稀动物。好了,我们不要干扰它繁育后代。

这只马鹿怎么啦?它一定不知山外有山,当它爬上山腰才发现山外绿草茵茵,不胜呦呦回头欢叫———春天来了,那只小鹿乖乖趴在地上听妈妈唱春天的歌。

这是一对野鸳鸯,在夜幕的掩护下,卿卿我我,甜言蜜语说不完。

金蟾,别看其貌不扬,却是人类的好朋友,不少害虫是它的美食,这里的壮族称之为"太公鸡",人们是不会伤害它的。

和尚?庙里才有。然而,今天的展览馆热闹非凡,他也来坐禅。你看,光光的肥头大耳,健硕结实的身躯,礼貌地端坐着,一边敲木鱼,一边念经,十分虔诚。

观众朋友,你见过外星人吗?我见过了,他就在这里。说来也顶怪,头似人头,眼睛却似大象,嘴巴缩进鼻子底下。

你见过古代的贵妇人吗?大家看,头发乌黑,造型奇特,流金溢彩,气质非凡的古代贵妇人。

这是《水舞》,似傣族姑娘在泼水节纵情泼水,你小盆泼过来,我小盆泼过去。

楚相屈原《问天》。《济公》,戴一顶破帽子,似乎有一把破葵扇插在衣领后边。

青蛙布蛋,成千上万,外面一层透明的黏液包裹着,剔透晶莹。

这只青蛙悠然自在地坐着,似乎是保护这无数孕育着的生命。

香喷喷的、金黄色的玉米,外加透明调料,色香味俱全。

那是五花腩猪腊肉,肥瘦相间,皮肉分明,大约已有七成干,切来炒荷兰豆,那一定是上等菜式。

这是用猎腿肉卤成的,看上去好像油多了一点。

这一碟却是油炸惊刀肉,似乎刚刚上锅,热气腾腾。

这是饭后果——金珠葡萄,还有《寿桃》以及《金果》。

这里的奇石繁花似锦,请大家慢慢品尝、细细观赏。

(此文系《中国连山奇石展览》解说词,有改动)

【要点评析】

题目紧扣内容,贴切生动。

这是一篇口头导介词,讲解员一边带领观众参观一边讲解。全文侧重于介绍奇石的外部形态,随着眼前实物的不同,描述富于跳跃性。语言口语化,又不失生动细腻。启发观众联想,补充观众的视觉效果。

结束语具有概括性,同时巧妙承接最后一个讲解内容"饭后果",余味无穷。

思考与练习

1. 简述演讲辞的性质、特点及语言特征。
2. 选择题。

(1) 演讲是演讲者与听众通过面对面的交流来达到宣传的目的,所以演讲稿应该具有(　　)的特点。

　　A. 受众广泛　　　B. 富有感情　　　C. 号召力强　　　D. 表述准确

(2) 导介词是为实物或图画而写的,是对图画或实物的有利补充,它给人们提供的应该是与图画或实物紧密结合在一起的一种视听上的综合感受,所以要求导介词要(　　)。

　　A. 文字优美　　　B. 形象艺术　　　C. 内容真实　　　D. 情理兼备

3. 怎样写好演讲辞,撰写时有哪些具体要求?

4. 以"大学生的风采"为中心主题写一篇演讲辞。要求:题目自拟,观点正确,感情真挚,结构严谨,通俗易懂。

5. 导介词的一般写作方法是什么?

6. 留意读读展览馆、旅游景点的导介词,体会导介词的写作内容主要包括哪些,有什么样的语体风格。

7. 写一篇导介词,题目自拟。

综 合 练 习

1. 学校与农工商合作办起了超市,以方便广大师生的生活和学习。为了增强学生的社会活动能力,超市为学生提供三类岗位:(1)营业员;(2)值班长(日常一般做经理助理,轮到晚班则兼顾超市的保卫工作;(3)市场调研员。

请你根据自己的情况,酌情申请某一个岗位,并写一封自荐书。

2. 同桌病了,但是你因忙于准备考试而没有时间去看望她。请写一份慰问信,表示你的心意。

3. 8月30日,新同学就要报到开学了。学校请你代表老生致欢迎词。请你写这份欢迎词。

4. 写一个导介词向你的班级同学介绍你的家乡。

5. 结合你所学的专业写封自荐求职信。

6. 留意一些招聘信息,结合你的专业、特长和技能,有针对地写封应聘求职信。

7. 分析下面这则工作调动申请书写作的优劣。

工作调动申请书

××厂人事科:

我于1993年大学毕业后来本单位工作至今,现在厂机器维修部门工作。因为我父亲年老多病,需要人照顾,以及我与爱人长期两地生活等实际困难,特向领导提出申请,调回家乡工作。

我的家乡在湖北省××县。老父亲现年70岁,1998年患半身不遂病,生活不能自理。我于五年前结婚,爱人在家务农,现有一个儿子。由于我在外地工作,照顾老人、教养儿子以及家内外劳动,都由我爱人独自承担。因长期操劳,她实在难以支撑。

为解决家庭实际困难,免除后顾之忧,更好地投身工作,我希望调回家乡,就近解决工作问题。

此致

敬礼

申请人:×××
二〇〇×年×月×日

8. 现有某商场需要向红翔服装公司发封询价函,索要8岁女式纯棉童装60套,要求产地上海、一级规格、单价批发价格在60~100元之间。请你代为该商场写这封询价函。再以红翔服装公司销售部门的身份,写份确认函。

9. 评改下列索赔函。

××市工业玻璃×厂
关于要求赔偿弹子停产池炉报废损失的函

市××进出口公司：

  我厂生产的玻璃弹子，由你公司专门收购已有多年，并已形成一个专业生产流水线，包括专用池炉和各种设备。但你公司今年一季度的弹子收购计划骤然剧变，收购数量仅×万打，比上季减少了73.2%，我厂事前毫无准备，这将使我厂部分停产，特别是生产玻璃弹子的专业池炉将因此而报废，预计损失×万余元。

  为此提出两点要求，希予考虑：一、池炉一旦报废，我厂要求赔偿损失，具体数额由双方协商确定；二、今后收购计划如有重大变化，请至少提前两个月告知。

  以上意见，请即函复。

××市工业玻璃×厂
二〇〇三年一月三日

10. 结合你身边切实发生的事情，例如经营活动中对方借你的欠款久未归还或是因为对方的过失使自己受到了经济损失等，写一份催款函或索赔函。

11. 从报上选择一个会议的开幕词或闭幕词，分析其结构及写法。

12. 就你所在的学校举行的校园文化艺术节写篇开幕词和闭幕词。

13. 练习写作欢迎词和欢送词。

14. 按照祝酒词的写作格式，请你为某单位的产品鉴定会写一份祝酒词致到会嘉宾。

15. 应届毕业实习生到某公司实习半年，实习结束之际，某公司为实习生们设宴送行，请你以实习生的身份给提供实习的某公司写一篇答谢词。

16. 现有××学校03级计算机应用专业的××、×××两名学生到上海科技馆参加青年志愿者服务活动，请你以学校的名义为两位同学分别开出一封介绍信和一封证明信，注意书写规范、正文内容准确。

17. 北京××学术研讨办公室组织"×××诞辰一百周年学术研讨会"，定于2001年6月21日至7月20日在北京××宾馆（××路××号）举行。研讨会要求与会代表向大会提交一至两篇相关的学术论文，并在会上宣读、交流。会议的住宿费、伙食补助费由会议组织者负责，与会者往返交通费则由代表所在单位负担。请你就上述所给信息，以会议组织者的身份给××大学韩××教授写封邀请书，请韩教授出席会议。注意内容明确，表达规范。

18. 上海鸿翔服装设计公司经××律师事务所同意，与该所王××律师商定后，决定聘请王律师担任公司的常年法律顾问。请你代该公司写一份聘请书。

19. 你的一位朋友筹办的××公司即将开张营业，请你向这位朋友写一封贺信。

20. 请你给遭受洪涝灾害的家乡的朋友写封慰问信。

第七编　法律事务文书

　　法律事务文书简称法律文书，是司法机关、当事人（或其委托人）及其他社会主体在诉讼和非诉讼法律事务中所涉及到的具有法律效力或法律意义的文书。所以我们把法律事务文书分为三大部分：一是诉讼文书，二是准诉讼法律文书，三是非诉讼法律文书。公检法等国家司法机关使用的法律文书本书不作介绍，我们主要站在非国家机关的角度，讲述诉讼文书和非诉讼法律文书的写作。

　　法律文书的写作与其他问题的写作相比，更具严谨性、格式性和法律性。首先，法律文书的严谨性要求语气庄重严肃、表达准确、语言客观严密，法律文书切不可出现歧义或者模棱两可的现象。其次，法律文书的格式性要求其写作要严格符合法律所规定的程式，要符合规范。再次，法律文书的法律性表现在写作的主体要合法、内容要客观且具有法律意义，写作的时间要符合法律时效的要求等。

第二十八章 诉讼文书

诉讼文书是指诉讼过程中,作为公诉人、起诉人、被起诉人等主体所用到的法律文书。诉讼文书的写作对诉讼的结果将起到很大的作用。本章将介绍起诉状、答辩状、反诉状、上诉状、申诉状等诉讼文书的写作。

第一节 起诉文书

一、知识概述

起诉是诉讼的第一环节。起诉文书主要是起诉状,又称诉状,是起诉方为实现其诉讼目的而向法院递交的一种书面请求,包括检察院提起公诉的刑事起诉书和当事人向法院提交的刑事自诉状、民事起诉状、行政起诉状。

刑事自诉状是刑事自诉案件的被害人或其法定代理人,为追究被告人的刑事责任而直接向法院提起刑事诉讼的文书。民事起诉状是民事案件的原告或其法定代理人就民事权利和义务的争执或纠纷向法院提交的请求法院维护其民事权益的起诉文书。行政起诉状是公民、法人或其他社会组织认为行政机关及其工作人员的具体行政行为侵犯其合法权益时,依法向法院递交的要求法院裁判所提诉讼请求的诉讼文书。这三种诉讼文书在现实生活中使用频率较高,而且它们在格式和写作要求上有很大的共性。下面着重介绍这三种诉讼文书的写作。

二、写作指要

起诉文书一般分为标题、原告(或自诉人)和被告(人)的基本情况、案由和诉讼请求、事实和理由、尾部这五个部分。

(一)标题

标题即"刑事自诉状"、"民事起诉状"或"行政起诉状"。

(二)原告(或自诉人)和被告(人)的基本情况

一般要求写明原告(或自诉人)和被告(人)的姓名、性别、年龄、民族、籍贯、职业、住址等情况。如果有好几个原告人或被告人,则逐一按上述要求写明。如果原告(或自诉人)或被告(人)是社会组织则还要写明法定代表人等情况。

有的起诉书中还有委托代理人和第三人的内容。委托代理人的身份事项与原、被告基本相同,如果委托代理人是律师,只需写明其姓名和所在律师事务所名称即可。第三人的身份事项以及其与原、被告的关系应写在被告之下另一段。

（三）案由和诉讼请求

这一部分应写明起诉所指控被告（人）行为的罪名、争端的起因和向法院提出的请求事项。

（四）事实和理由

事实部分是法院据以裁判的根据,刑事自诉状应写明被告人危害行为的具体事实,例如危害行为的时间、地点、方式、过程及所造成的后果等。民事起诉状和行政起诉状应写明权益纠纷的事实和原因、经过及结果。理由部分主要分析被告（人）行为的性质,援引法律条文或法律原则来说明诉讼请求的合法性。

有的起诉书还会在叙述完事实和理由后另起一段,列述证据及证据的来源。

（五）结尾

结尾部分要写明所呈法院名称、原告（或自诉人）的署名（或签章）、起诉日期,并且在附项中注明副本和证据等。

三、示例与简析

示例 1

刑事自诉状

自诉人：刘大,男,1937 年 4 月 13 日出生,汉族,××省××县××镇人,小学文化,××镇第一生产队农民,住该镇××村。

被告人：刘一,男,1960 年 9 月 20 日出生,汉族,××省××县××镇人,中学文化,××镇第一生产队农民,住该镇××村。

被告人：刘二,男,1962 年 2 月 8 日出生,汉族,××省××县××镇人,中学文化,××镇第一生产队农民,住该镇××村。

案由与诉讼请求

被告人刘一和被告人刘二犯虐待罪,请求人民法院依法惩处其犯罪行为。

事实与理由

自诉人与被告人刘一、刘二是父子关系,自 2004 年 6 月份以来,自诉人因年老多病,不能参加劳动,需要子女抚养。但被告人刘一、刘二不但不尽赡养老人的法律义务,反而对自诉人特别嫌弃,经常打骂。2004 年 8 月 25 日,被告人刘一由于与其妻子吵架而迁怒到我身上,将我一把推倒在地,当时我的脑袋摔破了。2004年10月13日,由于我阻止被告人刘二去赌博,而被刘二锁在家中长达17个小时,期间我一直没有吃饭。2004年底我因为身体和精神上受到两个不孝之子的折磨而生了哮喘病。2005年2月8日除夕夜,两被告人对我不闻不问,我自己到被告人刘一家中去送压岁钱给孙子,却被刘一骂成"老不死的"。后我到被告人刘二家中去,被刘二骂成"哪里来的讨饭的"。

以上事实有医院的诊断书,证人刘三、刘四、李××、郑××的证言证实。

被告人刘一、刘二不但不尽孝道,反而对我打骂、禁闭、折磨、有病不治,其情节极为严重,这对我的精神和肉体造成了很大的伤害。这些行为已经明显触犯了《中华人民共和国刑法》第260条,构成虐待罪。依照《中华人民共和国刑事诉讼法》第18条第3款和第170条第1款、第3款之规定,特向贵院提起刑事自诉,请依法判处,追究两被告人的刑事责任。

此致
××县人民法院

自诉人:刘大
2005年3月19日

附件:1. 本状副本2份;
   2. ××县人民医院诊断书复印件1份;
   3. 刘三、刘四、李××、郑××所书写的证人证言共4份

【要点评析】

从本例文中我们可以看到,刑事自诉状的写作要注意这么几个问题。一是诉讼请求要写得简洁些,把案由和起诉的意图表明即可。二是事实的叙述要紧扣犯罪构成的要件,即要把被告人最能体现犯罪性质的行为以及该行为的非法性描述出来。要让法官能在事实部分找到所起诉罪名的所有构成要件。三是理由部分要分析行为的法律定性,要明确指出所起诉的被告人的罪名,要找到诉讼请求法律依据。

示例2

民事起诉状

原告:王××,男,28岁,汉族,江西省××县人,现住浙江省杭州市××区××路×号,联系方式:××××。

代理人:张×,杭州市××律师事务所律师。

被告：李××，男，43岁，汉族，浙江省诸暨市人，现住诸暨市××路××号，联系方式：××××。

案由和诉讼请求

因房屋租赁纠纷，请求法院判决：1.被告返还房屋租金人民币6 000元及原告的损失人民币500元；2.由被告承担本案所有诉讼费用。

事实与理由

2004年6月15日，原告与被告达成房屋租赁协议，并且签订了书面租赁合同。合同规定，2004年7月至2005年7月期间，原告租用被告在诸暨市××路××号私房一间，用于开杂货店。原告于当时向被告交纳了一年租金共人民币13 000元。原告于2004年7月份开始使用该租赁房屋，到2004年9月份，原告因故离开诸暨，前往杭州，因而没有继续使用该房屋。至今，原告一直没有向被告提出终止租赁合同，也没有退房。但是在2005年2月份，被告没有经过原告同意就擅自把该房屋租赁给他人使用，该转租事实有被告邻居熊××的证人证言为证。

原告认为，按照原被告2004年所签订的合同规定，至2005年7月合同期满前，原告对被告的这间房屋还有占有和使用权。按照《中华人民共和国合同法》第60条之规定，合同双方当事人应当本着诚信的原则全面地履行合同规定的义务。而被告没有经过原告的同意，擅自把房屋转租给他人，属违约行为。按照《中华人民共和国合同法》第107条之规定，被告应当承担违约责任。因此事发后，原告向被告提出了交涉，要求被告退还从2005年2月至2005年7月期间的房屋租金人民币6 000元。但是被告不同意原告的请求，只答应给付人民币2 000元。而这与原告的利益与损失相差太大，原告没有理由接受。原告多次试图与被告和解，被告态度一直强硬。

在这种情况下，原告只有寻求司法手段维护自己的权益。根据《中华人民共和国民事诉讼法》相关条款之规定，原告向贵院提起诉讼，请贵院依法作出公正的判决，以保护公民的合法权益。

此致
诸暨市人民法院

起诉人：王××
2005年5月10日

附：1.本诉状副本1份
　　2.2004年6月15日原被告签订的《房屋租赁合同》复印件1份
　　3.被告邻居熊××书面证言1份

【要点评析】

1.民事起诉状和刑事自诉状有很多不同的地方，刑事自诉状中是"自诉人"和"被告人",而民事诉状中是"原告"和"被告",这一点一定不能写错。

2. 写民事起诉状的时候,可能原告对被告的身份事项不是太了解,所以不要求面面俱到,但最好能写出当事人的联系方式,以方便法院办案。

3. 事实和理由部分是诉状的主体内容,应当写得有针对性,要抓住被告违约、违法的法律事实,进行一定的分析,证明自己的诉讼请求是合法的。

第二节　答辩状与反诉状

一、知识概述

答辩和反诉是起诉后被起诉方的反应。答辩状是被告方在接到起诉状或上诉状副本后,在法定期限内就起诉状或上诉状的内容进行答复或辩驳而使用的一种诉讼文书。答辩状分为刑事答辩状、民事答辩状、行政答辩状三种。反诉状一般是本诉的被告方在诉讼过程中为维护自己的合法权益而向原告或自诉人提出的独立的诉讼请求。

二、写作指要

(一) 答辩状

答辩状的写作和呈送一定要在法定的期限内完成。答辩状一般由标题、答辩人与被答辩人基本情况、答辩事由、答辩理由与意见、尾部五个部分构成。

1. 标题。标题即"答辩状"或"刑事答辩状"、"民事答辩状"、"行政答辩状"。

2. 答辩人基本情况。这一部分的写法与起诉状中当事人基本情况的写法相同。

3. 答辩事由。答辩事由这部分写明是因何人提出何案而进行答辩。

4. 答辩理由与意见。这是答辩状的主体部分,在这部分中,答辩人应表明自己的态度并叙述所持理由。答辩理由一般采用反驳对方的方法,抓住起诉状或上诉状中的错误和不当之处作为自己反驳的论点。同时要列举事实和证据材料作为反驳的根据,最后引用法律条文或法律原则来论证自己的观点。在充分叙述完自己答辩理由的基础上,对案件的处理发表自己的意见。

5. 尾部。尾部逐一写明所呈人民法院名称、答辩人署名及答辩日期,并且在附项中注明答辩状副本和证据等事宜。

(二) 反诉状

反诉状的写作和呈送必须在本诉结束前完成。反诉状由标题、反诉人和被反诉人基本情况、案由与诉讼请求、事实和理由、尾部这五个部分构成。

1. 标题。标题为"反诉状"或"刑事反诉状"、"民事反诉状"等。

2. 反诉人和被反诉人基本情况。这一部分的写法与起诉状中原、被告基本情况的写法相同,但需要注明反诉人和被反诉人在本诉中的身份。如"反诉人(本诉被告)"、"被反诉人(本诉原告)"。

3. 案由与诉讼请求。这一部分简要说明本诉提起的情况和反诉的诉讼请求。

4. 事实和理由。这是反诉的主体部分,事实叙述中应详细写明案件或纠纷发生的时间、地点、原因、经过、造成的结果等。理由中应准确地引用相关法律条文,为反诉的诉讼请求确立法律依据。

5. 尾部。尾部一般包括所呈人民法院名称、反诉人署名(或签章)、反诉日期和附项,附项中注明反诉状副本和证据等。

三、示例与简析

民事答辩状

答辩人:张××,女,1966年1月9日生,汉族,住址:上海市××路505弄B区10号101室。

因被答辩人路××诉答辩人张××饲养动物伤害赔偿一案,提出如下答辩:

2004年8月17日晚,由于被答辩人的挑逗,答辩人家的狗将其咬伤。现被答辩人歪曲事实、夸大损失,企图通过诉讼要答辩人赔偿其损失,这与客观实际不相符,在法律上也毫无根据。

1. 被答辩人的伤害是由于其自身的过错造成的,被答辩人的诉讼请求没有事实和法律的依据。被答辩人在其起诉状描述得很清楚:在答辩人饲养的狗咬她之前,是被答辩人本人从后面赶上来,喊狗的名字。而且这时答辩人家的保姆已经提醒被答辩人不要过来。被答辩人非但没有停住自己的行为,反而赶过来用手来摸狗的头,被答辩人嘴里还说着"我们早就认识了"(指早就认识答辩人家的狗)。其实,被答辩人与答辩人家的狗并不熟悉,况且被答辩人与狗是否熟识并无法律意义。可见,被答辩人唤狗的名字,其实是一种调戏和引诱动物的行为;被答辩人用手触摸狗的脑袋,其实是一种挑逗行为。因此,被答辩人的这种行为在法律上完全可以认定其有主观上的过错。根据我国《民法通则》第127条之规定:"由于受害人的过错造成损害的,动物饲养人或者管理人不承担民事责任。"

2. 在整个事件过程中,答辩人及保姆并无过错,被答辩人在诉状中的主张纯属强词夺理。当天晚上,答辩人家的保姆是按照规定在小区内遛狗,且当时保姆正牵着狗回家。当被答辩人喊狗名字时,保姆也提醒过被答辩人不要靠近。在被答辩人摸狗的脑袋和狗去咬被答辩人的时候,保姆也尽力拽住狗,欲制止狗咬人的行为。但是由于狗的速度极快且力量大,没能完全阻止狗咬人的行为。在这件事情发生的过程中,答辩人的保姆尽到了告知和阻止的责任。因此,答辩人认为,答辩人及保姆对于这次事件并无过错。

3. 在发生被答辩人被狗咬的事件后,答辩人已经尽到了道义上的责任。虽然事情的发生时被答辩人一意孤行所致,答辩人并无过错。但出于道义,在事情发生后,答辩人就提出送被答辩人去医院看伤,但遭到拒绝。被答辩人在家养伤的过程中,答辩人曾买水果登门看望,详细询问被答辩人的病情,但被答辩人坚决不收水果。而且答辩人极力配合派出所的调解,并且同意在被答辩人的保险公司理赔金额外另支付她500元作为一种道义责任。

4. 被答辩人在逗狗而被狗咬的事情发生后,其保险公司已经对她的医药费等损失的大部分进行了理赔。

根据上述事实和理由,答辩人请求人民法院依法做出公正的判决,驳回被答辩人(原告)的诉讼请求,维护答辩人的合法权益。

此致
上海市××区人民法院

答辩人:张××
2005年4月22日

附:本答辩状副本1份

【要点评析】

上述例文中,有这么几点需提醒读者注意。第一,答辩事由的叙述应当简洁,一般应写上承前启后性质的语句,如"现提出如下答辩"。第二,答辩意见应包括如下内容:依据法律和事实说明答辩理由的合法性和正确性,通过对事实的叙述指明对方诉状中的错误,提出自己的主张并请求法院依法公正裁判。第三,答辩书如果是请人代写的,应在答辩日期之下写明代书人的姓名、工作单位等事项。第四,答辩状无须叙述被答辩人(即原告)的基本情况。

第三节 上诉状与申诉状

一、知识概述

上诉发生在一审判决后上诉期限内,因此上诉状指的是诉讼当事人或其法定代理人因为不服一审裁判(判决或裁定),依法定程序,对未生效的地方各级人民法院一审裁判,向上一级法院提出请求撤销、变更裁判内容或请求重新审理的诉讼文书。上诉状分为刑事上诉状、民事上诉状、行政上诉状三种。申诉状是诉讼当事人或其法定代理人、被害人或其近亲属,对已发生法律效力的裁判(判决或裁定)不服,依法向法院或检察院提出的,请求重复审查的诉讼文书。申诉状也有刑事申诉状、民事申诉状、行政申诉状之分。

二、写作指要

(一) 上诉状

上诉状的写作和呈送一定要在法定的期限内完成。上诉状一般分为标题、上诉人和被上诉人基本情况、案件来源、上诉请求与理由、尾部五个部分。

1. 标题。上诉状标题由标题或事由加标题组成,即"上诉状"或"民事上诉状"、"刑事上诉状"等。

2. 上诉人和被上诉人基本情况。这一部分写法与其他诉讼文书中当事人基本情况的写法基本相同,但如果是公诉案件则不用写被上诉人。

3. 案件来源。案件来源简单写明上诉人不服的裁判的案件来源,例如"上诉人因××一案不服××法院于××年×月×日[200×]××字第×号判决(裁定),现提起上诉"。

4. 上诉请求与理由。请求与理由是上诉状的主体部分,在这一部分中上诉人应写明上诉的具体请求和其所依据的事实与理由。上诉请求中一般要写明请求二审法院撤销或变更原审裁判,或者请求重新审理。上诉理由中上诉人要运用法律和事实对一审裁判的错误进行辩驳。

5. 尾部。尾部一般注明所呈人民法院名称、上诉人署名(或签章)、上诉日期和附项,附项中注明上诉状副本和证据等。

(二) 申诉状

申诉状由标题、申诉人和被申诉人基本情况、案由、申诉请求与理由、尾部五个部分组成。

1. 标题。标题直接写成"申诉状"或"民事申诉状"等即可。

2. 申诉人和被申诉人基本情况。基本情况部分写法与其他诉讼文书中当事人基本情况的写法基本相同,但如果是公诉案件则不用写被申诉人。

3. 案由。案由中简要写明申诉人因不服何案的判决或裁定而提起申诉,如"申诉人××因××一案,不服××法院××年×月×日[200×]字第×号判决(裁定),现申诉如下:"。

4. 申诉请求与理由。申诉请求在简要说明原裁判有何种错误或不当之处的基础上明确提出要求撤销、变更原裁判或再审等请求。申诉理由是申诉书的核心部分,主要通过详细分析法律和事实来证明原裁判中存在哪些错误与不当,从而为自己的申诉请求提供法律和事实的依据。

5. 尾部。结尾写明所呈机关名称、申诉人署名(或签章)、申诉日期和附项,附项中注明申诉状副本和证据等。

三、示例与简析

刑事上诉状

上诉人:陈××,男,××省××市×区人,汉族,被捕前系××市建筑工程公司职工,住本市中山路××号,现在押。

上诉人因故意杀人一案,不服××市中级人民法院2005年2月14日[2005]××字第×号刑事判决,现提出上诉,请求撤销原判决。

上诉的请求和理由:上诉人认为,我的罪行应该按故意伤害罪(致人死亡)定罪量刑,决不能以故意杀人罪判处重刑。为此,我请求法院重新审判。理由如下:

一、一审判决对上诉人犯罪主观方面的认定错误。一审判决认为"被告人当时产生即兴杀人的故意",根据是上诉人在2003年有了外遇后一直与被害人不和。而上诉人确实在2003年有了外遇,但是我并没有因此而对被害人嫌弃。我每天也在为家庭奔波操劳,绝对没有杀害被害人的意思。我们2004年12月27日的争吵只是一般的家庭纠纷。后由于我一时冲动拿起烟灰缸想去打被害人,给她点教训,但不料用力过猛,把她打死。我当时只有伤害被害人的故意,被害人的死亡是我犯罪故意之外的内容,因此我认为一审判决认定我主观方面有杀人的故意是错误的。

二、一审判决对上诉人犯罪客观方面的认定也有错误。一审判决认为"被告人拿起烟灰缸,朝被害人头部砸过去,实施了杀害被害人的行为,致被害人当场休克,后经市第×人民医院抢救无效死亡"。而当时的情形时,我用手打了被害人的脸,被害人哭闹着和我争执。我当时气急败坏,想用暴力把她镇住,就随手拿起桌上的烟灰缸。我当时是想打被害人的手,因为她一直想用手来抓我的脸。但是不巧,我砸过去的时候,被害人的头正好凑过来了。就这样烟灰缸砸到了被害人的头部,以致她受伤而亡。因此,我的行为不能认定是杀害被害人的行为,而只是伤害行为。

我与被害人夫妻数年,伤害她之后我竭尽全力送她去医院抢救,但是悲剧还是发生了。事后我极为痛心,感到万分懊悔。本案中我主观恶意性不大,案发后一直配合公安机关的侦察和法院的审判。因此,上诉人认为,法院不该按故意杀人罪给我定罪量刑,而应适用故意伤害罪的规定依法公正的判处我的刑罚。

为此,特向贵院上诉,请求人民法院重新审理此案。

此呈

××市中级人民法院转送

××省高级人民法院

上诉人：陈××
二〇〇五年二月二十日

【要点评析】

1. 上诉状的请求一般有这么几种类型：请求撤销原判、请求变更原判、请求重新审理，如本例文中为"请求撤销原判决"。

2. 从上述例文中可以看到，上诉理由中，一般是从原裁判认定事实错误、适用法律不当、所依据的证据不确实、诉讼程序不合法等几个方面进行辩驳。

3. 上诉状中理由的叙述不能与一审的答辩状理由雷同。上诉的理由应有很强的针对性，一定要直指对一审判决中的错误。

思考与练习

1. 刑事自诉状和民事起诉状在写法上有哪些区别？

2. 本章所述法律文书中，哪些文书的写作和呈送有法定期间限制，哪些没有期间限制？

3. 在一货物买卖合同纠纷中，甲公司收到乙公司起诉其拖欠货款不还的起诉状副本，但甲公司认为是乙公司违约在先，因为乙公司提供的货物没达到合同约定的质量要求。在这种情况下，甲公司想提出反诉，则其需要用到那种诉讼文书？请按照法律文书格式帮甲公司拟出这份诉讼文书。

4. 下面是一份行政起诉状的开头部分，请指出其中存在的错误，并改正。

行政起诉状

原告人：江××，男，1973年6月13日出生，汉族，浙江新昌县人，系新昌县洪昌造纸有限公司职工，现住新昌县××镇××路68号。

被告人：赵××，男，1965年4月27日出生，汉族，浙江宁波人，系浙江新昌县公安局警察，现住新昌县××镇××街90号。

案由：被告在查处赌博活动中，错误认定我的行为为赌博行为而进行罚款，损害了原告的合法利益和名誉权。

诉讼请求：1. 撤销赵××对我的处罚决定；

2. 返还所罚款项并加同期银行利息；

3. 到我单位公开向我赔礼道歉，消除影响、恢复我的名誉。

事实和理由：

2005年春节期间，我和我的表弟、堂兄、妹夫共四人在我家打麻将……

第二十九章 准诉讼法律文书和非诉讼法律文书

第一节 准诉讼法律文书

准诉讼法律文书是指在诉讼过程中,与诉讼相关的、并不直接针对诉讼中当事人实体权利和义务的法律文书。准诉讼法律文书是介于诉讼文书与非诉讼文书之间的一类法律文书。本节将介绍财产保全申请书、撤诉申请书、执行申请书三种准诉讼法律文书。

一、诉讼保全申请书

(一)知识概述

诉讼保全申请书分为证据保全申请书和财产保全申请书。证据保全申请书是指诉讼参与人对于诉讼争议的证据,在可能灭失或以后难以取得的情况下,申请国家执法机关将于案件有关的现场情况、痕迹、物品的特征和证人证言等,采取保全措施予以固定下来而提交的法律文书。财产保全申请书是指申请人在起诉前或起诉后,为保证判决的执行或避免财产遭受损失,而要求人民法院对当事人的财产或争议的标的物采取强制措施所用到的法律文书。

(二)写作指要

诉讼保全申请书的结构与写法如下:

1. 标题。标题以单标题为主,直接明了,如"证据保全申请书"或"财产保全申请书"等。

2. 申请人、被申请人的基本情况。基本情况一般包括申请人、被申请人的姓名(名称)、地址、邮政编码、联系电话、法定代表人或主要负责人的姓名、职务等。

3. 请求事项。请求事项即写明保全的内容和保全的方法,请求事项必须明确、具体,比如"请求立即查封/冻结×××"。

4. 事实与理由。事实与理由部分一般包括以下几个方面:请求保全的对象的具体情况(名称、数量、价值等)、保全对象与案件的关联性、必须采取保全的原因等。

5. 尾部。尾部一般注明所呈法院、申请人签章、申请日期以及相关附项等。

二、示例与简析

财产保全申请书

申请人：张××（身份等事项略）

被申请人：××市××食品有限公司（身份等事项略）

请求事项：请依法对被申请人××市××食品有限公司在中国农业银行××市支行银行存款500 000元予以冻结。

事实与理由：

申请人因与被申请人无理拖欠食品原料欠款一案，已于2005年3月30日向贵院起诉。据了解，被申请人现在已经对胜诉没有希望，而有意将银行存款转移，逃避法律责任，为维护申请人的合法权利，特依照《中华人民共和国民事诉讼法》第93条第1款之规定，向贵院提出财产保全申请。

此致
××人民法院

申请人：张××
2005年4月2日

附：××市××食品有限公司开户银行账号×××××××××

【要点评析】

1. 从上例文中我们可以看出，必须采取保全的原因中一般写明被申请人有隐匿、转移、挥霍其财产，逃避法律义务的可能。

2. 在一般证据保全申请书和财产保全申请书中，申请人都要详细写明采取保全的必要性和迫切性。例如不实施保全措施将会造成证据难以取得或判决难以执行等。

三、执行申请书

（一）知识概述

执行申请书也称申请执行书，是指负有义务的当事人不履行生效的法律文书，对方当事人依照法律规定，向人民法院提出请求执行的法律文书。

（二）写作指要

执行申请书的结构和写法如下：

1. 标题。标题可直接写明"执行申请书"。

2. 申请人、被申请人的基本情况。基本情况部分的写法与其他法律文书当事人基本情况的写法相同。

3. 请求事项。请求事项需写明申请执行人提出具体执行的项目。

4. 事实与理由。事实与理由这部分首先简单介绍案由与审判或裁决结果，然后叙述被申请人拒不执行的情形、被执行人的经济状况，最后可写明要求执行的具体方法等。

5. 尾部。尾部一般注明所呈法院、申请人签章、申请日期以及相关附项等事宜。

四、示例与简析

执 行 申 请 书

申请人：××市××运输服务有限公司，地址：××市××区××路××号××运输大厦。法定代表人：李××，董事长。联系电话：×××××××××

被申请人：××市××建材公司，地址：××市××区××路××号××建筑大厦。

法定代表人：许××，董事长。联系电话：×××××××××

请求事项：请求依法强制被申请人偿还所欠申请人的运费10万元。

事实与理由：

申请人与被申请人货运合同纠纷一案，经××市××区人民法院审理，于2005年3月18日作出[2005]×民初字第××号民事判决，限被告在半个月内偿还所拖欠的10万运费。但是一个多月过去，经多次催讨，××建材公司以种种借口继续拖欠运费。该单位其实并不是资金紧张，而是故意抵赖。为此，依照《中华人民共和国民事诉讼法》第216条之规定，特向贵院提出申请执行的要求。

此致

××人民法院

申请人：××市××运输服务有限公司
2005年4月30日

附：××建材公司开户银行账号：×××××××××××××

【要点评析】

请求事项其实是申请人目的的体现，上述申请书中明确了"请求依法强制被申请人偿还所欠申请人的运费10万元"的目的。但是，也有的执行申请书不直接列出"请求事项"一项，而是在申请书结尾时写明要求执行的具体请求和执行方法。例如冻结财产、强行拍卖、强行划拨银行存款等。

第二节 非诉讼法律文书

非诉讼法律文书是适用于诉讼以外其他法律事务的法律文书,主要集中在行政复议、仲裁、公证等法律事务中。因此,本节将主要介绍行政复议申请书、仲裁文书的写法。

一、行政复议申请书

（一）知识概述

行政复议申请书是指行政管理相对人认为行政机关作出的具体行政行为侵犯其合法权益,向上一级行政机关提出复议申请的文书。在制作行政复议申请书的时候要注意两点:一是申请复议事项必须属于行政复议的范围。二是行政复议申请书须在法定期限内制作,即提出行政复议申请,除法律有特殊规定,应该在知道具体行政行为之日起60天内。

（二）写作指要

行政复议申请书的结构和写法如下:

1. 标题。标题写明"行政复议申请书"。

2. 申请人、被申请人的基本情况。基本情况这一部分的写法与其他法律文书当事人基本情况的写法相同。

3. 复议请求。复议请求写明向复议机关提出的保护自己合法权益的具体内容,即要求复议机关解决的具体问题,这一部分应该简单明了、具体得当。

4. 事实与理由。事实与理由部分一般分为事实根据和法律依据两部分。事实根据要写明争议的具体内容,这其中要体现行政行为的违法、依据不足或错误以及具体行政行为不当的事实等。事实根据中一般还列明证明案件事实的存在所必需的证据材料。法律依据即援引法律条文或法律原则来说明所提出的复议申请是正当、合法的。

5. 尾部。尾部注明所呈法院、申请人签章、申请日期以及相关附项等。

二、示例与简析

行政复议申请书

申请人:胡××,男,1980年1月21日出生,××市××大学学生,现住××市××区××路378号××大学学生宿舍。

被申请人:××市××区公安局,法定代表人:金××,局长。

复议请求:请求变更被申请人于2004年11月29日作出的《关于胡××打架斗殴的处罚决定》,并赔偿由此给申请人造成的各项损失。

事实与理由：

2004年11月17日晚，申请人在网吧上网，约8时许，罗××和洪××来到网吧，在我旁边的位子坐下来。当时他们两个人一直在抽烟，我对烟味特别不适应，而且网吧本来就是禁止抽烟的。我在实在难以忍受的情况下，很礼貌地提请罗××和洪××不要抽烟。但是这两个人很不礼貌，出言粗野，说"老子抽烟关你屁事"。我说："请讲点社会公德！"而洪××却大喊一声"贬他！"这时两个人就上前来殴打我，把我打倒在地，我的膝盖被打伤。当时我为了自卫，在地下捡起罗××掉下的手机，朝罗××扔过去，结果把罗××的脑袋砸破。整件纠纷中，罗××和洪××是无理取闹，并且无故伤人。而我当时明显处于弱势地位，我用手机砸罗××的行为纯属自卫。但是××市××区公安局却把整件事情定性为相互斗殴，对我也作出了罚款的行政处罚。我认为这样的处罚决定是错误的。

因此，根据《中华人民共和国行政复议法》第6条第1款和第9条之规定，特向贵局提出复议申请，请依法公正裁决。

此致

××市公安局

申请人：胡××
2004年12月5日

附：1. 申请书副本1份
2. 网吧老板书面证言1份

【要点评析】

1. 行政复议的申请人是行政相对人，被申请人是行政主体，而不是某一争议中的相对人。

2. 在行政复议申请书中，应当明确指出申请人不服的具体行政行为，例如上述申请书中的"被申请人于2004年11月29日作出的《关于胡××打架斗殴的处罚决定》"。

3. 事实与理由的叙述一定要用详细的事实与法律根据阐明被申请人的具体行政行为是违法、错误或不当的，是侵犯了申请人的合法权益的。

二、仲裁文书

（一）知识概述

仲裁是仲裁机构根据当事人的仲裁申请，按照仲裁程序规则处理争议的事实和权利义务关系的活动。仲裁原则上是不公开审理，因此这种解决纠纷的方式在商事活动中很受欢迎。仲裁文书则是当事人和仲裁机构为达到仲裁目的而制作的文书，其种类较多，包括仲裁协议书、仲裁申请书、仲裁答辩书、仲裁调解书等。其中，仲裁申请书在仲裁活动中起着关键的作用。

仲裁申请书是指民商事合同纠纷当事人为维护自己的合法权益而向有管辖权的仲裁机构提交的请求解决实体权益争议的书面请求文书。下面将详细介绍仲裁申请书的写法。

(二) 写作指要

仲裁申请书的结构和写法如下：

1. 标题。标题直截了当写成"仲裁申请书"。

2. 申请人和被申请人的基本情况。基本情况部分的写法与其他法律文书当事人基本情况的写法相同。

3. 案由与请求事项。案由事项要写明要求仲裁的事由；请求事项写明请求仲裁机构解决的问题，即申请人通过仲裁想达到的目的。

4. 事实与理由。事实与理由这部分是整个仲裁申请书的重中之重。首先要写明纠纷的具体情形，之后援引有关法律、法规来论证被申请人违约的性质和应承担的责任。

5. 尾部。尾部注明所呈法院、申请人签章、申请日期以及相关附项等事宜。

三、示例与简析

仲裁申请书

申请人：××省××市××家电销售有限公司，住址：××省××市××区××路72号，法定代表人：韦××，董事长，联系电话：××××××××。

被申请人：××省××市××空调制造有限公司，住址：××省××市××经济技术开发区2号街，法定代表人：柳××，董事长，联系电话：××××××××。

案由与请求事项：因与被申请人空调销售合同纠纷一案，请求依法裁决被申请人：1. 遵照所签协议约定每月继续向申请人提供××空调80台，直至合同期满；2. 赔偿被申请人违约行为给申请人造成的经济损失人民币6万元；3. 承担本案的所有仲裁费用。

事实与理由：

2003年11月20日，申请人与被申请人协议约定：在2004年至2005年两年中，被申请人每月15日以前以2000元的批发价向申请人提供××空调80台，申请人在接货后于月底前付清当月货款。但是，到2005年8月为止，被申请人已经无故3个月没有依照协议约定向申请人提供空调。被申请人这种违约行为使得申请人不得不临时高价从别的空调生产商进货，其间的差价为人民币6万元。申请人曾多次向被申请人要求继续履行合同，并且赔偿由此给申请人造成的损失，而被申请人至今仍置之不理。

申请人和被申请人在2003年11月20日所签协议的第16条明确约定"解决本合同纠纷的方式为：申请××市仲裁委员会仲裁"。为此，特向贵委员会提出仲裁申请，请依法公正裁决。我方选定钱××先生为本案仲裁员。
　　此致
××市仲裁委员会仲裁

申请人：××省××市××家电销售有限公司
2005年9月8日

【要点评析】

1. 从上述例文中我们可以看到，仲裁申请书与起诉状的写法有相似之处，特别是仲裁申请书正文的内容，与起诉状的要求大体相同。

2. 仲裁申请书的事实与理由部分，应该明确申请人和被申请人在申请仲裁前所签订的仲裁协议或仲裁条款，如本例文中"所签协议的第16条明确约定'解决本合同纠纷的方式为：申请××市仲裁委员会仲裁'"。

3. 有的时候申请人会在申请书中直接写明自己所选的仲裁员的名字，如本例文所述"我方选定钱××先生为本案仲裁员"。

思 考 与 练 习

1. 什么是公证？其撰写的要领是什么？
2. 什么是行政复议申请书，它与一般的申请书有什么不同？

综 合 练 习

1. 证据保全申请属于财产保全申请书有什么区别？
2. 仲裁申请书适用于哪些纠纷？
3. 2004年8月，甲公司发现其商业秘密（化妆品生产的独特配方）被乙公司盗用。甲公司曾向乙公司提出停止侵犯和赔偿损失等请求，但是乙公司置之不理。甲公司欲采用其他法律手段维护自己的权益。若通过诉讼方式，则可能会使更多人知晓其化妆品生产的独特配方。请问在这种情况下，甲公司该采取何种更为合理的方式来维护自己的权益？这涉及本章所讲的哪种法律文书？请自己确定具体内容，帮甲公司草拟该法律文书。
4. 以下是一篇行政复议申请书的一部分，请把错误的地方改正。

行 政 复 议 书

申请人：刘××，男，1969年8月11日出生，上海市××区××公司职工
被申请人：上海市××区工商局市场综合执法大队

复议请求:请求撤销被申请人于 2004 年 11 月 29 日做出的《关于××区个体户非法经营行为的整治决定》,并赔偿由此给申请人造成的各项损失。

事实与理由:

2004 年 11 月 29 日,被申请人以整治市场秩序为名,对申请人所在区××农贸市场进行清理,并且做出《关于××区个体户非法经营行为的整治决定》,决定撤销申请人和其他同伙在××农贸市场的摊位。申请人认为:被申请人的行为……

此致

上海市××区工商局市场综合执法大队

申请人:刘××
2005 年 4 月 23 日

附:书证 1 份,李某等人的证人证言 3 份

第八编　新闻事务文书

　　新闻是关于新近发生的、正在发生的，或早已发生但最近发现的、有价值能吸引大众关注的事实的报道。

　　新闻具有真实性、时效性和导向性。真实性是新闻的基础。新闻强调一个"新"字，力求迅速、及时地将新近发生、发现的事实传达给受众。新闻应当成为引导社会健康和进步的舆论前驱。

　　关于新闻体裁的分类，根据其写作特征，可以分为消息、通讯、特写和专访等。

第三十章　消息、通讯、特写

第一节　消　息

一、知识概述

(一) 消息的概念

消息是只报道事情的概貌而不讲述详细的经过和细节,以简要的语言文字迅速传播新近事实的新闻体裁,是最广泛、最经常采用的新闻基本体裁。它篇幅短小,特别讲求时效。因其在新闻诸文体中使用频率最高,使用数量最多,是新闻报道中最常用的文体,故人们常把消息称为新闻。狭义的新闻即指消息。

(二) 消息的类型

消息的类型按不同的角度有多种不同的类型。

按传播媒介分,有报刊文字消息、广播消息(口播和录音新闻)、电视消息(口播和声像新闻)、网络消息等。按报道内容分,有政治新闻、经济新闻、科技新闻、军事新闻、体育新闻、教育新闻、文艺新闻、社会新闻等。按篇幅、结构分,有标题新闻,即没有正文,只以标题的形式出现,是最短的新闻;无标题新闻,即只有正文,没有标题;短讯,是最精练的新闻体裁之一,其中最简短的被称为"一句话新闻",它常常以若干条集中的形式分类编排,如"经济要闻"、"国际短讯"等。

现在国内比较通行的是按写作形式、写作特点把消息分为动态消息、综合消息、经验性消息(典型性报道)、述评性消息、人物消息、特写性消息等。下面对常见的几种消息种类略作介绍:

1. 动态消息。动态消息是一种最常见的消息类型,是报道正在发生或处于发展变化的单一事物的报道形式。它集中、突出地介绍某一事件的过程,以事物的最新变动为主要着眼点,以客观叙事为基本特征,以开门见山、一事一报为主要写作原则,用事实本身的意义来体现作者的观点。

2. 综合消息。综合消息是综合反映带全局性的情况、动向、成就和问题的报道。它要求占有全面、充分、典型的材料,又有典型事例的说明、分析,讲求点面结合以及观点和材料的统一,将概貌的介绍与具体事例的叙述结合起来。

3. 经验性消息。经验性消息是对某一部门或某一单位的成功经验进行报道的新闻形式。它的篇幅一般比其他体裁要长,但有其针对性。它不概括经验规律,而是用具体的事实反映经验。

4. 述评性消息。述评性消息是用叙议结合的方式来反映国内外重大事件的一种消息。其特点是既叙述事实,又评论分析;事实材料丰富、典型,评论、分析讲究逻辑,言简意赅;叙述和议论紧密结合。述评性消息根据报道内容,还可分为形势述评、事件述评、经验述评等。

5. 人物消息。人物消息是突出报道人物的思想、事迹的新闻形式。人物成了消息的中心,但不强调细节,没有过多的描写渲染。它要求抓住人物的本质特征,选取新鲜、典型的事实材料来表现人物的思想和精神面貌。

(三)消息的特点

消息作为新闻体之一,除了具备新闻体最基本的四个特征外,它还有自己的特点。

1. 篇幅较短,内容简明扼要,注重时效,报道快速及时。消息一般篇幅都比较短,几十字、百把字或几百字,列宁曾称消息为"电报文体"。在新闻诸体裁中,消息的时效性最强,对"时间新"的要求最高。

2. 通常一事一报,讲究用事实说话。用事实说话是消息写作的一种基本方法,又是客观报道的形式。但消息写作并非没有立场、观点的纯客观的"有闻必录",而是讲事实,显示事实本身的逻辑。所发议论只是必要之处的"点睛"之笔。

3. 基本表达方法是叙述。这一特点与"用事实说话"相关。消息通常不对人物事件作浓墨重彩、精雕细刻的描写,所以也不用或少用直接的议论和抒情,叙述是其主要的表达方式。

二、写作指要

(一)消息的写作方法

按照消息的内部构造成分,一篇消息通常包括标题、导语、主体和结尾等部分。

1. 标题。消息的标题是消息的重要组成部分,它在新闻宣传中的作用有时不亚于消息的正文。消息的标题是新闻内容的形象概括,新颖、独特的标题往往令读者一目了然,印象深刻。因此必须注重消息标题的制作。消息标题的类型有单行式和多行式。

(1) 单行式标题即只有一个标题,它是消息内容的高度概括,必须点明必要的新闻要素,使人一见标题就知道新闻的主题。如"今日当铺,'当'之无亏"。

(2) 多行式标题又分为为三种形式,一种是由正题与副题组成的标题,如:

迪斯尼绣球抛中香港(正题)

昨与香港达成合资建乐园协议(副题)

第二种是由引题和正题组成的标题,如:

贪污挪用　接受贿赂(引题)

"副"局长变成了"富"局长(正题)

第三种是由引题、正题和副题三部分组成的标题,如:

干流封冻长达1100千米(引题)

严防黄河闹"凌"灾(正题)

党中央、国务院高度重视,国家防总和水利部已派工作组赴现场协助抢险(副题)

消息的标题中,正题是其核心部分,通常揭示新闻中最重要、最吸引受众的信息。副题一般在正题之后,用来补充、注释和说明、印证正题。引题在正题之上,主要从一个侧面对正题进行引导、烘托或渲染。

2. 导语。导语是消息的开头部分,它以简要的文句,突出最重要、最新鲜或最富有个性特点的事实,提示新闻要旨,吸引读者阅读全文。导语必须研究人们最感兴趣的是什么,最需要告诉人们的又是什么,把二者和谐地统一起来,并从新闻内容中选择最重要点;而且,导语应有新闻事实,但要避免与主体内容重复,导语交代消息的来源和新闻根据,应给人以可信感;在文字上讲求凝练、醒目、明快、巧妙。

导语可分为两大类:直接性导语和间接性导语。直接性导语是一种最常用的导语形式,即导语中开门见山、简明扼要地突出表现最新鲜、最重要的事实,或最有个性特色、最具有新闻价值的内容。它适用于时效性较强的事件性新闻。直接性导语又可以分为叙述式、总结式、评述式等。间接性导语又称延缓性导语,是相对于直接性导语的一种常用的导语形式,即导语中曲径通幽,引人入胜,间接体现新闻主题,迂回舒展地引出新闻的核心事实或新闻要旨。间接性导语可分为描写式、引用式、对比式、设问式。

3. 主体。消息的主体又称"新闻躯干",是一篇消息最基本、最重要的组成部分,是展开新闻内容、阐述新闻主题的关键部分。主体的功能一是对导语进行解释、深化和具体化,对导语中涉及的内容,进一步提供有关细节和背景材料,使其更清楚、明确、具体。二是补充新的事实,导语中未提及而又能表现新闻主题的事实和其他要素,便由主体补充出来。

消息主体的结构形式大体有两种,即倒金字塔结构和金字塔结构。

(1) 倒金字塔结构。倒金字塔结构是消息写作中最常用的一种结构方式。它以事实的重要性程度或受众关心程度依次递减的次序,先主后次地安排消息中各项事实内容。它多用于事件性新闻。其优点是:最能体现新闻性;开门见山,概括性强;切合读者心理;便于编辑处理稿件和制作标题;便于记者增加新的重要事实材料。它的缺点在于,过于标准化,程式化,而缺乏多样性;比较容易出现消息的标题、导语、主体"三重复"现象。倒金字塔结构形式在消息写作中的主导地位。

(2) 金字塔结构。金字塔结构是按新闻事件发生和发展,即依时间顺序安排材料的一种消息结构形式。事实的开始和结束,就是新闻的开头和结尾。它适用于前后时间跨度比较小或者有比较完整、曲折的情节或生动细节的新闻事件,多用于非事件性新闻。该结构形式的优点在于行文构思比较方便;可以保持新闻事实比较完整的故事性;容易清楚地反映新闻事件原委始末的脉络。缺点在于篇幅长容易显得平铺直叙;从头说起,把握不当,会出现平淡或缺乏新鲜感。

4. 结尾。消息的结尾承接主体,有时没有结尾,事实叙述完毕,就自然结尾了,有的对全文作简单总结。

(二)消息的写作要领与要求

1. 消息标题的撰写要求内容要新颖,形式要醒目,要做到准确、鲜明、凝练、生动,并且富于美感,引人入胜,能激发受众的阅读兴趣。

2. 导语应把事实中最重要或最精彩的部分,或事实的关键点作为第一语,安排在导语中向读者报告。一般要涉及以下四方面内容:简要告之读者具体、明确的事实;事实发生的时间;新闻来源;发生的地点。

3. 主体部分的写作应注意紧扣消息主题取材,叙事宜具体,内容应充实,论述宜求生动,行文善兴波澜。

4. 消息的写作应注重时效性,运用客观笔法,用事实说话,善于概括和直叙。

三、示例与分析

示例1

中国最具权威的四项新闻大奖今天在北京颁奖

2002年10月30日 19:17

中新社北京十月三十日电(阮煜琳)今天,第十二届中国新闻奖、第五届范长江新闻奖、韬奋新闻奖、百佳新闻工作者奖颁奖会暨优秀新闻工作者报告会在北京举行,中共中央政治局委员、书记处书记丁关根等出席了本次大会。

本次大会表彰九名范长江新闻奖获得者、八名韬奋新闻奖获得者、一百名百佳新闻工作者和两百一十件优秀新闻作品。本社记者王瑶获范长江新闻奖。

中华全国新闻工作者协会主席邵华泽说,评奖的目的是为了鼓励先进,开拓创新,与时俱进,改进新闻工作,推动新闻建设,繁荣新闻事业。

丁关根说,一个民族是要有点精神的,这关系到国家和民族的兴衰存亡,不能把等价交换的原则简单地应用到新闻工作中。同时,要积极稳妥地推进中国新闻、出版、广播、影视业的改革,进一步增强活力,提高竞争力。

丁关根说,身处伟大的时代,新闻工作者要以大局和事业为重,要认真负责,贴近生活,贴近实际,全面、客观、公正、生动、准确、鲜明地做好新闻工作。

据悉,中国新闻奖、范长江新闻奖、韬奋新闻奖、百佳新闻工作者奖是由中国记协组织评选的,是中国新闻最高奖。

【要点评析】

这则消息的标题是单行式标题,直点主旨。这是篇倒金字塔式结构形式的消息。导语是最重要的事实,第二、三段为评选结果和评选目的,第四、五段是领导讲话等。从导语至结尾,各段均按重要性程度来安排。各具相对独立性,既便于受众迅速掌握全篇之精华,又便于编辑选稿、组版和删节。

示例2

冻死的孩子重新复活

美国威斯康星州一个名叫麦肯罗的孩子,今年只有两岁半。一月十九日,在家里人没有注意的情况下,他穿着一身睡衣,只身来到零下二十九度严寒的室外。家里人发觉后把他抱回屋里时,麦肯罗的一部分血液已经"冻结",手脚也都僵硬了。当他被送往医院时,体温已下降到十五点五度。但是,在经过了包括使用心肺泵等先进设备抢救以后,麦肯罗竟然奇迹般地复活了。像这样处于低温状态下的人能够死而复生,在世界上是没有先例的,就是参加抢救麦肯罗的医生也对此感到惊叹不已。

现在,除了他的左手可能会留下由于冻伤后遗症引起的轻度肌肉障碍以外,其他恢复都很正常,估计三四周内,即可恢复健康。

【要点评析】

该则消息采用金字塔式结构,没有单独的导语,按时间顺序来安排事实,先发生的放在前面,后发生的放在后面。叙事条理清晰,现场感强,故事性强、以情节取胜。

示例3

"三校生"报考高校最低录取资格线公布

晨报讯 本市应届"三校生"报考各类高校的统一文化考试成绩通知单于昨天发出,最低录取资格线已审定:语文、数学、外语3门统考课的成绩总分不得低于145分;其中任何一门单科成绩不得低于35分,若单科成绩中有一门在90分以上(含90分),则不受一门单科成绩不达线的限制。

各艺术类专业的最低录取资格线为其他专业最低录取资格线的60%,即语文、数学、外语3门统考成绩总分不得低于87分,单科成绩不限,须无一门科目缺考。录取工作于5月30日开始,6月18日全部结束。

招生院校应贯彻德、智、体、能全面考核,公平、公正、公开择优录取的原则,原则上在最低录取资格线上的考生中按"3+2"5门总分成绩择优录取(考生第一志愿报院校的两门专业技能课考试成绩可作为其他院校录取时的参考),如学校自定录取标准的,须在报名填报志愿前向社会公布。

【要点评析】

消息标题抓住了"新",突出及时,令读者一目了然,并且产生了往下看的阅读欲望。正文内容简明扼要,可谓增一字则太多,减一字则太少。

示例4

比利时艺术家搞怪　高楼外筑巨型鸟巢

据中国日报报道　近日,英国第二大城市伯明翰出现了一幅奇景:一幢高楼外距离地面30米高的墙上竟然悬挂了一个巨大的鸟巢!千万别以为这是某种巨型鸟类的巢穴,这其实是一位比利时行为艺术家的"大作"!

据法新社报道,这位总是充满"奇思妙想"的艺术家名叫本杰明·韦尔东克,他称自己这个作品为"巨燕巢"。韦尔东克用90公斤水泥、60公斤沙子,还用了12桶胶将许多白桦枝、柳树枝、橡树枝粘在一起,最后打造出了这个"巨燕巢"!说实话,它看上去还蛮像个鸟巢的。

韦尔东克还打算在30米高空的"巨燕巢"中为下面的人群做些表演,他甚至想在这个鸟巢中呆上一个星期!

【要点评析】

这则消息标题别致而又醒目,有夺人"眼球"之感。把最有特色、情趣部分的内容"要"而告之。正文文字简洁,内容新颖、独特,有吸引力,拉近了作者与读者的距离。

第二节　通　讯

一、知识概述

（一）通讯的概念

通讯是一种运用叙述、描写、抒情等多种表现手法,具体、生动、形象地反映客观事物的新闻文体,是新闻报道的另一种主要体裁。它常常抓住新近发生的典型事物、重要事件,从一个侧面或一个角度,写出一种思想、一个人物、一种经验、一个问题,具体深刻、生动感人。

(二)通讯的特点

通讯和消息一样,要报道现实生活中具有典型意义的真人真事,内容要完全真实、准确;一般也要求事实新鲜、时间及时。但二者之间也存在着明显区别,主要表现为:

1. 从时效上看,通讯的及时性不如消息。消息是抢时刻不容缓、快速报道;通讯要深入采访后才能写出,一般稍晚于消息发表。

2. 从内容上看,通讯比消息更注重内容的含量,两者篇幅不同。消息一般注重记事,篇幅比较短,常常只有几十到一百字;通讯除记事之外还可以记人、写地域风貌,篇幅比较长。

3. 从表达手法上看,消息以记叙为主,间以少量描写,而通讯还可以抒情、议论。消息多客观记叙,通讯则可表达作者的主观倾向。

4. 从结构形式上看,消息的结构形式显得固定、单一,多采用"倒金字塔"结构;而通讯则因题材、内容而选择不同的结构形式,在写法上更灵活自由。

5. 从表达称谓上看,消息一般只用第三人称客观报道的口吻,作者像隐身人似的躲在事实背后不出场,即使出场也是用"记者"如何如何而不用"我""我们"来叙述;通讯则比较灵活,既可以采用第三人称客观报道的口吻,也可采用第一人称叙述的口吻进行表述。

6. 从语言上看,消息的语言朴素、简洁,而通讯的语言要求生动、形象、富有文采。

通过通讯与消息的比较,我们可以进一步把通讯的特点概括出来:

1. 真实性。通讯是一种新闻文体,它以真实性为其生命,即应当准确地反映新闻事实,人物的行为和精神世界。它可以采用叙述和描写的方式对人物、事件、场景进行"直录",也可以运用文学中的形象思维方法进行适当的想象和联想,但这些是严格以事实为基础的,是不能违背真实性原则的再造性想象。

2. 典型性。所谓典型,即是有普遍性、代表性,有通过一"点"反映一个"面"的以一当十的作用。典型的人、事、地区的报道,其教育意义和启发性更大。通讯的典型性与时代性紧密联系,一个时代有一个时代的思想倾向和工作重心,对"典型"的要求也不同,所以要把握时代的特点,体现好这种典型性。

3. 形象性。通讯不仅要用事实说话,还要用形象说话,要有活灵活现的人物活动,有生动的环境、场景描写,有特写画面。在叙述事件时,有情节、有波澜,讲究故事性、趣味性。除运用逻辑思维外,还要较多运用形象思维。

4. 评论性。通讯以描述事实为主,以事实本身感人,用事实说话。但是在描述事实的过程中,作者可以根据需要就事实发议论,也可以用夹叙夹议的写法揭示客观事物的思想意义,表明作者的观感、评价、倾向。当然,通讯的评论不像议论文那样,使用逻辑推理的方式,也不能长篇大论,而是与叙述、描写、抒情紧密结合,紧扣人物、事物的特点,画龙点睛式的发议论,寓理于情,理在情味之中。

(三) 通讯的种类

根据内容来分类,通讯有以下四种:

1. 人物通讯。人物通讯是以报道人物为主的通讯。一篇人物通讯可以写一个人,也可以写群像;可以写一个人的一生,也可以写一个阶段或某个侧面。

人物通讯一般着重于先进人物的报道。既可以是英雄模范人物,比如人民爱戴的省委书记郑培民(见《情切切　意绵绵——亲人眼中的郑培民》《湖南日报》2002年10月12日),也可以是在平凡工作中体现了人生价值的普通人,比如《深山里有对教师夫妻》(《中国教育报》1993年11月5日)。这类通讯着重写人的精神面貌,通过人物的事迹写出人物的先进思想,使之成为全社会共同的精神财富,从而教育群众,鼓舞群众,为群众树立学习的榜样。

人物通讯也可以写反面典型,通过对反面人物丑恶行径的揭露和抨击,以伸张正义,树立新风。

2. 事件通讯。事件通讯是以报道事件为主要内容的通讯。它一般有一个中心事件,其他人物和事件都围绕这一中心事件展开。其中的事件有较强的情节性,这是事件通讯区别于其他通讯,尤其是人物通讯的主要特征。

事件通讯以报道具有教育意义的典型事件为主。它往往通过事件的生动描述,赞扬新思想、新风尚,批评旧观念、旧思想。例如:《目击杨利伟飞天归来》(《解放日报》(2003年10月17日)、《千里追踪擒"飞龙"》(《中国青年报》1999年10月29日)。事件通讯虽然以记事为主,但并非见事不见人。其中虽有人物,但不宜突出人物的思想性为主,而重在对事件的剖析上。

3. 工作通讯。工作通讯以介绍工作经验或研究工作中存在的问题为主,它是对实际工作有很强的指导性的一种通讯。它也要反映新闻事实,往往带有现场活动。它与其他新闻通讯体裁相异处在于:要将事实作经验性的概括,对问题发表议论,对矛盾提出解决的办法,有一定的评论色彩。如《案子由谁办,百姓自己选》(《中国青年报》2001年2月6日)。

4. 风貌通讯。风貌通讯是以一个范围、一个地区、一个单位、一个组织的变化或者以其活动的基本面貌为主的通讯。这类通讯常常采用点面结合的写法,既有细部,又有概貌,给人以完整的印象。我们在报刊上常见的诸如"见闻录"、"巡礼"和地域风貌等,都属风貌通讯。例如:《东京世情》(《参考消息》1993年8月3日)。

二、写作指要

(一) 通讯的写作方法

1. 标题。通讯的标题和消息标题一样都要具体、准确、鲜明、生动、简练,但也有自己的特点。它更接近一般文章的标题,以单行题或双行题为主,而少有三行题。例如:《成功的演出　愉快的聚会——俄罗斯艺术家访华演出侧记》、《所长鸣锣认错》等。

2. 正文。正文一般由开头、主体和结尾三部分内容构成:

(1) 开头。通讯的开头与消息不同,不一定要概括整个新闻的事实或揭示新闻的主题。但它要求在紧扣主题的前提下新鲜生动,变化多端。这里介绍几种成功的、精彩的通讯开头方式:

以重要情节开头。重要情节可以起到提纲挈领的作用,能引人入胜,使读者读起来津津有味,舍不得丢下。

以鲜明对比开头。对比鲜明,就有个性色彩,会使人饶有兴味地读下去。

以精辟的议论开头。精辟的议论有强烈的感染力,一语破的,读来为之精神一振。

以恰当的引语开头。包括古今诗词、格言、言语、人物语言等,一旦用于开头,会使文章顿然生彩。

(2) 主体。不同类型的通讯,其主体的写作应有所不同,但都应用典型的事例,丰富的材料,生动的描述,形象的语言,对所报道的主题进行拓展、深化、提炼,感染教育读者,使之更具社会意义。

通讯主体的结构方式常见的有纵式、横式和纵横式三种。

按时间顺序、事物发展顺序或作者对所报道事物认识发展顺序来安排层次,叫纵式结构。这种结构便于读者了解事件发展的全貌,有条不紊,一目了然。按照空间变换或事物的性质来安排材料的结构方式,叫做横式结构。它适宜于表现概括面广,空间变化多的题材。纵横式结构往往以时间为经,以空间变换为纬,把二者结合起来。采用这种方式组织结构,一般是由于通讯涉及的事件比较多,时间跨度比较长,地域也比较广。

(3) 结尾。通讯的结尾也千姿百态。好的结尾可以起到深化主题、激发感情、引人深思的作用。

通讯的好的结尾,大体有以下几种:

画龙点睛,重言压阵。行文将结束时来几句画龙点睛的议论,使主体更显突出、升华,更有分量,或引起读者共鸣,或引发读者思考。

含而不露,引而不发。充分用事实说话,把思考留给读者,更显隽永有味。

前后呼应,首尾一贯。开头与结尾呼应,使人读后感到文中有呼有应,浑然一体。

写完停笔,质朴自然。即自然结束,不另加一个尾巴,以免拖泥带水。

(二) 通讯的写作要领与要求

1. 分析材料,提炼主题。通讯写作的第一步是分析材料,提炼主题。通讯的主题就是作者在通讯中提出来的主要问题和解决问题的思路,是衡量一篇通讯是否具有深刻的思想内容和普遍指导意义的决定性因素。只有从观察、采访中所得的感性材料中,概括出事物的本质和特点,才能提炼出正确、深刻的主题。

通讯提炼主题的基本要求是：集中、深刻。通讯的主题要集中一点，突出一点，主要宣传一种思想，提出一个问题，提供一种经验。主题集中、单纯一些，更利于向深层发掘。

深刻就是不停留在表面现象，不就事论事，而是由此及彼，由表及里，要求作者从纵的方面对事物的特点、事物所包含的意义开掘得深，从现象中引出事物的本质规律来。要善于站在时代的高度审视材料，发掘出最具时代特色的思想闪光点，来照亮人们的心灵世界。

2. 抓住"视点"，选好角度。如何选择一个好的角度去表现主题。关键在于对新闻"视点"的选择，即作者最想夺人眼球之处。"视点"要新要巧，往往抓住人们并不注意但却蕴含着无限新闻价值的细节来表现，就可以起到"四两拨千斤"的效果。而通讯的标题也往往以这一"视点"为核心。例如小通讯《鲜花不知送给谁》(《人民日报》1990年7月26日)就是抓住新闻事实中的鲜花为"视点"的。这篇欢迎载誉归来的数学王子的通讯，回避了一般迎送程序的写法，而是在一束鲜花上做文章，写主人公不知把鲜花送给谁，是父母还是老师或是领导，最后在校长的启发下，大家在鲜花中照了一张相，由此反映了人们对待荣誉的精神境界。

3. 梳理文字，写出文采。通讯的结构基本完成之后，就要进一步梳理文字，写出特色文采。通讯实际上是一种记叙文，无非是记事状物、表情达意，其表达方式也和记叙文一样，主要是叙述、描写，兼有议论抒情。但是通讯又因为自身的特点，其表达方式与记叙文的表达方式又有所不同。表现在以下三个方面：

（1）叙述的直接性。通讯的叙述要朴实无华、实事求是、明白晓畅。往往是开门见山，直奔主要新闻事实，有时简要地穿插对比、衬托，而并不展开，作详细具体地描绘。通常以顺叙为主，适当运用倒叙和插叙。

（2）描写的直观性。通讯的描写常常强调目击式的描写，而不能靠虚构想象，不靠花哨的修饰和夸大的形容，而要深入观察，亲眼目睹，直接写出事物的本来面貌，或是事后采访，然后像放电影一样再显现出来。

（3）抒情、议论的实在性。通讯中的议论和抒情常常紧密地结合在一起。这种议论并不是作很多逻辑的推论，而是在叙述事实的基础上，紧密结合事实作画龙点睛的发挥。这种抒情，也不同于文学作品中的抒情，而是因事而发，紧密结合事实，抒发作者的个人情感，具体、真实。

三、示例与简析

示例1

修鞋师傅孟召胜

"我是个粗人，没什么文化，一心就想着把客人的鞋修好，让人穿着好走路"，这是修鞋师傅孟召胜在接受记者采访说的一番实在话。

今年41岁的孟师傅是个土生土长的农村人,由于小儿麻痹症左腿残疾。在父母相继去世以后,为了生存,2002年,他来到城里修鞋。只有小学文化水平的他从来没有受过专门培训,但他是一个技术熟练的修鞋师傅。孟师傅的脸上总是挂着微笑,对每一个来修鞋的人。

孟师傅的修鞋摊子就摆在市区微山湖路博爱医院东边十多米处,走近孟师傅的修鞋摊,你会看到修鞋摊上摆满了各式鞋跟、鞋垫、皮革以及各种补鞋工具,同时你还会闻到一股浓厚的皮革味。

孟师傅是一个能吃苦的人。不管是炎热的夏季,还是寒冷的冬天,他每天都早早出摊,直到很晚才收摊。由于他技术好,服务态度好,他的生意每天都兴旺,附近的居民鞋子坏了都拿给他修,不少都是老顾客。居住在项王小区的张易荣大爷是孟师傅的老客户了,平时穿鞋遇到一些小问题都会来找孟师傅。他告诉我们,孟师傅修鞋那是没的说。

孟师傅修鞋收费便宜,一般用胶粘补鞋子只收几毛钱,有时不收钱,有的鞋需要换材料,他也只收一些材料费和手工费。一次,一位穿着时髦的女孩拿着一双刚买不久的高跟鞋让孟师傅钉鞋跟,孟师傅钉好鞋跟后,只收了她1块5毛钱。女孩惊讶地说:"只要1块五啊?真便宜!"

孟师傅待人热情。在这里修鞋两年来,很少有人见到他愁眉不展。如果你路过鞋摊,听见的不仅仅是修鞋时发出的嚓嚓声,同时还夹杂着孟师傅与顾客的谈笑声,他总是和气地与每一位顾客交谈。认识和知道孟师傅的人,都说他是一个好人。

孟师傅不仅会修鞋,还会修自行车。他那里的打气筒使用免费。隔壁小卖部的姚女士在记者采访孟师傅时,在旁边一个劲地夸孟师傅技术好、心眼好。

(选自宿迁新闻网2005—03—25)

【要点评析】

标题点明人物通讯的主人公。

开头引用修鞋师傅的话,表现一个凡人百姓的美好心灵世界。

主体写孟师傅小时的不幸,以及从农村到城市的热心为人修鞋经历,短短介绍,孟师傅成长的背景让人一清二楚。

作者善于从孟师傅平凡的事例中抓住人物思想的闪光点,透过主人公经历的小事情和细节,表现出人物的内心世界。

孟师傅的事例代表了越来越多的农村进城务工者的优秀品质,使这篇人物通讯具有鲜明的时代特点和典型意义。

示例 2

医药代表向"老百姓"下跪
——老百姓大药房杭城奇遇记

秦　军

日前,在新开张不久的杭州"老百姓"大药房内,一位来自哈尔滨某药厂的医药代表面对满屋人,竟痛哭流涕地向药店采购部部长下跪。

是他想求"老百姓"大药房买他的药吗?不是。恰恰相反,他是想求"老百姓"大药房别再卖他的药了!

作为医药代表,药品销售越多,利润无疑越丰厚。他为何会为了把药拿下柜而"屈膝"。这到底是怎么回事?

原来,"老百姓"大药房从哈尔滨某药厂购进了一批"牛黄消炎片",每盒进价0.8元,经核算后销售价定为1.2元。应该说,50%的毛利非常可观了,没想到这个价位却引起了该厂驻浙江医药代表的恐慌。且听听这位医药代表的哭诉:"人家都卖4.8元,最低也在3.5元以上,你们只卖1.2元,还让不让人活了?"

原来是嫌卖得太低!

事实上,这位医药代表还有一个说不出口的苦衷:老百姓大药房从外地购回的"牛黄消炎片"是0.8元一盒,而杭州许多医药批发公司从他那里拿的却高达2.8元。"老百姓"大药房大幅降价、不按常理出牌的做法已严重影响了他的收入,威胁到了他的生存。据悉,该代表已多次到"老百姓"大药房哀求,希望能停售这种药,或至少将价格提高到2.8元以上,否则,他每天都要到"老百姓"大药房来下跪。

"老百姓"大药房是去年底在杭州开张的一家平价药店,一开张该店便以"比国家核定价格平均低45%"的举动引起了巨大的轰动。短短两个月来,该店因为"低价"竞争,打破了医药零售业的暴利行为,遭到了数不胜数的"围攻"。这里面除了上面提到的"温柔一跪"外,还有疯狂抢购、闹店威胁等层出不穷的硬招。

如开张伊始,该店便因将上海强生公司的"泰诺"感冒片从12元多降到9元而引起轩然大波,强生公司驻浙江医药代表干脆派人驻守"老百姓"大药房,一看见"泰诺"上柜,便抢购一空,"老百姓"大药房根本来不及进货。

嵊州某制药厂生产的盐酸左氧氟沙星是我省患者常用的一种药品,已被列入医保目录,在杭州许多医院零售价为20多元,而在"老百姓"大药房,每小瓶只卖7.8元。400%的毛利陡然降到了16%,这引起了有关店家的恼怒,作为"急先锋"的医药代表遂屡屡找到"老百姓"大药房,要求提价,否则,将用一切手段切断"老百姓"的供货渠道。

还有,新昌某制药厂的维生素E、广西某厂的"金嗓子喉宝"、杭州某制药厂的"百令胶囊"在"老百姓"大药房的售价都远远低于市场价……

毫无疑问,"老百姓"大药房的平价销售损害了一大批人的既得利益。他们包括医疗机构、药店同行、大批医药代表,甚至还有医药批发公司。这些人是高价药的牢固捍卫者,谁要是想打破牢不可破的药价体系,必然会受到强烈攻击。

据悉,开张两个月来,"老百姓"大药房受到的围攻已不下数十起,有求情、威胁,也有釜底抽薪的动作。据了解,自开张后,"老百姓"大药房在浙江的进货渠道已被全面封杀,至今还没有从杭州乃至浙江全省的医药批发公司那里进过一次货。

(选自《浙江日报》2003年2月25日)

【要点评析】

标题新颖,"老百姓"一词一语双关,故设悬念,以吸引读者阅读的兴趣。

开头的下跪场景描写揭开了事实的冰山一角。接下来逐步解答读者的疑问,原来是"嫌卖得太贱"。由此再带出一系列有关的事实,显得顺理成章。

其实,下跪只是这些人使用的伎俩之一,但作者正是抓住了这与众不同的奇特举动来写,才使通讯达到出其不意的效果。

医药代表是推销药品的,然而,在"老百姓"大药房里,医药代表竟要求不要销售他们的药品,甚至为此下跪。这篇事件通讯以此为切入点,揭露药价虚高的内幕,引起了社会极大反响。虽然在同一时期,当地多家媒体也曾报道过"老百姓"药房遭封杀的事件,但都不如此文具有冲击力。这与作者独具慧眼的视角有关。

第三节 新闻特写

一、知识概述

(一)特写的概念

现代广播、电视等形象化的直观新闻手段的迅速发展,对报纸的新闻写作有很大的影响。广大读者越来越喜欢形象的描述和感受,这使得新闻写作也更加注意"镜头化"。"新闻特写"就是在这种趋势下应运而生的。它相当于电影、电视中的近镜头、特写镜头,是以集中突出的、形象化的描绘,"放大"和"再现"新闻事件的新闻体裁。特写截取新闻事实的横断面,抓住富有典型意义的某个空间和时间,通过一个片断、一个场面、一个镜头,对事件或人物、景物做出形象化的报道,生动活泼而极有现场感。

(二) 特写的特点

1. 新闻性。新闻特写作为一种新闻体裁，它较好地体现了新闻写作的个性。真实性是新闻的第一生命，而特写源于事实、描写事实、再现事实，没有事实就没有特写。新闻特写，要求作者采访时亲赴现场，获取强烈的感受，经过细致的观察，捕捉最富特征的片断加以凸现，客观、直接、集中地反映社会生活的真实面貌，让人有亲眼所见、亲耳所闻、身临其境之感。反之，如果闭门造车，靠间接的方式收集材料，那么，因缺乏现场的真实感，没有了富有典型意义的片断、场面、镜头，何谈打动人、感染人，说服力、教育力就更不消说了。这样的特写作品就失去了其创作意义。因此，特写必须坚持新闻的真实性。

2. 形象生动性。特写不仅表现出较强的新闻性，同时带有鲜明的文学色彩，是新闻性和文学性的统一。正如穆青所说：新闻写作须"紧扣主题，去抓事物的特点和形象，有典型意义的形象，有立体感的形象。要运用形象思维，把生活中那些最精彩、最富有时代特色的最本质的形象摄取出来。"特写尤其需要抓住事物的特点、人物的特殊性，并且借助文学手法中的比喻、拟人、排比、对比、象征、借代等手法加以描绘刻画，以此增强特写对象的立体感、动态感，化平淡为神奇，收到妙趣横生的艺术效果。例如，反映九届人大第一次代表大会开幕式的新闻特写《跨世纪的盛会》，作者运用大量的排比句、比喻手法，整篇以抒情性笔调，描绘出世纪盛会气势磅礴的壮丽景象，使人读后如在目前。

3. 片断性。与消息和通讯比较，特写的容量不及消息大，体式又较之通讯显得单纯、简省。人物特写不需要纵横伸展笔墨，只需截取富有表现力的生活片断，抓住人物特殊的外貌、语言、行为以及心理，将其中的一个方面加以扩大、再现；事件特写则无须交代事件发生的整个过程，不必有完整的故事情节，不求时空延续，结构完整，而是选取一个别具一格的侧面，以特写镜头定格，放大所选取事件的侧重部分，调动多种手段，铺染事件的高潮，再现现场气氛，以此吸引读者，让人在掠过精彩的片断之后，透视事件所包含的特殊意义。例如，特写《最后一枝猎枪》，写了为建立滇金丝猴保护区，当地政府加大了收缴猎枪的力度，塔城乡远近出名的老猎人思忖再三后终于将全乡最后一支由他保留的猎枪交给政府。文中没有倾注全力去叙述交枪的整个过程，而是着力描写老猎人交枪前后的几处心理活动，让读者从曾是百步穿杨的老猎人身上的变化，以点带面，感受到人类环保意识的提升，领略到普通山民新的时代风貌。

(三) 特写的种类

特写也是一种写作的结构形式，一种写作的笔法，它可用来表达不同的内容。根据其所表达内容的不同，新闻特写主要有六种类型，它们是：

事件特写：摄取与再现重大事件的关键性场面；场面特写：新闻事件中精彩场面的再现；人物特写：再现人物的某种行为，绘声、绘色，有强烈动感；景物特写：对于有特殊意义或有价值的罕见景物的描写；工作特写：对于某一工作场面的生动再现；杂记性特写：各种具有特写价值的新闻现场之生动再现。

二、写作指要

(一) 特写的写作方法

1. 标题。特写标题的写作要求与一般新闻标题的要求相同。但与消息、通讯相比,特写的标题更简洁、明了,如《部长吃早点》、《万米红霞》、《刘胡兰慷慨就义》等。

2. 正文。在正文的结构上,特写既不像消息多采用"倒金字塔"结构,也不像文艺作品那样,用各种艺术手法抓住读者,把高潮之处放在最后面才揭露。特写是取二者之长,常常以一个概括性的导语开头,点出部分事实要点;或从生动的情节、场面、隐喻入笔,但不透露太多,真正最重要、最精彩的东西,放在后面,使人读完全篇产生一种"满足感"。如写王军霞某次10 000米预赛的特写《万米红霞》,开头点明王军霞不动声色地站起跑线上,观众寥寥,并未引起人们注意。然后抓住3 000米、8 000米、9 000米和终点几个时间节点来写,并把每个点的成绩与世界记录进行对比,一个高潮接着一个高潮,紧紧地抓住了读者的心理。

(二) 特写的写作要领与要求

1. 选准一个"镜头",加以"放大"。比较而言,通讯往往要反映较完整的时间、较长的过程,向人们展示生活的纵剖面,新闻特写则抓取现实生活中的一二个场面,一二个镜头,充分展示生活的横剖面。因此,特写比通讯写得集中、细腻、活泼,感染力更强。它从一点、一个侧面、一个口子插入放大,出奇制胜,别开生面。这个重点的部位,应该最能体现人物的特点或事物的高潮部分。比如:撇开一场球赛的全过程,专写一球之争;放弃整个会议程序和会场情景,写一个问题的讨论;不写英雄的一生,而只抓住为英雄送行时人们的纷纷的赞颂。

2. 抓住生动的形象,捕捉有感情色彩的事物。特写不仅要用事实说话,而且要用活生生的形象说话。这里的形象应该是使人感到、看得见、摸得着的具体事物,其可感性是十分明显、真实可信的,而且往往是能激起人们感情上的波澜的。例如在人物特写《联合国秘书长安南的世界》中,有一段描绘安南来到利比亚受到当地人民的热烈欢迎的场景。人群中不断地高呼着他的名字,并称他为父亲。"这时车外的情形越来越危险,安南推开车门,走进密集的人群,开始对他们说话。他在车外面站了10秒钟,嘴像无声电影里的人物一样动着。由于看见他在说话,却一个字也听不见,狂热的人群便静了下来,开始散去。这就是安南。他的品德就具有这样的力量。"这样生动的形象、具体的细节把安南在非洲人心目中完美无缺、令人尊敬和爱戴的一面展露无遗。

3. 突出描写、抒情,注意运笔技巧。与消息、通讯以叙述为主不同,特写突出描写和抒情,借景抒怀,寓情于景,情景交融,而叙述与议论则根据需要而穿插一二。特写的描写一般抓住某个细节或片断,集中笔墨,较为细腻地加以描绘,使景物历历如绘、栩栩如生。特写的抒情需要作者富有激情,要被自己所描写的事物所感染与激动,从而使笔下流淌激情,使读者备受感染,产生共鸣。例如《真情感动百姓 泪水追忆长霞》描写人民公仆登封市公安局长任长霞先进事迹报告会上的场景,"台上,报告者们回忆起任长霞禁不住泪流满面;台下,观众们感受到任长霞对工作执著奉献、对百姓鱼水情深也忍不住热泪盈眶。""她把整个一生留给了她工作过的嵩岳大地,用自己的热血捍卫了一方平安,用她的信念实践了她的诺言。"这样的特写读者能不受感染?能不产生共鸣?

三、示例与简析

示例1

哈佛商学院为联想和柳传志喝彩

这是世界知名学府研究中国企业而做出的第一个全面案例。当我们的企业家走上象征权威的讲坛时,他的魅力与光彩,令一群全球最敢于向权威者挑战的高材生折服——哈佛商学院为联想喝彩。

掌声在波士顿响起,事实上,不久以前发生在美国的那件风光事的诸多细节,联想集团的人士一天以前才向记者详细讲起。

4月12日的波士顿已满目翠绿。绵绵春雨中透出料峭寒意。Charles河南岸的哈佛大学ALDCHI教学楼内,气氛热烈。哈佛商学院2002届MBA班的全体同学起立为刚刚结束的精彩案例点评热烈鼓掌。"这是我入学两年以来从未见到的……"2001班的MBA秦志勇掩饰不住激动。

收获掌声的是应哈佛商学院邀请前来的联想集团董事局主席柳传志。他为哈佛的一个案例作点评与答疑。而联想恰恰是这个案例的主角。哈佛将案例定名为《中国科技奇迹——联想在中国》。主讲教授Richard先生说:"(哈佛的)掌声所代表的是对以联想为代表的中国企业的尊敬!"

柳传志与学生的对话,数次被掌声打断。原定的对话时间,一再被延长。这样的待遇,就是微软、IBM这样的跨国巨头在哈佛也鲜见。哈佛商学院的《竞争与战略》课程教研组长Richard教授道出了联想吸引哈佛目光追逐的原因。联想在近几年的竞争中战胜强大的国外竞争对手,占据30%以上的市场份额,挤进全球PC10强,"在战略方面一定有其独到之处。"联想16年不衰的辉煌历史,在互联网经济挑战面前所做的业务重组,无不是学界研究的兴趣点。

【要点评析】

标题概括了特写截取的精彩场面,预示了新闻的主题。

导语交代特写的基本情况。

正文开头切入视角。主体抓住联想集团董事局主席柳传志步入哈佛商学院,为2002届MBA班的全体同学做案例点评与答疑时,一次次经久不息的掌声,将现场热烈气氛推至高潮。突现主讲人备受哈佛学子的欢迎与崇敬。

结尾是在反复渲染现场气氛之中,破译掌声不绝的原因——柳传志以及联想人的无穷智慧。

示例 2

人民洒泪悼壮士　英雄魂归狼牙山

新华网长沙3月25日电(记者　明星)一个令日本侵略者闻风丧胆的铁血壮士,一个将毕生精力献给中国革命和爱国主义教育的抗日英雄,3月25日上午完成了他人生的最后一幕。

25日清晨,阴沉的天空飘起了小雨,雁城衡阳沉浸在一片悲痛的气氛之中。2 000多名干部、军人、群众、学生以及葛振林老英雄的亲人、老战友,佩戴着白花,噙着泪水,来到衡阳市殡仪馆悼念厅,参加狼牙山五壮士之一葛振林的追悼大会。

一盆盆鲜花、一个个花圈,将悼念厅点缀得庄严肃穆。葛振林老英雄的遗体摆放在悼念厅中央的水晶棺中,葛老一身戎装,神情安详、沉静。悼念厅外,白色的气球悬挂着挽联在风中摆动。一幅幅挽联寄托着群众的哀思——"壮士震狼牙纵身一瞬成大义,悲歌承易水神州千古颂忠魂""天地含悲,湘水呜咽,国人哀痛英雄已逝;抗日英雄,铮铮铁骨,狼牙山壮士精神永存"……

1941年9月25日,在河北易县的"反扫荡"战斗中,数千名日伪军在飞机大炮的配合下,分数路突然进犯狼牙山地区。晋察冀一分区一团七连二排六班的5名战士,即班长马宝玉,副班长葛振林,战士胡德林、胡福才和宋学义,为掩护主力部队和群众转移,边打边撤,把敌人引上狼牙山棋盘坨的悬崖绝壁。

他们与敌人激烈战斗,打退了敌人5次冲锋,打死敌人50多名。当手榴弹、子弹全打光后,他们宁死不屈,纵身跳下身后深不见底的悬崖。葛振林和宋学义被山腰树枝挂住,幸免于难,其他3位英雄壮烈牺牲。5位战士的事迹传开后,人们亲切地称他们为"狼牙山五壮士"。他们的英勇事迹被收录进小学课本,激励着无数中国人的爱国主义精神。

葛振林老英雄1981年7月从原衡阳军分区离休后,仍继续发挥余热,担任了驻地10余所中小学的校外辅导员,经常去学校热心为孩子们说故事,讲传统,谈理想。他还应邀先后到北京、河北、河南、湖北、广东、广西等10多个省、自治区、直辖市的部队、机关、学校和厂矿,义务作传统教育报告400余场次,使人民群众深受爱国主义教育。

追悼会上,葛振林的夫人王桂柱和四个儿子及其家属,坚强地承受着亲人逝世的巨大不幸。王桂柱俯在丈夫的水晶棺上,默默地看着丈夫的遗容,擦拭着泪花。他们俩相濡以沫数十载,夫妻情深。

衡阳市长湖小学的同学们,列队为葛振林老英雄默哀。默哀完毕后,许滟同学响亮地背诵起课文《狼牙山五壮士》。

追悼会结束时,孙子葛蒙双手端着爷爷葛振林的遗像,衡阳市殡仪馆工作人员抬着葛振林老英雄的遗体,2000多名前来悼念的人们,为这位壮士最后送行。10分18分,在亲人和群众的痛哭声中,葛振林老英雄的遗体被火化。

3月25日中午,狼牙山五壮士之一葛振林老英雄的骨灰,被安葬在衡阳市烈士陵园。

【要点评析】

标题点明英雄的去世,人们对他的怀念。导语交代特写的主人公及场景"最后一幕"。主体部分,首先述写人们前往殡仪馆,表达了对狼牙山五壮士之一葛振林怀念之情。之后穿插历史背景,把当年葛振林和其他英雄人物的动人事迹再一次展现出来,加深印象,使人们对他们更怀崇敬之情。现场哀悼者的细节描写把对逝者的哀思推向极致。

结尾以特写镜头安葬英雄骨灰收尾。与题目相呼应。

思考与练习

一、选择题

1. 只抓住人物活动的某一刹那,某一镜头,人物性格的某一特点是(　　)的写法。
   A. 人物特写　　B. 人物通讯　　C. 新闻特写　　D. 事件特写

2. 新闻特写就是借鉴(　　)的手法,通过形象化的描绘,再现新闻事件、表现新闻人物片断的新闻体裁。
   A. 文学细节描写　B. 画家素描写生　C. 电影特写镜头　D. 园林景观

3. (　　)的主要特点是把客观事实与主观感受交织在一起,感受糅合于事实描述之中。
   A. 特写性新闻　B. 印象式新闻　C. 纯客观新闻　D. 新闻述评

4. 一般通讯和特写都应讲究(　　),写作上可采用多种表现手法。
   A. 时效性　　B. 真实性　　C. 交代新闻要素　　D. 虚拟性

二、填充题

1. 狭义的新闻指_____,广义的新闻包括_____。
2. 新闻的思想性是指_____。
3. 新闻六要素是_____。

4. 消息的结构一般由_____组成。
5. 倒金字塔结构的特点是_____。
6. 金字塔结构的特点是_____。
7. 消息一般分为_____。

三、修改题

1. 下列消息的标题都存在某些问题，请试作修改。

（1）一个在奥运会上夺标使用的签满女排名字的排球成为历史文物

（2）人口教育进入中学课堂 我省四所中学开设人口教育课

（3）泄密受贿 罪恶严重 国法不容 张常胜被依法判处死刑立即执行 叶之风被依法判处有期徒刑十七年

（4）中国代表前不久在日内瓦联合国人权委员会议上指出 强权政治和霸权主义是对民族自决权的最大威胁

2. 修改以下消息的导语。

（1）在山沟工作36年的沈阳军区后勤某仓库主任胡玉臣，不慕功名，不图享受，一心扑在事业上，多次立功受奖，被沈阳军区后勤部树为"老基层标兵"。考虑他身体状况和长期与妻子分居两地，上级多次要将他调往城市部队和机关，他都婉言谢绝。许多人不解地问："都50多岁的人了，图个啥？"他深情地说："我什么也不图。我所以要这样，一是恋这座库，二是恋这群人，三是恋这片山。"

……

（2）本报讯 昨天一场少见的大雾，使上海的主要公共交通陷于困顿达四五个小时。探亲访友的，赶去节日加班的，急病送医的……无数人被"锁"在途中；然而，在迷雾期间，全市没有发生一起交通伤亡事故！至今日凌晨零时三十分，本市两个隧道口的近10万人得到疏通，上千辆次汽车、上万辆自行车安全通过，公交、轮渡恢复正常。凌晨一时，在延安东路隧道口忙了好一会儿的×××副市长望着公交车有秩序地将乘客一批批送过江，对记者说："要感谢上海的公安干警、武警、解放军指战员和公交隧道管理所的职工！"

……

（3）本报讯 欢声笑语之中，一位少先队员向陈沂同志献上一束鲜花。而他，随即把花献给了上海纺织轴承一厂工程师朱巧根。这位利用业余时间为社队工业发展立下汗马功劳的老工程师，昨天（11日）和18位教授、高级工程师、工程师及科技人员一起，受聘担任了罗南公社工业总公司董事。在郊区成立工业总公司董事会，宝山县罗南公社是第一家。

四、问答题

1. 通过阅读报纸及网络等新闻媒体上的新闻，收集一些消息的实例，细细体会消息在撰写中的差异。

2. 观看一段电视新闻，就某一个有新闻价值的镜头进行描写，写成新闻特写一篇。
3. 参加学校的一次活动，如运动会、文艺会演等，抓住其中一个镜头，写成特写一篇。
4. 分析以下这篇新闻特写的选材和结构，指出有何特点？

大老板领"小钱"

【幸福人家网】讯 8月10日，张家界市武陵源区军地坪街道办事处计生办人来人往，热闹非凡，这是该区落实利益导向机制以后带来的动人场面。两年来，这里的独生子女光荣户均享受到了"减免义务教育学杂费"、"领取独生子女保健费"以及独生子女年满十四时，独生子女父母可以享受一次性奖励1000元的多项政策。现在正是本年度"独生子女保健费"发放的时间，广大独生子女父母纷纷手持独生子女证前来领取，倒是有一个人备受大家伙儿关注，那就是该处吴家峪社区居委会的居民邓学军。他现在拥有宾馆、洗衣场等许多产业，家产几百万，是当地一大能人。有人调侃他说："邓总，你还在乎这点钱"，其他人也跟着起哄，只是邓总一本正经地说："你还别说，其他的钱三五千的我还真没放眼里，但这点钱，我还真在乎，这是对我拥护了国策的认可，再说，要不是听党的话，实行计划生育，我也没有时间和精力发家致富，也没有今天。"一系话道出众人心声，其实在场的大小老板还真不少，大家就着武陵源旅游发展的大好形势，深深尝到了"少生快富"的甜头，大家七嘴八舌，一边领着钱，一边讨论着如何教育好子女的大事，个个脸上洋溢着幸福的笑容。
（周碧娟）

5. 请某学生上台，假设他是一位去云南支教的大学生，全班学生对他提问采访，随后写人物专访一篇。上台学生必须努力虚构事件的进行情况及人物的心理状态。

6. 请某学生上台，假设其原为某一劣质啤酒厂厂长，经新闻界督促后，目前该厂的产品质量高，信誉好，啤酒荣获市优产品。全班学生对他进行提问采访，随后写事件通讯一篇。

7. 阅读以下通讯，根据要求回答问题。

后勤党委召开后勤党员党性教育讲座

2004年6月16日下午，后勤党委邀请原北京医科大学副校长、原后勤党委书记李东方以"后勤社会化改革形势下共产党员的先锋模范作用"为主题，为后勤在职党员及积极分子上了一堂生动的党课。李东方同志在党课中阐述到：共产党员要具备政治上的坚定性和敏感性，对中国共产党领导的中国特色社会主义要有正确的认识，共产党员要牢牢地把握时代观、社会主义观、发展观、改革观及共产党的执政观，才能在复杂纷争的事变中不动摇。对防止腐败，加强民主监督、增强自律和加强制度建设等方面做了深刻的阐述。党课上李东方同志还结合实际提出，后勤党员要对高校后勤社会化改革保持积极的心态；作为党员做学习的模范、工作的模范和创新的模范；还要做团结的模范、道德修养的模范、遵纪守法的模范。希望全体共产党员以全心全意为人民服务为宗旨，努力提高优质服务，在本职岗位上努力发挥共产党员的先锋模范作用，为不断开创后勤工作的新局面做出更多的贡献。

　　后勤党员在课后纷纷表示,这堂党课上得很好。参加党课的共产党员、积极分子70余人。本次党课前,张奇书记对讲座进行了总结,感谢李校长为大家进行了精彩的讲座,强调了党员干部和积极入党的同志要加强学习,最后她对开展支部活动比较好的几个支部提出了表扬。李东方同志认真备课,党课内容详实,理论联系实际,综合办公室协助采用了多媒体教学方式,取得良好的效果。

综合办公室　袁　柳

　　(1) 这篇通讯属于哪类通讯？其主题是什么？具有怎样的新闻价值？与其他类型的通讯区别在哪里？

　　(2) 根据通讯内容,将它改写为消息。

综合练习

　　1. 根据下述新闻事实材料,按新闻写作的基本要求,撰写一篇新华社消息。

　　今年七月,德国《地理》杂志号刊登了一篇文章,文章说,澳大利亚墨尔本大学动物学家安·吉施和她的一个研究小组首次对大象胚胎的早期形态进行了研究,得出了可喜的科研成果。吉施同她的研究小组进行研究的是一些只有0.04至118.5克的大象早期胚胎。结果发现,大象胚胎的肾脏结构具有典型的水生动物的特点,此外象鼻在胚胎早期就已经发育得相当好。他们据此认为,大象祖先的生活环境是在水下,大象是将其长长的鼻管伸出水面进行呼吸的。象鼻起初是它在水下生活时的呼吸器官。后来,随着自然环境的变化,大象从水下走上陆地,当今成了在陆地上最大的动物。它现在灵活自如的象鼻是其祖先的长长鼻管在陆地生活中进化后的残留形态。此报道中科学家们还指出,大象从水中进化来的另一个证据是大象的喜水特性。比如亚洲象可以连续几个钟头泡在水中,并利用其宽大的四肢轻松地在水中游泳。

　　2. 以下面的风貌通讯为例,写一篇校园风貌,或你熟悉的其他范围的风貌。

对于香格里拉王国的访问

海　男

　　一个美女,弥漫着清淡的茉莉香味的美女,正带着她的马队经过茶马古道,这种情景使我发现了一种从未发现的奇迹,因为这是我在茶马古道上相逢的第一个女赶马人。在此之前,我遇到的都是男赶马人。我们用汉语交流着这种相逢的感觉,她的汉语来自一座学校,我相信在不久之前她曾经是一所藏区中学的女学生,她用汉语向我简单地介绍了她在遥远藏区的一家店铺和一家裁缝店做活儿。那是一个遥远的地方,遥远——到底有多远？在她的汉语中,遥远一词被赋予了一种幻想。那家店铺的柜台上铺满了彩色的绸缎,使那不通公路的藏区仿佛蕴藏着妇女生活的物质灵性,而那座由她而命名的藏区妇女的裁缝店——使那藏区的妇女有了自己选择服装的自由性,她们自由地选择自己的服装,自由地让这个年轻的女赶马人——这位服装设计师为她们变换着梦境……而她每隔一段时间就要出入于茶马古道,因为她既是服装设计师,也是店铺女主人,同时还是茶马古道上的赶马人。在她的汉语中我看到了她生活在这条茶马古道上的快乐。她说,每经过一座驿站就意味着已经离家越来越近了。我还看到佩带在她身上的匕首,一个女赶马人需要这个东西,那是为了种种隐秘的需要,比如:为了扮演一个英武的赶马人的形象,或者为了其他的需要,都离不开那把匕首。

　　这样,我了解了那一匹匹彩色绵绸的意义,了解了一个女赶马人的生活。她不仅生活在茶马古道上的远方,同时也生活在藏区的裁缝店里,而她的汉语让她与这个世界密切相连,这使她看上去不仅仅是香格里拉的一个典型美女,她也是茶马古道上的赶马人,她还是香格里拉的女服装设计师。她源源地把她的马队带过去,让马背上彩色的绵绸进入她的藏区。这就是她的生活。香格里拉的女人也进入了茶马古道,这是我看到的一桩新鲜事件,一桩具有时间轨迹的事件。历史从来就是人在其中得到某种慰藉和享受的历史。这个女人的幸福源于这条茶马古道,当然,也许不久之后,有公路进入她的藏区,那时候她再也不需要做赶马人,汽车会将一匹匹彩色绵绸载入她的裁缝店,不过,未来是从现在开始的,她此刻就是茶马古道上的赶马人,这个场景就是延伸向未来的历史。

(节选自《南方周末》2001年1月18日)

　　3. 用新闻特写的方式,写一个校园内的你熟悉的人。

第九编　论　文

　　论文是研究者提出问题、分析问题和解决问题的文本记录，创新探索和社会需要是论文选题的主要原则。它旨在揭示研究者对于事物客观规律的科学论述，对丰富人类认识、积累科学智慧以及推动社会文化进步有着积极的意义。

　　论文撰写有严格而规范的要求，具有学术性、专业性、创造性、科学性和规律性等特点。这是大学生、研究者乃至各界专业人士应该掌握的文本载体。

第三十一章 论文的性质与结构

第一节 论文的性质与特点

一、论文的性质

论文是一种运用概念、判断、推理的逻辑形式,通过严密的分析论证,阐述道理,揭示事物的本质和规律,表明作者的思想主张的议论性文章。

论文因其主要表达方式是议论,又名议论文。当然,议论文因其涉及内容的复杂程度不同而有长短不一的外在表现形式,但是,其通过说理的方式来阐明观点、说明事理的写作原理是共通的。

二、论文的特点

(一)功利性

文艺创造旨在供人欣赏,新闻写作则在传播信息,而论文的写作不是为了达到这些目的,它要求直接或间接地为社会生产、经济活动以及与此相关的生产、生活服务。特别在市场经济的环境中,更要求论文的写作契合实际,注重务实、注重应用、注重效益、注重对社会生产力和经济的健康持续发展起有力有形的杠杆作用。归根结底,论文的价值,取决于它的理论奉献和经济价值的大小、社会效益的好坏、经济效益的多少。因此,论文的写作应该优先考虑那些经济工作中亟待解决的问题,要摈弃那些空洞无物的堆砌、干巴巴的说教、推磨式的争论和毫无价值的天方夜谭,以务实为本。

(二)专业性

论文是一个统称,其实,任何一篇论文所研究的课题,总是从属于某一特定的学科,因此,论文都带有明显的专业性。在表述时,论文使用一定的专业术语或公式、图表,力求精确、简练地表达出研究的过程和成果。

(三)创造性

论文立论要新,要有独到的见解。如果没有独到的见解,只是重复别人已论证、论述过了的观点或学说,就失去了论文的存在价值。

(四)科学性

科学性是指学术论文能正确地反映客观事物,并揭示其规律。具体而言,学术论文的科学性表现在立论上不带个人的主观随意性,必须确实从客观实际出发,从中引出正确的结论。在论据上,则要求作者必须通过周密地调查、观察、实验,尽量多地占有材料,以最充分、最有力的论据作为立论的依据。在论证上,则要求逻辑严密,不能有一丝的混乱。

（五）规律性

论文的写作以现有现象、事实和理论为依据,具有客观的实在性;论文以有利于现实问题的解决,从而促进社会的发展和人类的进步为目标,必须具有一定的先进性;论文还必须经过反复研究,多次实验、进退有据、言之成理,具有相当的成熟性;与此同时,论文也须具有明白、全面、透彻等表达上的准确性和正确、充分、严谨等论述上的逻辑性。总之,论文的浓郁的科学理论色彩,经得起实践的检验。

第二节 论文的类型与结构

一、论文的类型

论文根据不同的分类依据会产生不同的分类结果。本编中主要介绍我们比较常见的两类论文:一是评论,二是学术论文。

（一）评论的类型

按对象和内容来分,评论可分为理论评论、政策评论、体制评论、改革评论、动态评论、管理评论等。

按作者和功用来分,评论可分为国家权威性评论(包括社论、评论员文章、短评、言论)、探讨性评论、反馈性评论和杂文四种。其中社论是党政领导机关或报刊编辑部用以指导工作的评论性文章,评论员文章反映了党政领导机关或报刊编辑部在面对当前社会活动中出现的带倾向性的新问题,或在无法规、政策可依而又急需解决这些现实问题时所提出的带指导性的意见,其官方代言人的性质决定它必须由党政领导机关或编辑部指定专人起草,经集体讨论或有关领导审定后才可发表,有的甚至是党和政府领导人代拟,因而一般人员撰写这类评论文章的机会是很少的。

按表现形式来分,评论还可分为社论、评论员文章、述评、短评、随笔、编者按等。

（二）学术论文的类型

学术论文包括的范围很广,专业类别很多。但从总体的角度看,可以分为两大类。

1. 专业论文。专业论文是各专业领域中的研究人员和工作人员写的学术论文。这类论文往往提交给科研、学术团体、主管机构、实践单位等有关部门,或发表在专业性刊物和一般报刊上。这类论文大都提出新的观点,具有新的发现或新的经验等,在理论上和实际应用上具有较高的价值。

2. 学业论文。学业论文是指高等院校学生为考核、检验、测评学习成绩、知识掌握水平、处理问题能力和进行科研而写的学术论文。包括学年论文、学业论文和学位论文。

二、论文的结构

论文的篇幅长短不一,但是其基本的结构大体相同,一般由标题、主体、文尾三部分组成。

(一)标题

论文的标题要求明确、严整,并能通过标题透视出文种,如,《论……》、《关于……问题的初探》、《……问题浅析》等等。论文标题的写作主要有两种:一种是提示论点,即论文的标题即文章的论点;另一种是揭示论题,即论文的标题是学术论文研究阐述的问题。也有的论文在写作时采用双标题的方法,将两种形式结合起来。

(二)主体

论文的主体由引论、本论、结论三个方面的内容组成。

1. 引论。引论也称绪论,是论文的开头部分,主要说明论文写作的目的、现实意义、对所研究问题的认识,并提出论文的中心论点,有时也简单介绍研究方法、材料的依据等。

这部分要简明扼要地提出问题,说明研究这一课题的原因、理由、价值和意义。如果论文篇幅较长,可以在这一部分对本论部分作概要介绍,还可以对论证方法作一些交待。

开头部分很重要,因为其反映了作者对他所要表达的思想观点的整体认识,必须做到提纲挈领、简明扼要、交代清楚。

这一部分最好"起句即切题"、"单刀直入",直截了当,论文开篇最忌细致、周到。论文是给读者看的,不要先把结论大讲一通。应该按照你研究的过程来引导读者的思路,你怎么研究的,就怎么写,从头讲起,引导读者逐渐深入,逐渐到你的结论上来。所以,好的论文,开门见山,起句入题,而后由浅入深,由简到繁。

2. 本论。本论是论文的主体,是论文中最重要的部分,整个论证过程在此展开。这部分必须根据论题的性质,或正面立论,或批驳不同的论点,或解决某些疑难问题。可以通过第一手资料或第二手资料、数据和多角度的充分的理由,周详地、多层次地、从多个角度、多方面进行分析、论证与阐释,并从这些问题的联系之中阐明中心论点。本论部分内容是否充实,论证是否得体,将决定全文质量的高低,是论文写作成败的关键。

这部分要详述自己的研究成果。不管是阐述自己独到的见地,还是反驳他人的观点,解决别人的疑难问题,都要周详严密地论证。论证的方法主要有直线排论和并列分论两种。直线排论是在提出一个论点之后,一层层展开论述,循着一个逻辑线索直线推移;并列分论就是把基本论点下的几个论点并列起来,一个个分别加以论述。而有些论文比较复杂,篇幅较长,就常常采用直线推论和并列分论相结合的方法加以论述,为了层次清楚,往往加上序码和小标题。

3. 结论。结论是论文的收束部分,是围绕本论所作的结束语。其基本的要点就是总结论证的结果,明确课题的答案。这一部分要对绪论中提出的、本论中分析或论证的问题加以综合概括,从而引出或强调得出的结论;提出解决问题的具体建议和措施;也可以写对课题研究前景的展望和估计;遗留问题及可望解决的途径;或对有关问题进行简要说明。如附带说明个人的局限,以及对给予自己帮助的同志表达谢意等等。

结论切忌草草收兵,虎头蛇尾,或者画蛇添足,拖泥带水。

(三) 文尾

有的论文在文尾部分列出主要参考书目,以参阅先后为序列出作者、书名、版本、页码等。

上述是论文写作的基本结构方式,但不是一成不变的死板格式,如有的论文要在标题之下,主体之前,用简洁的语言写出论文的内容提要。也有的论文不需要文尾,在主体论证结束后,文章就结束了。也有的论文还要在文尾对主体内容中的引文等进行尾注等等。

思考与练习

1. 阐述论文的意义与特点。
2. 论文见解的独创性价值体现在哪里?
3. 简述学业论文的意义与作用。
4. 简述论文的文尾内容的意义与作用。

第三十二章　论文的写作过程与基本要求

学术论文是对科学领域中的问题进行探讨、研究，表述科学研究成果的文章。

专业论文与学业论文在写作过程中的不同主要体现在篇幅上，因此，本章在介绍学术论文的写作要领和要求时以学业论文为例进行介绍。

第一节　论　文　选　题

学术论文的选题是确定一个正确的研究方向，确立一个合适的研究题目，即解决写什么的问题。这是学术论文写作首先要解决的问题。这个问题解决了，才能明确研究对象和写作对象，才能明确调查和收集材料的范围，以及考虑写作的思路等。同时，能否选择一个合适的题目，也是学术论文写作成败的关键。因此，选题是学术论文写作的第一步，也是较难的一步，关键的一步。

选题就是确定论文的研究方向和要论述的问题。选题得当，一系列后续工作如论证角度选择、材料取舍、内容组织安排、创新点确立等，就有了遵循，论文成功就有了良好的基础。

一、论文选题的目的

（一）进行信息归并和提炼

在论文选题确定以前，作者面对的信息资料是十分浩繁的。在自己比较了解的专业领域里，涉及每个问题的信息资料似乎都有。因此，尽管一开始盲目地涉猎各种信息资料有助于帮助集中思维，确定选题，但如果没有选题的目标或缺少选题的领域作为要求，搜集资料就会有极大的盲目性，往往造成时间和财力的极大浪费。同时，在着手准备论文的材料过程中，由于资料内容的刺激，脑海中会纷纷涌现出各种思想和观点。许多问题会激起自己发表议论和进行创作的灵感，这就是思想火花，是论文写作语言的源泉。这些灵感、思想和观点对论文写作是十分宝贵的，根据论文选题的要求对其进行选择、归并后，为我们的论文所利用。论文选题为我们对信息、思想火花进行归类、提炼，提供了一个很好的依据。先确定论文选题，然后归并、提炼各种信息资料，总结、梳理自己的想法，才更有针对性。

（二）明确论文的研究方向

论文选题是论文写作的第一步，是论文成功的首要决定因素，因为它决定论文研究方向。许多作者由于选题不当，论文思想走进了死胡同，最后写作不下去。英国哲学家和科学家弗兰西斯·培根说过："如果目标本身没有摆对，就不可能把路跑对。……一个能保持着正确道路的瘸子总会把走错了路的善跑的人赶过去。不但如此，很显然，如果一个人跑错了路的话，那么愈是活动，愈是跑得快，就会愈加迷失得厉害。"对论文作者来说，选题正确与否，对后续整个研究写作过程能否顺利进行，有着决定性作用。

（三）明确论文的学术和应用价值追求目标

论文选题应能回答和解决现实生活或学术研究领域中的问题。作者必须对自己论文的现实应用价值或学术价值有明确的定位。论文选题对整体论文价值起着先决性的影响。1962年，正在英国攻读博士学位的约瑟夫森，通过阅读大量的资料，撰写并发表了短篇论文，提出了一个大胆的预言：当两块超导实体连接时，会出现一种新的物理现象。当时论文的价值并未受到重视，但到1963年他的预言被实验证实。后来一系列的深入研究及成果，在电子学领域获得了重要的应用。论文达到一定的学术和应用价值应是追求的目标。这个目标的实现，首要的是正确地、恰当地选题。

（四）帮助选准合适的切入点

论文写作过程中，常常感觉到的一个难题是无从下手，这就是由于切入点不明确所致。切入点不明确，根本的问题就是选题不明确，没有方向、没有问题、没有抓住主要矛盾。论文必须有一个切入点，即抓住论文的突破口。作者在确定选题的过程中一项重要的工作就是寻找切入点。选题一经确定，也就基本选定了突破口。

（五）理顺写作思路

选题是理顺写作思路的基础。论文选题确定以后，作者就能够构思论文整体布局：组成部分、如何衔接、创新点、材料运用、如何论证等。好的论文必须有严密的逻辑结构，观点有创新，论述充分有力，层次分明，材料运用恰当，而这些都要求以正确、有价值的选题为基础。论文的选题过程也就是论文的初步构思与论证过程。耗费一定时间，确定一个好的选题，有助于理顺论文的写作思路。

二、论文选题常见的问题

（一）选题过大

选题过大，自己的综合能力达不到，驾驭不了；再者选题涉及的面太宽，相关材料难找，时间也不允许。因此造成的结果往往是，分析没有深度不透彻，论文的价值大打折扣；涉及面广，搜集材料过多，问题复杂，千头万绪，文章显得零乱，不得要领；容易大而空，不能切中要害，不能切实提出和解决理论及现实中的新问题，没有创新；由于理论水平和专业知识的局限，写作中力不从心，语言枯竭，思维迟钝，常常半途而废，浪费时间。如一位作者开始确定了《我国国有企业管理体制改革》的题目，这样的题目过大，结果费了九牛二虎之力写出的论文，被要求重写。

(二)不能量力而行

这里的能力,一方面是主观上的,如兴趣、爱好、知识结构、实践经验、独立研究能力、对所选题目的熟悉程度、语言组织能力等;另一方面是客观上的,如时间限制、信息资料、图书设备、选题的研究现状等。

超越自己的能力选题与上述选题过大有密切的关系。有些作者没有正确估计自己的综合能力,以及客观条件的制约,以至于选择了一个过大的题目。如另一位作者确定的选题为《混沌学说在企业人员需求管理中的应用》。指导教师一了解才知道,作者既没有任何企业管理的实践经验,也没有相关的人员需求管理和混沌学说的知识。其主观愿望可能是追求"浅见",但由于超越了其能力,结果连"浅见"也达不到。

(三)避重就轻,避难就易

有些作者把论文看作是一个强加的差事,因此随便选一个题目,难点问题不提,重点问题轻描淡写,凑足文字一交就了之。这种思想反映在选题上就表现出,哪个在书上最容易找到文字、杂志上相关文章比较多,就选哪个;也表现在选题不针对或回避实践问题。如一个题目是《如何激励员工的积极性》,因为该题目书本上有关激励的理论、方法一大堆,凑足要求的文字不成问题。而该作者既没有实践经验,又没有在有关激励理论上进行实验研究或调查,最后写出来的文章根本没有新意,更谈不上有学术和实际应用价值。

(四)缺乏兴趣

自己确定的选题,自己缺乏兴趣,在自己的思想观念中首先就有"食之无味"的感觉。这样在写作过程中难以激发出热情和积极性,没有思维的激情,会造成围绕选题的语言思维迟钝、呆板。

只有对选题产生了兴趣,对问题具有强烈的好奇心,才能全身心地投入,才能专心致志、废寝忘食地努力去搜集资料、深入研究,才能调动全部智慧从事论文的写作。

三、论文选题的原则

一般说来,学术论文选题应遵循以下几个原则:

(一)社会需要

社会需要是学术论文选题的主要原则,更是社会科学学术论文作者应首先考虑的重要问题。学术论文的写作不仅仅是科学地解释各种已有的社会和自然现象,更重要的是通过科学研究,取得成果,以指导实践,为社会服务,特别是重点解决当前社会各领域内迫切需要解决的问题,这样才能发挥"第一生产力"的作用,以推动社会的发展。

(二)具有学术价值

学术研究的范围很广,选题时要善于从众多的问题中选取最有价值、最值得研究的课题。选题可以从以下几个方面考虑:

一是努力开辟新的研究领域。将研究的方向和重点放在新兴学科或无人涉足的领域,那么,任何新的发现和创造都将极大地促进学术的发展,推动科学技术和社会进步。这是学术研究的最高境界。

二是填补科学上的空白。科学的发展常有不平衡现象,有的方面发展快,有的方面发展慢,有些方面则会出现空白。如能填补空白,无疑也具有相当的科学价值。

三是纠正通说的错误。已有的科研成果,或现时被广泛赞同的看法,不一定完全正确,纠正通说的错误,使从事本专业的人们得到正确的认识,也是具有创新价值的。

四是补充前说的不足。前人的研究,往往因时代的局限而有不足之处,根据科学发展的现状,补充其不足之处,使之达到尽善尽美,这也是具有学术价值的。其次,参加争鸣,发表己见;利用新的科学方法,研究已有的老问题;或者综合众说之长,阐述自己的观点等等,也都是具有学术价值的。

(三)具备撰写条件

选题除了首先要考虑社会需要和选题本身的学术价值外,其次就要考虑自己具备的条件。好的选题,还必须有利于发挥自己的特长,便于展开。具体讲应该考虑以下几个方面:

一是要有兴趣。爱因斯坦说:"热爱是最好的老师"。自己热爱的课题、感兴趣的课题,往往是自己专业基础理论深厚的课题。选自己感兴趣的课题,能够焕发深入研究的热情,产生强烈的写作欲望,这样才能将论文写好。

二是有业务专长。学术论文的选题不能盲目赶潮流,要选择自己业务范围内的或与之相近的课题,才能充分发挥自己的研究能力,使研究与写作顺利展开。

三是充分占有资料。资料是论文写作的重要条件。选题必须考虑到资料的占有情况和获得资料的途径。否则,选的课题难以获得必需的资料,将会使论文写作陷入困境。

最后,选题还要考虑限定的时间与论文的篇幅。就自己允许的时间范围选择大小适宜的课题,量自己的能力限定论文的篇幅,否则,不计时间,不管能力,在时间紧、能力低的情况下,选一个大题来作,论文就会是蜻蜓点水式的,浅尝辄止,不深不透,没有力度。

学业论文的选题还应遵循以下原则:

(一)创新原则

创新是论文选题的基本要求。大学生的学习,不仅是知识的输入过程,而且应是创新输出的过程。经过一段时间的知识能量的积蓄,最终达到对人类和社会有意义的创新性输出,是我们学习的目的所在,也是衡量学业生素质高低的最重要标志。论文是同学们对社会有意义的一种输出形式。论文选题是这种形式的起步阶段,其本身就必须反映同学们的创新意识和创新能力。如果在选题上没有创新,那么整个论文的后续写作可能就是重复前人的劳动,或是简单的知识和信息堆砌,论文的实际价值就会大打折扣。

论文选题的创新,要求在前人的基础上有所突破,有独立见解。如选前人没有探索过的新领域、前人没有做过的新题目;对旧主题独辟蹊径,选择新角度探索问题;在前人成果的基础上作进一步研究等。

（二）综合能力可驾驭原则

论文选题要体现自己的综合能力。学生在大学学习期间，通过各门课程的学习和一定的实践锻炼，接受和储备了大量的专业知识，具备了一定的逻辑思维、信息综合、问题思考和解决、方案设计和论证等诸多方面的能力。在论文写作这个综合性工程中，选题要定在自己综合能力可驾驭的水平上。综合能力受自己的知识储备、理论水平、实践经验、信息资料搜集处理能力等多方面因素的影响。知识储备不足、实践认识缺乏、信息搜集能力有限的选题，会极大地影响写作过程及论文的质量。

另一方面，选题也需要较好地发挥综合能力。在确定论文题目前，同学们可能要面对大量的信息资料，要与指导教师、相关专家、政府行政管理人员、实际工作者交流意见，善于运用自己的综合能力是至关重要的。只有这样，才能敏锐地捕捉到问题，从而确定有价值的论文选题。在选题上量力而行，尽力而行，多思考，选准方向，找准关键问题，论文的成功才有良好的基础。

（三）专业优势原则

毫无疑问，大学生多年积累的知识和形成的多方面初步能力带有较强的专业倾向性。在大学学习期间，经过多年耳濡目染，直接和间接地获得了大量的专业知识；在学科领域里，积累了相当多的专业语言。专业知识和专业语言是正确选题和写好论文的重要前提条件，也是同学们自己多年积累的优势所在。抛开自己的专业优势，选择与自己所学专业没有关系、跨度很大的其他领域的问题来研究，虽然也有可能写出好的论文，但对论文写作时间有限的同学们来讲困难是相当大的。曾经有一位工商管理专业的学生，学业论文选题开始坚定在"中国户籍管理制度的改革"这个方向上，由于时间、精力和专业知识的限制，结果发现越往下写越没有语言，好似思想枯竭了，没有灵感；心里越来越没有底，好似悬在半空中，对自己的观点拿不准。最后不得不换题，浪费了大量宝贵的时间。

同时，论文的专业性也表现在论文选题的要求上。相对来讲，有关自然科学类专业论文选题及内容，要遵循自然规律，符合事物的内在运动规律；而社会科学论文选题及内容，必须符合人类社会活动的客观规律要求，反映人类生产力和生产关系的特殊要求，无疑其政策性也比较强。

四、论文选题的常用方法

选题方法多种多样，因人而异。下面介绍一些基本方法。

（一）"热点"提取法

在社会进步、国民经济发展和学科研究中，尤其是在我国改革大潮中，经常出现集中关注的"热点"问题，学者等各方面人士关注度非常高，各种形式的讨论相当的热烈。"热点"问题一般在某个时期具有较强的现实意义，或是涉及学科基本理论建设。如曾经出现过的"国有企业承包制"、"国有企业产权问题"、"资产重组问题"等等。

相对来讲,"热点"问题引人注意,一定时期集中讨论"热点"问题的文献资料也比较丰富,从中确定自己论文的选题也是比较容易的。关键的是,自己对"热点"问题的把握能力,即知识、信息、理论水平及分析提升的能力。"热点"问题有大有小,同学们要选择自己综合能力可以驾驭的论文选题。同时,同学们在大学学习期间,要学会关注学术动态,通过阅读专业期刊、报纸,参加相关的专业会议等方式,掌握你关心的专业和实践问题的发展方向,从而培养自己的学术敏感性。

(二)调查选题法

所谓调查选题法,是指从社会需要出发,通过实践调查,搜集资料,发现问题,对问题进行分析、提升,最终确定论文选题的方法。显然,这种方法需要作者进行一定的调查。调查是选题的基础,也是论文素材的重要来源。调查选题法,对自然科学专业和社会科学专业的同学来讲都是很实用的。通过调查确定的论文选题应该说具有较高的实际应用价值,其针对性强。毛泽东同志一贯提倡调查,他的一些论文都是在相当长时间的实际考察之后写就的,对取得中国革命战争和社会主义建设的胜利起到关键性的指导作用。

(三)教学启发选题法

学生一般要学习许多基础课和专业课,要听许多的专题报告。教师在授课和报告中,往往会提出许多问题,有些就是实践亟待解决的问题。这些问题就是同学们论文可以选题的重要焦点。这种选题法的优点是,问题明确,与之相关的理论和实践通过老师的进一步阐述,可避免论文选题时的盲目性。

教学启发选题法应用的关键是,同学们在学习过程中要做有心人。关心教师就某一问题进行的论证、提出的观点、采用的依据、运用的方法等,将课堂所关心的问题与课外阅读结合起来,开拓思路,由此及彼,提炼出自己论文的选题。比如,教师在讲授企业管理理论时,会涉及企业员工绩效与报酬制度的内容,那么,《企业员工绩效评价体系研究》、《国有企业高级管理人员报酬制度研究》等方面的内容就可以成为论文的选题。

(四)借鉴选题法

借鉴选题法就是利用一种方法、制度等在某国某地某企业获得成功的经验或导致失败的教训,探讨如何解决自己关心的问题,或如何进一步完善现行的方法、措施、对策等。可以从国外借鉴,也可以是国内之间的借鉴。许多方法、制度虽然有其反映利益集团要求的特殊性一面,但更重要的是其促进生产力发展的科学性方面。因此,借鉴的目的是弃其糟粕,存其精髓,为我所用,促我发展。这是我们采用借鉴法选题的科学基础所在。通过借鉴而确定的论文选题,有利于提高论文的实际应用价值。

采用借鉴选题法,要求同学们关注专业领域内国内外一些引人注意的成功经验和失败教训,广泛搜集材料,深入了解我国社会和经济领域的现状和问题。如许多发展中国家利用BOT方式吸引外资,成功地加强了本国电力、供水、交通等基础设施建设。那么,采用借鉴法,我们可以确定"我国如何利用 BOT 吸引外资"一类有意义的选题。

(五)事件选题法

这里的"事件"是指国家的一些重大活动、重大政策出台、重大的方针政策调整等。如我国"会计制度的调整"、"税收制度的调整"、"中国加入 WTO"、我们党制订和调整重大政策的重要会议等。诸如这些重要事件,为我们论文选题提供了明确的领域或方向。但事件只为我们选题提供了一个良好的机会,关键是我们要有敏锐的观察力和把握机会、掌握资料、捕捉问题的综合能力。

(六)拟想选题法

拟想选题法是一种先有某种拟想,而后再阅读相关资料加以验证来确定论文选题的方法。当然,"拟想"绝不是胡思乱想,它是建立在日积月累的理论知识和实践经验的基础上的,在学习过程中,培养经常提问、反思,关注"习以为常"和"异常"问题的习惯。

这种选题方法要求是,先有一定的想法,初步确定选题范围,然后通过阅读大量资料,了解此领域已有的研究成果,最后正式确定论文选题。一位学工商管理专业的毕业生,开始希望研究我国的企业对外投资问题,在掌握我国与巴西有关对外负债、吸收境外投资、对外投资对比情况及发展中国家对外投资的资料后,加深了对最初问题的认识,激发了进一步探讨的强烈冲动,最后确定了《我国企业境外投资动因研究》的选题。

第二节 论文写作准备——提纲编制与材料研究

一、编写提纲

(一)拟写提纲的作用

编写提纲是论文写作的一项重要工作,首先它有利于进一步提炼材料,使总论点与各分论点有机地统一起来;其次是有利于布局谋篇,使论文的结构完整而统一;三是有利于及时调整修改避免写作中不时出现返工现象。

(二)拟写提纲的原则

提纲的项目一般包括:题目、总论点、分论点和段旨撮要。

编写提纲的步骤是先拟题目,再写出论点,然后考虑全篇的总安排,即从哪几个方面,以什么顺序来论述总论点,这是论文的结构框架。大的项目安排妥当之后,再逐项考虑每项之下的分论点,直到每项下面的段,写出段旨撮要。然后统筹考虑各段的安排,把准备使用的材料按顺序编码,以便写作时使用。

(三)拟写提纲的方法

提纲的编写方式有两种:一种是标题式,以简要的文字写成标题,把该部分的内容概括出来;另一种是句子式写法,以一个能表达完整意思的句子,把该部分内容概括出来。

学业论文的篇幅较长，而且内容比较复杂，所以，在动笔写作时非常有必要先拟一个文字提纲，提纲是论文的设计图，能帮助学生考虑文章全篇的逻辑构成。学生看着提纲，能考虑论点是否充分，说明论点的材料是否充实，上下结论点之间、论点与材料之间是否适应，全篇层次条理是否恰当等。学生按提纲写稿子的好处是：可以帮助学生组织材料，可以将问题想得周到些，并且能够避免出现遗漏。写几百字的小评论打腹稿就行了，写几千字、上万字的学位论文一定要写提纲。导师审定论文提纲，是写作学位论文的必经程序。编写提纲是与研究思考同步进行的。学生应边看资料边思考问题，从资料中提炼主题与支撑主题的论点，选定作为论据的材料，即"明确观点、选定材料"。把头脑中考虑的观点与材料简略地记录整理出来，就是提纲。

（四）拟写提纲的内容

一份详细完整的提纲主要包括标题、论点句、段旨句等内容。

1. 标题。论文的标题，首先要直接揭示主题思想，读者通过标题，能大致了解文章的内容、专业的特点和学科的范畴。读者一看就明白所论课题；其次，最好能具体概括论文的观点，读者一看就知道作者的观点；第三要简洁明了、引人注意。字数适当，一般不宜超过20个字。例如，标题《一般管理与企业管理的关系》，这个标题具有简短、明确的概括性。通过这一标题，读者能大致了解文章的内容、专业的特点和学科的范畴。

对论文写作提纲，一般来说先拟定一个或两个标题，等初稿完成之后，再对标题进一步加以琢磨和修改。如果有些细节必须放进标题，为避免题目冗长，可以分成主标题和副标题来写；主标题写得简短明确些，细节则放在副标题里。

2. 论点句。论点句是概括论点的一句话。学生在明确支撑主题的论点时，经过深思熟虑推敲润色，用一句话将论点写出来。能写出论点句，说明作者对这个论点考虑成熟了。

3. 段旨句。段旨句是概括段落主要内容的句子，有的安排在段落前面，有的安排在最后，有的插在段落之中，详细的提纲要将段旨句写出来。

总之，所拟提纲要项目齐全，能初步构成文章的轮廓；要从全局着眼，权衡好各个部分；要征求指导教师的意见，注意多加修改。要边写边积极思索，不断开拓自己的思路，以取得比较满意的结果。

二、研究材料

选题确定之后，学术论文进入写作阶段，要写出一篇高质量的学术论文，还要做大量的工作。

（一）选取材料

材料是研究与写作的基础。选题确定之后，紧接着就要围绕选题，脚踏实地地搜集材料。搜集材料是一项艰巨的工作，要按照选取材料应必要、确定、新颖、充分的标准，采取多种方法,充分利用图书馆、资料室,进行实地调查、观察与实验,尽量多地取得确实有用的材料。

（二）研究课题

在搜集材料的同时,在搜集到充足的材料之后,就要进行创造性思维。运用发散思维、收敛思维、比较思维、多维思维、逆向思维等思维方法,展开广阔的思索空间,从而发现问题、找到线索,获得启迪,打开认识事物本质的门扉,寻到解决矛盾的钥匙,确立论文的论点。

论点确立之后,再根据论点的需要,精选论文的材料。

第三节　论文的结构与写作要求

学业论文是高等院校的学生在修业期满时撰写的总结性作业。学生除选用学术性论文的文体外,还可以选用调查研究报告、可行性分析研究等文体形式。学术型的管理类学业论文要严格按照学术论文的"基本型",即绪论、本论、结论的"三段论式"结构方式撰写。调研型的学业论文可以按照"实际情况、原因分析、对策建议"的结构方式撰写。可行性研究型的学业论文可以按照"项目内容、论证分析、结论和建议"的结构方式撰写的。其中,学术论文的"提出问题——分析问题——解决问题"的三段式结构对学业论文的写作具有较普遍的指导意义。后两者实际上也是三段式的结构。

一、论文的结构

一篇好的学业论文,应该思路清晰、布局合理、结构紧凑,因此,篇章结构在学业论文的写作中占有极为重要的地位。学业论文的结构是学业论文内容的载体,是学业论文的骨架,它是指根据论文的中心论点的需要,对手头的材料所作出的组织、安排和布局。学业论文结构的安排也是作者观察事物、分析问题、论证事理、导出结论的思维活动的条理性、规律性在论文中的具体体现。

一篇完整、规范的学业论文的基本结构形式由标题、目录、内容提要（中英文）、正文和参考文献等组成。

1. 标题。标题即论文的眉目,也叫题名,标在第一行的正中。学业论文的标题应简洁鲜明,质朴无华,准确得体,让读者一看就能了解文章的主要内容。管理类的学业论文标题切忌像文艺作品或报纸的某些标题那样,以新、奇、特等吸引读者。学业论文的标题不宜过长,一般不超过20字,应直接地、正面地揭示论文的主要内容。当论文的内容比较丰富时,可以用副标题对正题加以补充。

2. 目录。学业论文写出目录,标明页数,不仅便于阅读,也便于掌握论文的主要内容。

3. 内容提要。内容提要是用来提示论文的主要观点。在学业论文的正文前列出内容提要,便于指导老师和答辩老师能够迅速掌握论文的主要观点和大致轮廓。内容提要要有高度的概括力,语言精炼、明确,切忌过长。一般一万字左右的论文,写二三百字的内容提要就可达到要求。

4. 正文。正文包括绪论、本论、结论三个部分。

5. 参考文献(或附注)。篇幅长的学业论文的最后要列出使用过的主要参考文献;篇幅短的学业论文可将文内的引文采用注释的方式在文末注明。在学业论文末尾要列出的参考文献是指在论文中使用过的,包括专著、论文及其他资料。如果是非正式出版物则不必列出。所列的参考文献应按论文参考或引证的先后顺序排列,不能以文献的重要程度或作者知名度为排列的顺序标准。列出参考文献的目的在于:一是表示作者言之有据;二是对他人研究成果的真正尊重;三是便于教师在评阅论文时了解论文材料和观点的来源,掌握学生阅读文献的范围;四是方便他人查找、使用。

二、论文的行文要领

学业论文的写作,如果仅仅注重内容的正确与深刻、结构的严谨与完整,而忽视了行文的格式,结果文章逻辑混乱、别字甚多、标点乱用,不免贻笑大方,这样的论文也是不合格的论文。这是高等学校学生学业论文写作中存在较多的问题。

学业论文的行文绝不是"无碍大体的细枝末节",它是大学生良好的写作素养的表现,也是其科研素养的基本构成要素。大学生在行文格式书写方面必须养成良好的习惯。学业论文的行文包括逻辑要领和书写要领,这里只简单介绍学业论文行文的逻辑要领。

增强学业论文行文的逻辑力量,达到概念明确,论证充分,条理分明,思路畅通,是写好学业论文的关键。提高学业论文行文的逻辑性,需把握以下几点:

(一)要思路畅通,纲举目张

写学业论文时,思维必须具有清晰性、连贯性、周密性、条理性和规律性,才能构建起严谨、和谐的逻辑结构。同时还要纲举目张,即首先要举其"纲",即要有中心论点,以统帅各分论点;二是张其"目",即要有一个确定的思路,贯穿各个分论点,决定论述沿什么途径展开;三要纲目结合,即纲举目张,清楚地分出各个论点并列的或从属的关系,分出亲疏远近,以便有秩序、有层次、有步骤地表现中心论点。只有做到了这一点,才能使论文有一个恰当的布局、组织和安排。在这里,中心论点起着决定性作用,它是论文的灵魂和统帅。任何论文,都不能离开一定的议题、一定的视角、一定的实践要求,把整篇文章的各个论点,有机地组织起来,做到"挈领而顿,首尾皆顺"。

(二)要层次清晰,有条有理

写学业论文,先说什么,后说什么,一层一层如何衔接,这一点和论文行文的逻辑性很有关系。对于文章中的大小论点,一定要分类排队,科学地安排层次(包括问题自身的层次、说法上的层次和做法上的层次)。如果由A问题会产生B问题,A问题就应在先,B

问题在后,这里就有客观上问题自身的层次;如果 A 问题不解决,B 问题就不能解决,这里就有解决问题的做法上的层次;不先说清 A 问题就不能说清 B 问题,这里就有问题说法上的层次。可见,层次是一种有机联系,而非形式上的、人为的联系。因此,论述中特别要注意事物本身的层次,或议论的问题自身矛盾发展的层次。要做到这点,就要熟悉事物,分析问题之间的联系,而不能单纯凭主观去臆测层次。找到了问题的层次,议论也就有了条理。能层次分明,也就能有条不紊。如果只注意条理,却搞不清层次,那也不行。总之,要根据正确的思维规律,把要表达的思想恰当地排列,以便正确地反映客观上存在的秩序,以避免行文中的"颠三倒四"、"语无伦次"、"主次不分"。

一般来说,学业论文行文的顺序应当符合事实发展的顺序,符合人们认识的程序和规律,如前提与结论、原因与结果、主体与从属、现象与本质等各种关系的顺序。一篇学业论文的行文顺序,虽然也有变化的形态,如倒叙、插叙等,但只要按事物本身的层次来展开论述,不管怎样变化,正常的顺序就一定能交代清楚。

(三)要论证充分,以理服人

写学业论文,最常用的方法是归纳论证,即用对事实的科学分析和叙述来证明观点,或用基本的史实、科学的调查、精确的数字来证明观点。它体现的主要是客观逻辑的力量,事实胜于雄辩,就是这个意思。如果没有大量的、可靠的、令人信服的事实材料,或者缺乏科学的归纳,甚至没有归纳就作分析,还有的先立结论,然后去找例证,那么结论常常是不可靠的。因为归纳是从个别到一般,个别的东西越多,归纳得愈合理、科学,你的结论就越可靠。要使论证逻辑上有力,就得把那些对导致结论有重大关系的论据之间的关系、联系讲清楚说明白。这就要坚持具体事物具体分析的原则。不分析事物,或分析不到家,不在行,就既不会找全论据,也不会看出论据间的辩证关系。那么,在论证事物时,就不可能论证得好,不可能论证得有力。论证要服人,有时还要去说明论据的真实可靠,即论证论据。论证论据的方法很多,但根本的是要找出论据的客观来路。另外,为增加论据的信服度,将不同的或对立的论据加以对比说明,也不失为一个好方法。

(四)要首尾一贯,明白确切

学业论文行文要注意思维和论述首尾一贯,明白确切。即:论述要概念明白,立场鲜明,前后不发生矛盾,讲清主张什么,反对什么,尤其是要注意论文的一贯性和确切性。一贯性一般表现为:前有问题,后有答案;前有伏笔,后有发挥。有些论点,经过很多论证和解释,再同另一论点联系、照应。既使它们在论文中相距较远,也要使它们有线相连,能够互送"秋波"。一般的连续和照应,并不困难,比较困难的情况是,由一个思想过渡到另一个思想,由一个角度和侧面转换到另一个角度和侧面。碰到这种情况,就要特别注意,努力保持联系的线索,避免造成脱节。有时为保持联系线索的明确和连续性,还要明白交代联系的媒介。在论文中,有些段落,就是专为交代媒介、交代层次以便转换和过渡的。特别是对中间环节较多的联系,一定不能简单地抽掉其中复杂的判断和推理关系,来一个急转直下，使读者感到突兀和摸不着头脑。拿论题和论据来说，要使它们之间联系，就要在复杂的情况下，进行一系列的论证，暴露它们之间的复杂的推理关系，而不能简单地抽空去掉其中的论证过程，只把根据或结论塞给读者。

要善于运用结尾来发挥作用；或在结尾再作出综合小结，重申要点；或回过头来扣紧开头，强调意义；或概括全篇的大意，点明主题；或引出新的论点，启发读者的思想。这种首尾的连续，其实质也是保持中心论点的一贯性和确定性。

三、论文的写作过程

撰写论文，要在掌握论文的结构和行文等要领的基础上，按照学业论文的写作要求和程序认真对待。学业论文的撰写大体上分为拟写提纲、写成初稿、修改定稿三个环节。这里主要介绍后两者。

（一）写成初稿

提纲拟定以后，就要集中时间和精力写作。按写作顺序具体可以从以下几个方面着手写作：

1. 前言。前言或叫引言，前言中要写明本论文的来源、目的、意义、范围；简述本论文所论内容在国内外发展概括，本论文的指导思想，本论文欲解决的主要问题。前言是全篇论文的开场白，要阐述选题的缘由，对本课题已有研究情况的评述，本文所要解决的问题，尤其是你所创新的地方有哪些，取得了哪些成果和对理论及实践的意义。前言写的要稍微具体些，前言对所有的内容有明确的表述。

2. 正文。论文的正文，是学生对自己的研究工作的详细论述，在整篇文章中，应该会有较大的篇幅。

主要内容有：①问题的提出，所要论述的基本问题是什么？其基本前提、假设和条件是什么？②理论在实际中的应用。③本篇文章中创新的地方是什么？

正文的写作要求是：①应写明所使用的假定及其合理性，所用的分析方法或计算方法。这一部分所占篇幅不宜过长，应以简练明了的文字概略地予以表达。②用理论推导的手段和方法达到研究目的，要做到概念准确，判断推理符合客观事物的发展规律，符合人们对客观事物的认识习惯与程序。要做到言之有序，论述有理，以论点为中枢，组织成完整而严谨的文章。③用调查研究的方法达到研究目的，所谈到的对象、范围、时间、地点、调查过程和方法等均应与研究的最终结果有关，尽管不是结果本身，也应加以阐述。对调查时提取的样本数据，新的发现等则必须详述。这是结论产生的依据，若写得抽象、简单，结论就定之不准，分析就难以置信，在写作时应特别予以重视。

3. 结论。在结论里要概括说明所进行工作的情况和价值，分析其优点和特色，指出创新所在，并应指出其中存在的问题和今后的改进方向，特别是对工作中遇到的重点要着重指出，并提出自己的见解。结论要简单、明确，篇幅不宜过长。在措辞上应严密，又容易被人领会。应实事求是地介绍自己的工作成果。

4. 结束语。在文章结尾处,以简短的文字,对工作过程中曾给自己以直接帮助的人员,例如老师、答疑教师及其他人员,表示自己的谢意,这不仅是一种礼貌,也是对他人劳动的尊重。

学业论文初稿的写作是很艰苦的工作阶段,在执笔写作时还要注意以下几点:

(1) 初稿的内容应尽量充分丰富,要尽可能地把自己事先想到的内容写进去,以便为修改定稿提供便利。也要防止一味地堆砌,写成一个材料仓库。

(2) 顺利表达,不要在枝节上停留。

(3) 要合乎文体。文句力求精炼简明,深入浅出,通顺易读,不要使用不规范的口头语言,避免采用新闻报道式的文体。

(4) 汉字书写规法、端正,卷面清楚整洁。初稿最好使用页面字数不太多、四周有足够空余处的稿纸以利于增加、删除和改动。

(二) 修改与定稿

学业论文的写作有的是按照提纲顺序从头到尾一气呵成的;有的先写研究得比较成熟的部分,成熟一段写一段,最后整理成文;初稿写成后,不要急于脱手,要多征求意见,反复修改。尤其是对于初次撰写学业论文的大学生,就更应注意对文章的精心修改。修改的范围在内容上包括修改观点、修改材料,在形式上包括修改结构、修改语言等。

1. 修改观点。

(1) 观点的订正。看一看全文的观点以及说明它的若干从属论点是否偏颇、片面或表述得不准确。

(2) 观点的深化。注意自己的观点是否与别人雷同,有无深意或新意。

2. 修改材料。修改材料就是通过对材料的增、删、改、换,使支持和说明作者观点的材料充分、精炼又准确。

3. 修改结构。修改结构是对文章内容的组织安排作部分的调整,在出现下面几种情况时,一般都应动手加以修改:

(1) 中心论点或分论有较大的变化。

(2) 层次不够清楚,前后内容重复或内容未表达完整。

(3) 段落不够规范,划分得过于零碎或过于粗糙,不能显示层次。

(4) 结构的环节不齐全,内容组织得松散。

4. 修改语言。修改语言包括用词、组句、语法、逻辑等。作为学术性的文章,语言应具有准确性、学术性和可读性,根据这一基本要求,语言的修改可从以下几方面着手:

(1) 把不准确的改为准确的。

(2) 把啰嗦、重复的改为精炼、简洁的。

(3) 把生涩的改为通俗的。

（4）把平庸的改为生动的。
（5）把粗俗的俚语改为学术用语。

5. 定稿。学业论文初稿以后，学生经过与指导教师的反复修改，改到学生和指导教师比较满意后，才可以定稿，这时对学位论文的格式要特别注意。

四、示例与简析

创新创业能力的构成要素

创新创业能力已成为现代青年学生的立世之本，求存之道。人人都欣赏创新创业，人人都渴望创新创业，但未必人人都知道如何创新创业。古人曰："他山之石，可以攻玉。"从创新创业高手身上，你能够学到些什么呢？你能得到哪些启示呢？这一系列的问题需要你去思考和探究。

无论是个人还是组织，从事创新创业活动总需要有一定的基础，即所谓的要素。这些要素构成了创新创业能力的基石，若缺乏它们，创新创业无异于空中楼阁；但仅有它们，也不能等于你就拥有了高超的创新创业能力。概括地说，创新创业能力的构成要素主要包括以下几个方面：

（一）一定的基础知识

一定的知识基础是创新创业的根本，否则，创新创业只能是闭门造车或缘木求鱼，不是不符合实际情况，就是冥思苦想而一无所得。

在人类历史的进程中，人们对知识有不同的理解和认识。在工业社会以前，人们认为知识渊博者主要是那些对世界懂得多的人或者经验丰富的人，这也是在传统社会里老人受人尊敬的重要原因，因为人生的经历往往使老人知道的东西更多，人们崇拜对外部世界、人类自身以及精神世界了解多于常人的智者。到了工业社会，这种情况发生了变化。从17世纪以来，知识以所谓的应用知识为主流，人们致力于知识的运用，特别重视技术的进步与技能的学习。工匠、技术人员等受到了世人的重视，因为他们懂得怎样操作机器，怎样生产产品，如何创造物质财富。自信息社会以来，知识的核心是关于"知识的知识"。人们已不再满足于是什么、为什么，而在于探讨和研究应该怎样获取知识、更新知识和运用知识，其中最重要的就是如何培养自己的学习能力，即人们看重的不再是知识本身，而是获取知识的能力。

今天，人们所讲的知识至少应包含以下内容：

1. 学习能力。即获取知识的能力。一个人若想创新创业，必须及时更新旧知识，汲取新知识。在这个知识爆炸的时代，只有学习能力，才是知识真正的源泉。

2. 理论知识。理论知识虽然在实践生活中貌似无用，不能解决实际问题，但是各种科学的基本原理，它来源于实践，反过来又指导实践。比如说，哲学是关于世界观的学问，尽管它并不深奥，但它却是人们的行动的"指南"，是人们认识问题、解决问题的"准绳"。扎实的理论功底是创新创业能力的支柱之一，没有它，创新创业就无法飞跃。

3. 应用知识。它指的是人们在实践过程中用来解决问题的实用知识，或者是从生活和工作中获取的经验性知识。这类知识的特点是实用性强，属于技术性知识，也常称之为技能。技能是创新创业的灵魂，没有技能，创新创业只能是纸上谈兵，创新创业就不可能实现。有的创新显然需要扎实的专业知识，比如，计算机行业中的创新创业，如果没有扎实的专业知识，创新创业就无法进行。但是，也有的创新创业仅仅用生活中的简单常识就足够了，例如，衣架的改进，菜肴的烹调，替别人刷皮鞋，等等。所以，应用知识不能只局限于在学校里的学习，生活中也有许多学习的机会。"世上无难事，只怕有心人。"说的就是这个道理。

4. 运用知识的能力。知识是死的，而创新创业则是活生生的过程，因而如何将知识转化为能力，是人们创新创业能否成功的决定性因素。如何运用知识，就其本质来说，就是如何把知识转化为效率或效益，使知识发挥应有的作用。一个人如果不具备这种转化能力，那么，所学知识将毫无意义。

（二）良好的个性特征

大凡富有创新创业能力的人，一般都具有以下个性特征或风格：

1. 勤于思考、善于思考。思考是创新创业的前提，如果不能做到勤于思考、善于思考，创新创业的火花就不会迸发。思考是一件并不容易的事，许多人都有创新创业的基础，但并没有成为创新创业的高手，其原因是多方面的，而其中最重要的是不喜思考，不会思考。这些人思想懒惰，于是，让许多原本可以创新创业的时机白白地溜掉了。从创业上说，思想的懒惰比身体的懒惰更加可怕，因为，它使人限于保守和固执，丧失了创新创业的激情与时机。

2. 敏于观察、勇于实践。创新创业总是起源于一定的机缘，它或许来自于生活的细枝末节，或许来自于某个点子的启示，如果没有敏锐的观察力，又怎能抓住产生灵感的时机和迸发火花的瞬间呢？敏锐的观察力是与思想上的勤奋以及良好的思考习惯密切相连的，此外，实践能力的强弱也与创新创业密切相关。一个整天空想的人，即使偶有传奇式的创新创业经历，也往往经不起生活的风吹雨打，而在实践中败北。

3. 积极进取、标新立异。保守固执不是创新创业人才的特征，尤其是在这个快速变化的时代。只有积极进取勇于求新的人，才敢于放弃，从而导求更新、更独特的解决问题的途径，而且他们不被旧思想束缚住手脚、遮掩住视野。众所周知，创新创业犹如从荆棘中踩出一条小道，不仅有痛苦和困难，而且也有风险。所以，敢于创新创业者首先是一个勇士。他们要承受人们的误解和嘲笑，要面对资金短缺、人手不够等无数的困难，要顶住因创新创业失败而带来的心理压力。其次，敢于创新创业者一定是一个对生活充满热情的人。很难想象，一个对生活心灰意冷的人，会充满激情地去进行创新创业活动。

创新创业要敢于标新立异。人云亦云，亦步亦趋，就无所谓创新，就不可能有创业的成功，也不可能有所作为。不论创新还是创业，都需要解放思想，敢于打破旧框框，敢于从全新的角度审视事物。

（三）正确有效的思维方式

一个人认识世界乃至于改造世界，总是需要先进行思考，而有的人能够想出解决问题的方法，有的人却一无所得或者常常失败，这多半就是思考方法正确与否的问题了。简单地说，正确的思维方法至少要包含以下内容：

1. 正确的世界观。一个人如何看待世界、宇宙、人生，往往跟他的思维结果密切相关。一个虔诚的宗教信奉者，他不会怀疑神的存在，在面对困难和困境的时候，也许会认为这是神的意志，应该忍受。又假如一个人是典型的悲观主义者，那么，他在面临困难时，常常采取消极等待的态度，而不是积极想办法去克服困难。所以，通常说来，健康、积极、正确的世界观，应该自立自强、勇于探索、冷静思考，相信人的主观能动作用，积极改造世界而不是纯粹顺从依附的态度。

2. 系统的思考方法。世界是一个有机联系的整体，世间万物都处在千丝万缕的相互联系中。系统论的中心就是让人全面、完整、多角度地看待世界，这与我国古代思想家的观点不谋而合。青年学生在思考问题时，应当采取系统的方法，因为，要解决一个难题，必须多角度、多层次、多方位地考虑对策。例如，广告的创意，需要系统地了解市场行情及发展态势、文化背景、消费者心态、产品特性等。又如，店堂的设计、商品的摆放、光线的颜色与强弱，既要方便顾客购买商品，又要符合顾客的审美心理。如果不系统地思考这些问题，往往会达不到预期的目的甚至失败。

3. 良好的思维习惯。思考是一种艰苦的劳动，要想解决问题，就要勤于思考。在这一过程中，良好的思维习惯非常重要。思维习惯是指人们思考问题时的惯常方式，它包括如何面对问题、分析问题、抓住矛盾、思考对策等有序步骤。具有创新思维能力的人，一般都有良好的思维习惯，因为程序化的思维方式，往往会使思维活动更富有效率，更容易得出正确的结论。

4. 正确而有效的思维方式。思维方式有多种多样，包括联想、想像、灵感和直觉等等。在处理不同的问题时，它们往往有不同的作用。在解决某一问题中，多种思维方式的交叉使用也是很常见的。当我们判断一种思维方式正确与否时，仅仅是针对某一具体问题而言，就是看处理这种问题的方式是否有效，而不是指思维方式本身有无对错之分。在成年人当中，因为长期理性化的生活和思考问题的固定模式，极容易形成思维定势，即在思考问题时，常常是遵循固定的思维途径、固定的思维方向，比较僵化保守。这种情况就是人们常说的缺少思维的灵性或魅力。所以，创新需要的思维往往是多角度、多层次、多方向的思维。

（四）良好的创新创业心态

创新创业能力的开发与培养，首先要树立正确的创新创业心态，即如何看待创新创业的问题。从另一个角度来说，就是要戒除一些阻碍创新创业的心态，正所谓不破不立。

1. 克服保守心态。人总是习惯于一些事物，产生一种保守心态，愿意维护传统的东西，而不愿意积极开拓、创新求变，在守旧的心态下，人们会逐渐失去对创新的兴趣。保守其实是一种不自信的表现，以及对不可知的未来的恐惧感。保守者的心态是：我们可能不会创造新的、更好的东西，但也不会面临比现在更差的处境，或者遭到更可怕的损失。然而，如果人类一直持有这种心态，那么，可以断言：今天的人类还将处于原始状态。

2. 克服对失败的恐惧心理。创新创业意味着一定的风险，面对不可知的未来，人们承受压力的程序也大不相同。有的人对失败有一种天生的恐惧心理，或怕丢面子，或怕失去既得利益，归根到底，是不能正确认识失败。其实，失败往往是成功的良方，一次失利并不等于全盘皆输，因惧怕失败而不敢创新创业，就如同害怕跌倒而停步不前，一直站在同一点上，其结果只能是被时代淘汰出局。要创新创业，首先得准备接受失败的打击，把它当作是成功创新中必经的过程。

3. 克服懒惰思想。人总是有趋利避害的本能，总是贪图舒适安逸，一旦得到相应满足后，就会陶醉于享乐而不思进取，这种惰性与其说体现在行为上，不如说更多地体现在思想上，而思想的懒惰是导致一切创新创业能力枯竭的根源之一。当你对自己说，"现状虽然不好，但还可以忍受"，或者"等到明天再来改变吧"，你就陷入了一种困境。古人云："明日复明日，明日何其多，我生待明日，万事成蹉跎。"思想和行为上的懒惰除了这种结局之外，还能带给你什么呢？

4. 敏锐的观察力。创新创业离不开观察。观察对象包括传统事物的优点和缺陷、人们过去和现在的需求、时代的发展态势等等。世间万物纷繁复杂，有的是众物一相，有的是一物众相，并不是肉眼凡胎轻易就能看清楚的。青年学生应该努力培养自己敏锐的观察力，只有洞悉事物的本质，才能抓住创新的核心。因为，在大多数情况下，外围的变化并不触及事物的本质。而超凡观察力的培养，需要我们养成留心看世界的好习惯，对生活中的细枝末节要认真分析或勤加思考，经常问几个为什么，不要人云亦云、随波逐流。实践证明，创新创业的灵感常常来自于平淡的生活。

5. 持续的思考力。蜻蜓点水式的思考不足以解决问题。当我们面临难题时，要想解决它，就离不开持续而艰苦的思考。坚持不懈、目标专一的思考，会使我们的注意力聚焦在一个问题上，俗话说"伤其十指不如断其一指"，注意力和思考力的集中，有利于触发创新创业的灵感。创新创业来不得半点虚假，投机取巧只会伤害自己。当然，持续思考也并非埋头于问题堆里，如果这样反而容易钻进死胡同，路越走越窄，给思考造成极大的阻碍。

6. 善于把握时机。凡事总讲究"天时、地利、人和"，时机恰当，做事便事半功倍，创新创业更是如此。如果创新创业基础不够，比如说技术水平达不到要求，或资金严重短缺，创新创业就极难成功。这好比没有发达的动力学知识、机械设计知识和原材料的情况下，要想制造出飞机，把人送上蓝天，岂不是天方夜谭？切记："欲速则不达"，创新创业的成功与否还要受客观条件的限制，对时机的正确估计、判断和把握是成功创新创业的重要条件。

【要点评析】

本文的标题定位于"创新创业能力的构成要素"，作者从四方面展开论述，即"一定的基础知识"、"良好的个性特征"、"正确有效的思维方式"和"良好的创新创业心态"。在每一部分的论述过程中，作者都精心锤炼段首主旨句，将它们作为小标题列出，不仅使论证思维能外化为全篇由局部到整体的框架结构，而且使写作或阅读都有清晰的脉络可寻。

从论题主旨看，作者紧紧把握住创新创业能力的主要构成要素来展开论述，对于大学生切实加强素质能力锻炼，走向创新创业之路，具有重要的指导意义。

思考与练习

1. 学业论文选题中常见的问题是什么？
2. 试述论文选题的原则。
4. 试述论文选题的主要方法。
5. 学业论文行文的要领主要是什么？

综合练习

结合所学的知识，针对某一社会问题试着选题写一篇小论文。

后　　记

　　2005年1月,上海师范大学、上海商学院、上海立信会计学院、上海电机学院、上海工艺美术职业学院、上海建峰职业技术学院、上海电子信息学院、上海交通职业技术学院、上海海事大学、上海新侨职业技术学院、上海中侨职业技术学院、上海工商外国语学院、上海行健职业学院、上海建桥职业技术学院、上海邦德职业技术学院和上海思博职业技术学院等16所高校的教师代表假座立信会计出版社商讨成立上海市高职高专院校语文教学协作组事项。期间合议编写一本校际协作教材《现代应用文写作》。

　　这是上海市高职高专院校教师第一次携手编写语文教材,历经6个多月,我们的劳动终于可以告一段落了。为了突出应用文的写作指导和兄弟院校学科专业的覆盖面,该书内容比较庞杂了些,但适应面则广泛得多。其中汇集了许多老师的辛勤劳动。按章次分工执笔的有:

　　谢海泉(上海工艺美术职业学院):第一、第三章;
　　谢　军(上海邦德职业技术学院):第二、第十三至第十八章;
　　潘永铭(上海交通职业技术学院):第四、第五、第六章;
　　郑　洁(上海交通职业技术学院):第七章;
　　周克勤(上海电子信息学院):第八章;
　　尚慧萍(上海建峰职业技术学院):第九、第十一章;
　　盛明华(上海立信会计学院):第十、第十二章;
　　乔　刚(上海商学院):第十九、第二十一章和第二十章第一节;
　　张　炜(上海城市管理学院):第二十章第二节;
　　管琰琰(上海中侨职业技术学院):第二十二至第二十七章;
　　高云峰(上海思博职业技术学院):第二十八章;
　　程先林(上海思博职业技术学院):第二十九章;
　　邝　姗(上海行健职业学院):第三十章第一节;
　　吴　蔚(上海行健职业学院):第三十章第二节;
　　刘　莉(河南教育学院):第三十章第三节;
　　方有林(上海商学院):第三十一、第三十二章。

　　在成书之际,我们衷心感谢上海市教委高教处徐国良同志对我们的热情关心和具体指导,感谢立信出版社徐雪芬副社长对我们的鼎力支持。上海商学院刘桂华老师也曾悉心审读了部分稿件,为我们提出了一些宝贵意见。在此我们一并致以深深的谢意。

  汇聚众多学校合作编写教材,虽能集思广益,博采众长;但是由于在进程与时间的把握上以及内容与形式的取舍方面尚有欠缺,本书也就难免有不周、不妥之处,恳请专家和教师同仁多多批评指正。

乔　刚

2005 年 6 月